投資前最重要的事

Ben Carlson

驚人的獲利，來自單純的策略！

A WEALTH OF COMMON SENSE

Why Simplicity Trumps Complexity in Any Investment Plan

目錄 CONTENTS

第四章　市場迷思與市場歷史 151

〔推薦序一〕

投資時，早知道這些就好了

Mr. Market 市場先生／《商業周刊》專欄作家

很多人常常問我：「市場先生，我該如何學習投資理財？」

在我還是學生剛開始學投資時，也曾經問過別人這個問題，當時得到的回答是：從閱讀投資書籍、基本分析、技術分析畫線圖、估價法……等等技巧開始學起。隨著接觸投資的日子愈來愈久，接觸到的商品、方法愈來愈多，到現在聽到同樣的問題，我的回答是：「學習投資理財，你應該從假裝自己是有錢人開始。」

在閱讀本書之前，如果能將自己的想法稍做調整，你將能得到更豐富的收穫！

為什麼這麼說呢？和你分享一個故事：

曾經有一個朋友問我：「我有三十萬元，要怎樣才能靠投資致富？」三十萬元如果按六．五％的年化報酬率，三十年後會變成一百九十八萬元，他對這個結果感到相當的失望，我問他希望能靠投資賺多少，他回答的數字是一千萬至二千萬元，相當於需要年化報酬率一三%至一五%左右。

有趣的是，當我提到一三%至一五%的年化報酬率可以達成目標，他眉頭一皺說：「我希望是每年資金能夠成長一至兩倍的方法。」每年一三%的報酬率相當於明年他的三十萬會變成三十四萬元，只成長區區四萬元，對他來說，至少一年要賺三十萬，也就是一〇〇%的報酬率之下，他的財務才會比較「有感」的改善。後來兩年後再次見面時，他侃侃而談自己操作權證和選擇權的經驗，兩年下來大概處在略有小賺的狀況，但聽到他的操作巨大的起伏，也讓人捏了一把冷汗。

看到這裡，你應該發現問題在哪裡了。

大多數投資新手無法想像自己是有錢人，所有人想的事情都一樣：「追求超高的報酬，並且不要承擔任何風險。」我們姑且可以把有這種想法的人稱為散戶，這樣的想法會讓人忽略掉許多顯而易見的投資事實，而且要說服散戶改變心意非常困難。

心態影響期待，期待影響選擇，選擇影響結果

這問題無關任何複雜的投資方法，也不是權證和選擇權不好，只是因為資金少影響了判斷，導致他不認同市場上公認合理的報酬率，因此選擇了高報酬但也高風險的方法。

在投資中有許多人追逐著一夕致富的方法和技巧，他們著迷於各種分析技術，認為投資是一項非常困難的技術，甚至認為每年一〇％、二〇％的報酬率很低。

每年讓資產翻倍真的有可能嗎？其實答案顯而易見。

試想一個簡單的加減乘除問題：如果你手上有三十萬台幣，每年報酬率一〇〇％，若能持續三十年，資產會變成三百二十二兆美元。相當於一百二十四個比爾．蓋茲（Bill Gates）的總資產，或台灣二十年的GDP總額，可以建造五千七百二十二棟台北一〇一大樓……這結果很明顯不合理。

許許多多顯而易見的「普通常識」，一旦心態不正確，就會變得視而不見。反之，如果你能調整心態，不需要太多高深的技術，書中作者提到許多非常簡單的投資觀念，就足夠讓你靠投資創造額外的財富。

想像手上有三千萬元，自己的投資會有什麼不同？

想像明天一早睡醒，股市大跌，你的總資產下跌了二%，相當於虧損六十萬元，等於一個台灣上班族工作一整年的薪水化為烏有。這時候你會選擇怎樣的投資方法？

一、首先你會希望自己晚上睡得著，畢竟投資就是為了讓生活過得更好，如果動不動就幾十萬上下，生活品質也會滿受影響的。因此在投資方法上，你會選擇一些輕鬆又安心的方法，避開一些高深複雜、需要常常看盤、造成自己情緒起伏的操作技巧。

二、接下來，你也不再需要每年一〇〇%的報酬率，甚至不需要一三%至一五%，你在意的是十年後如果能保持在每年六%至七%的報酬率，三千萬資產就可以成長到五千萬到六千萬，至於明年賺多少，那不是很重要。

三、你會非常在意極端的風險，深怕遇到單一無法預期的巨大傷害，因為萬一資產突然間受到三〇%至四〇%的損失，那可是高達一千萬元！

四、開始投資時，你會非常重視事前的計畫與準備。如果準備不足，將來獲利很可能會少掉幾千萬，這太不值得了！

五、比起許多可能有高報酬但卻搞不懂的方法，你更追求穩定、高確定性獲利方式。在評估時，你會以十年為單位做分析，而不是每隔一兩天就需要看一次數據，在本書中你也會看到許多非常長週期的數據分析。

六、對於市場中許多似是而非的模糊概念，甚至明天的行情，你願意大方承認自己「不知道」。因為你知道裝懂的後果並不是損失幾萬塊，而是可能損失掉上百萬元。你會聚焦在自己的能力圈，放棄自己看不懂、不熟悉的方法。

七、當以上事情你都想清楚了，你知道唯一會影響自己成果的，只剩下自己的心境。你會小心的讓自己保持耐心、遠離市場、避免自己充滿控制慾。

所有思考上的改變得先從「假裝自己是有錢人」開始，當想法改變，選擇就會不同，結果也會不一樣。

看到這裡，你會發現在投資的世界上有二種人：

一、一種人把投資當成致富的唯一手段，追逐著複雜高深的方法，盡可能尋求高報酬、高風險，設法讓自己的報酬率遠高於大盤。

二、一種人把投資當成讓生活更好的輔助工具，靠著一些簡單又理所當然的事實，讓自己的資產輕鬆滾動放大。

在閱讀這本書時，如果思考方式屬於前者，會發現書中這些內容你似乎知道，但卻不知道該如何應用。如果你能先把自己當成一個有錢人、學習有錢人的思考方式，你會發現原來投資只需要這些簡單的事實就夠了。

從書中學習投資裡「顯而易見的事實」

在讀這本書時最讓我驚訝的是它整理很多的比較數據、破解許多市場上看似直覺的迷思。例如：大多數主動型基金報酬率無法勝過指數股票型基金（exchange-traded funds，簡稱ＥＴＦ）的被動操作；失業率高的年頭看似市場會比較差，但實際上報酬率卻相對較經濟好的年度來得高；透過資產配置是否真的能降低風險；過程最差時會發生什麼狀況等案例。

作者都有明列出詳細的測試數據，許多數據統計長度甚至超過七十年，只有在這麼長的週期下，你才可能認識到許多短期內看似不存在的風險與報酬效益。

書中提到幾個重要且顯而易見的事實，對於還沒有仔細研究過投資的人來說，如果能仔細了解這些基本常識，實際上投資並不困難：

一、股票的報酬率遠優於債券：一九二八年以來，標準普爾五百（S&P500）的年化報酬率高達九．六％，即使扣掉通膨也還高達六．五％，但如果你持有債券，扣除通膨的年化報酬率就只剩一．九％。六．五％和一．九％的差距有多大？一百萬元投資股票扣除通膨，三十年後會變成六百六十一萬，但一百萬投資債券，三十年後只有一百七十六萬，相差四百八十五萬元。

二、長期持有是非常有效的方式：過去的確發生過一些大型的崩盤危機，導致人們認為應該要買低賣高、趨吉避凶。但如同書中提到，歷史數據證明，如果你每十年才看一次股票，那股票仍是持續在創新高。

三、許多平常高報酬的資產，在不好的年頭風險會很高：例如許多垃圾債、房地產投資信託（REITs），雖然平時有接近一〇%的高年化報酬率，但在金融危機來臨時卻也可能虧損三〇%甚至五〇%。從數據可以了解，風險不應該只看報酬率高低，而是災難來臨時傷害會有多大。

最後一個問題是：「如果投資這麼簡單，那困難在哪呢？」

雖然理論你都知道，但人們對於難以預期的未來，心中仍是抱著恐懼和不安。要消除不安的方法，就是先預想自己未來將會面臨哪些困難。股市崩盤時怎麼辦？當獲利不如預期時怎麼辦？當朋友向你推薦一檔他認為可能有高報酬的標的時該怎麼辦？家人親友認為你的投資是在賭博時該怎麼辦？

看完這本書後，相信你能找到答案。

〔推薦序二〕

用「常識」就足夠的投資術

施昇輝／《只買4支股，年賺18%》作者

我必須大言不慚地說，沒有人比我更適合為這本書寫序，因為書中歌頌的「簡單」和「認分」，就是我最核心的投資理念。但是看完全書之後，我又很慚愧，我的「波段操作」策略，報酬率絕對不如作者堅持的「長期投資」。

「簡單」在我來說，就是不要浪費過多的時間和精力在投資理財上，而作者則以「忽略雜音」四個字，提出了更具體可行的作法。絕大部分的理財專家都以複雜的術語，讓一般投資人很難理解，如墜五里霧中，這是雜音之一。對於同一個事件，這些理財專家常會提出截然不同的看法，讓一般投資人不知如何判斷，這是雜音之二。既然不懂專家的術語，又無法判斷專家的看法，一般投資人只好到處打聽明牌，這是雜音之三，而這也是最危險的雜音。

唯有把眼睛、耳朵摀起來，才能隔絕雜音，但這真的很難，所以我主張用「紀律」取代

「判斷」，就可以不再受雜音干擾。當技術指標來到低檔時，肯定有非常多看壞未來行情的言論會出現，如果你堅持按「低檔買進」的紀律來執行，不就很自然地規避了雜音的干擾？同理，技術指標來到高檔，你若沉醉在未來前景的美夢中不知獲利了結，不按「高檔賣出」的紀律來執行，很可能不過是紙上富貴一場。「買低賣高」不就是投資獲利最簡單的法則？結果絕大多數的投資人都是「追高殺低」，因為大家都被雜音混淆，做了太多無謂的判斷。

「認分」在我來說，就是不要妄想勝過大盤的表現，而作者則告訴大家一個殘酷的事實：「散戶根本沒有打敗法人的勝算」。大家其實都知道，在股市獲利的投資人絕對不會超過兩成，但大家都認為自己一定可以成為那少數的贏家，這就是「不認分」。

二〇〇八年，我已離開職場五年，一家七口的生活開銷完全來自股票的操作，但當年爆發的金融海嘯，讓我滿手的股票都處於套牢虧損的狀態。某日下午，想要睡個午覺卻鬱卒難眠，心想連我這種台大商學系畢業，又有證券公司十五年經歷的人，不只投資賠錢，連虧損的幅度也遠遠輸給大盤的跌幅，當下覺得自己是個大魯蛇，對未來人生也近乎徹底絕望。這時，我突然頓悟，如果能跟大盤表現一樣，不就至少睡得著覺？而什麼股票能跟大盤同步呢？那就是「元大台灣50」（0050）。想通之後，隔天我做了此生最重要的一件事，就是把無論虧損多少的所有股票都通通賣掉，全數換成0050，從此翻轉了我的人生。這個決定其實就是因為我「認分」了。

很多人不認分，是因為看到媒體報導了很多素人投資股市迅速致富的心法，也看了很多坊間出版的理財暢銷書，就認為「別人能，我為什麼不能？」但我要潑大家一盆冷水，因為我不是不相信「這些英雄」的說法，而是不相信「各位讀者」做得到。這牽涉到不會再出現的時空背景，以及每個人不同的人格特質與風險承受能力，所以「認分」絕對不是消極的想法，而是認清事實，才能不再妄想打敗大盤，也才能避免因選股所帶來的無盡焦慮。

曾有人統計過，以二十年長期績效表現來看，有八〇%的主動式基金是輸給大盤的，而本書作者也提出另一項數據，那就是十五年下來，只有五五%的主動式基金能存活下來。即便比各位讀者更專業的基金經理人，大部分都不敵大盤，大家為何還要有這種非分之想？股神華倫．巴菲特（Warren Buffett）不只一次強調，去買和指數連結，也就是被動式的基金，即「指數型基金」（ETF）才是一般投資人最明智的選擇。本書作者也持同樣看法，而我近十年也幾乎只操作台股ETF中最具代表性的0050，應該都算是巴爺爺主張的具體實踐者。

看完全書，我唯一該深刻反省的是，我還做不到幾乎所有理財專家都主張，也是所有投資人都認同的「長期投資」。畢竟台股已站上萬點的相對高檔，如果不適時獲利了結，可能仍會讓人睡不安穩，所以我情願建議大家堅守「大盤日K<20，買；大盤日K>80，賣」的紀律，掌握每一次漲跌的相對區間進行買賣，賺取波段利潤。大盤不易被人為操控，所以技術指標相對不易鈍化，也就有很高的參考性，從此無須判斷漲跌背後的利多利空因素，不就非常簡單了？

在低檔敢於買進指數型基金，已經夠違反人性了，要大家不在乎短期績效、不要逢高落袋為安，幾乎可以說是非常人所能為了。當然，在長期投資的過程中，是不可能既要長期致富，又不肯忍受短期虧損，但是如果你投資的標的——如上所述的ETF——每年有穩定的配息，又涵蓋了各種產業，因而能稀釋各產業的個別風險，真的就可以放心地抱牢、抱緊、抱到天荒地老。巴菲特之所以是股神，也一度是世界首富，究其成功的因素，其實就是「長期投資」這四個字。

大部分的投資人不想長期投資，是因為想要快速致富，甚至去玩期貨、選擇權、權證等槓桿極高、希望以小搏大的衍生性商品，但常常忽略了高報酬背後的高風險。二〇一八年二月六日，股市盤中暴跌六百點，造成期貨及選擇權交易人總額高達四十億元的巨大虧損，大家怎能不記取教訓，爾後審慎為之？

快速致富的期望，絕對會伴隨著心情的焦慮。如果真能如願，焦慮的代價當然值得，但萬一（其實是常常）事與願違，豈不是賠了夫人（財富）又折兵（心情）？因此，本書作者除了再三強調不要「快速」致富，而該「耐心」致富之外，更提醒大家，當財富能帶給你快樂時，你才真正擁有財富。

作者在書中提到成功的投資人有幾項特質，一般投資人都能理解，但真的很難做到，唯一最顛覆大家觀念的是他提到「這些人會說『我不知道』」，而這卻最讓我心有戚戚焉，因為很多讀者或網友常問我很多問題，我經常也是這麼回答：「抱歉，我不知道。」千萬別以為自己真的懂，甚至只懂皮毛更危險，還不如承認自己的無知，反而更安全。指數為什麼跌？不知道，反正跌到技術指標的低檔就該買。什麼股票會漲？不知道，反正我只做指數化投資，就不必去選股了。承認自己不知道，其實是最容易讓自己成為成功投資人的方法。

因為承認自己很多都不知道，所以就不會選擇過多的投資工具，也不會投資過多的標的。很多投資人為了分散風險而分散，結果做了過多的配置，裡面甚至有很多都是自己不熟悉，甚至完全不懂的標的。這樣做，其實風險更高。大家千萬別高估自己、別人云亦云、別貪得無厭，才能真正控制風險。

這兩點正好呼應了本書英文書名中的common sense（常識）二字。投資理財只要用大家都應該知道的「常識」就夠了，真的不必妄想自己擁有少數專家才知道的「學問」，而這也正是我一向主張的「無腦理財，人生無惱」，在此與大家共勉之。

〔推薦序三〕

「簡單」才是投資的正確道路

陳志彥／阿爾發金融科技公司總經理、臉書專頁「副總裁的理財日誌」版主

二〇一七年，在美國的財經界有個事件受到眾人的關注，那就是巴菲特在十年前（二〇〇七年）公開宣稱，他相信任何避險基金在扣掉高額的管理費用之後，都無法獲得比股票指數更高的投資報酬率，他願意用一百萬美元作為賭注，接受任何人的挑戰。當時消息一出自然在美國的避險基金界引起了諸多人的不滿，很快地，一位紐約的避險基金經理人接受了巴菲特的賭局，巴菲特選擇了簡單的標準普爾五百股票指數，而避險基金經理人則選擇了五檔避險基金作為投資組合，賭局的時間為十年，從二〇〇八年一月一日開始到二〇一七年十二月三十一日結束，這段期間獲得較高投資報酬率的一方獲勝。現在結果已經出爐了，巴菲特所選擇的標準普爾五百股票指數在過去這十年間，獲得了平均每年投資報酬率八．五％的成績，而對手的避險基金投資組合只獲得平均每年投資報酬率二．九六％，巴菲特大勝並

為他所選擇的慈善機構贏得了獎金。

巴菲特贏得這場百萬美元的賭局是運氣好嗎？當然不是！大家都知道，巴菲特一向是以小心謹慎著稱，從來都不冒無謂的風險。巴菲特在十年前敢挑戰大家都公認高手雲集的避險基金業，是因為他堅信「簡單」的投資策略能夠擊敗「複雜」的投資策略，「便宜」的指數產品能夠擊敗「複雜」的避險基金產品。巴菲特經常告訴投資人這樣的道理，他在二〇一七年的年度股東大會上跟股東們說：「當你去找牙醫或水電工人的時候，一個熟練的專業人士所能夠提供的幫助顯然高於你自己動手做，但這個道理在投資領域中卻並非如此，投資市場上那些無數的基金經理人，整體來說並沒有比那些買進指數然後就放著不動的散戶表現得更好。」巴菲特不僅口頭上這樣說，現在他用一百萬美元的賭注證明了他是對的。

巴菲特所說的這些理念正是本書所要傳達的，本書的作者班・卡爾森（Ben Carlson）本身經營一個與本書英文版同名的財經部落格「致富的常識」（A Wealth of Common Sense），他所寫的部落格文章很有特色也廣受歡迎。過去我們看到的財經文章大多是充滿著各種專業名詞、財經指標、圖形或複雜的公式等，這樣的文章讓人感覺好像很專業，但也讓很多沒有財經背景的人望文生畏。愛因斯坦（Albert Einstein）就曾經說：「如果你無法讓一個六歲的小孩聽懂你所解釋的事，那表示你自己其實也還沒有真正搞懂這件事情。」真正的高手是要能夠用簡單的文字、比喻來傳達複雜的觀念，讓更多沒有專業背景的人也能夠清楚地知道正確的投資方法，而卡爾森就是其中一位佼佼者。我長期閱讀他的文章之後有相當大的收穫，本書內容跟他平時所寫的文章特色一樣，沒有什麼複雜的數學公式或太多專有名詞，閱讀起來相當地輕鬆容易，你不需要擔心沒有財經或投資背景，本書是任何背景的人都能夠閱讀的，值得推薦給眾多投資人參考！

但如果你因此就認為本書就是寫給沒有經驗的投資新手所看的，那就大錯特錯了，不論你有多少投資經驗，如果你的投資績效一直不盡理想，那麼本書對你一定會很有幫助，看完後，你對投資應該會有完全不同的想法，進而能夠改善投資績效。並不是本書能夠給你什麼快速致富的方法，事實上誰也不知道有什麼可靠的快速致富方法，巴菲特曾經說過：「投資很簡單，但卻很難做得好。」（Investing is simple, but not easy）看完本書你就會清楚知道巴菲特的意思，投資致富的方法其實並不困難，人人都有機會做到，但卻很少人能夠真正做好這件事，因為正確的投資方法有很多地方跟我們的直覺或人性是相違背的。例如很多人都以為要靠投資致富就要能判斷出股票市場何時會漲、會跌，本書第四章就舉了一個最倒楣的投資人——包伯——的故事，因為他在過去四十年間只進場做了四次投資，累積的投資金額是二十多萬，但每次都選到最差的時刻進場，之後沒多久就看到市場大跌（是不是有些人也深有同感呢），一般人一定都認為包伯真是倒楣透了，他的投資成果一定很差，不是嗎？沒錯，包伯每次進場的時機都很糟糕，但包伯做了一個最正確的決定，那就是他一直都堅持他的投資計畫，雖然他每次都是在股市的高點時進場，然後很快就看到他的投資賠了很多，但他沒有因此就衝動賣出，堅持到現在的結果是，他的投資已經累積了超過二百萬美元的資產！很多人一定會想：這怎麼可能呢？每次都在高點進場的人，沒有賠得一屁股，最後還成為百萬富翁？沒錯，這個故事就是告訴我們，投資致富的關鍵並不是你有沒有猜到市場的高點或低點，而在你是否能夠堅持長期投資的原則。

巴菲特是很多投資人模仿的對象，無數的文章與書籍都在介紹他的投資方法，巴菲特的確有著高人一等的選股技巧，但是巴菲特成功的另一個關鍵是較少人強調的，那就是「長期投資」。巴菲特現在所累積的龐大資產，其中的九九%是在他五十歲生日後才累積出來的，九五%是在他六十歲生日後才累積出來的，如果你在巴菲特五十歲的時候認識他，他當時的身價只有現在資產的一%，你可能根本不會認為他是個投資高手。巴菲特在他二〇一八年給股東的信中也特別提到，過去他的公司股價曾經四度大跌，有三次的跌幅甚至是接近或超過五〇％，但他並沒有因此而恐慌就賣掉投資，而是堅持長期投資並且讓每年的股利所得滾入再投資，年復一年，最後才累積出現在龐大的財富。所以長期投資才是巴菲特致富的真正關鍵因素，「複利」的力量讓巴菲特成為世界的首富之一，因此正確的「投資行為」遠比你是否了解市場走勢的變化更為重要，這點跟很多人的想像是不同的。

另一個投資人很難克服的心理因素就是：什麼事情都不要做。《華爾街日報》（*Wall Street Journal*）知名專欄作家傑森．茲維格（Jason Zweig）曾說：「投資人在投資期間，九九％的時間最好什麼事情都不要做。」這真的很難做到，當我們看到市場波動，很自然的想法就是應該要做些什麼事情，就好像當我們聽到火警警報、感覺到地震，人們在危險來臨時會很自然地認為不能待在原地不動，應該跑到更安全的地方。這樣的自然反應在很多情況下是對的，但偏偏用在投資上絕大多數時候都是錯的。

《華爾街日報》在二〇一五年報導，記者發現美國內華達州的公務人員退休基金的操作績效相對於其他州的退休基金表現特別好，於是到該州採訪，想知道該州退休基金的操作祕訣。結果記者很驚訝地發現，操作該州退休基金的「團隊」竟然只有一人！是這個人特別會操作嗎？並非如此，他的辦公室裡面連一台專業法人基本應該配備的彭博資訊社（Bloomberg）的螢幕也沒有，平時也不會去看財經股市節目，該名基金經理人告訴記者，他的投資方法主要就是「擺著不動」，最後記者得出了結論：內華達州的退休基金績效特別好的原因，就是基金經理人幾乎什麼事情都沒有做！當我們看到某個基金經理人什麼事情都沒做的時候，第一個浮出的想法就是這個人怠忽職守，浪費了人們的錢與付託。但事實卻剛好相反，相對於加州的公務人員退休基金，雖然操作的金額比內華達州多十倍，操作團隊有二百多人，比內華達州多上二百倍，而且大家都非常忙碌，但最終結果卻是操作績效反而更差，所以誰才是怠忽職守、浪費了人們的錢？如果你還是想不通這個道理，本書第五章有清楚的解釋，看完之後相信你就會知道，「什麼事情都不做」在投資上往往才是更正確的作法。

通常大多數書籍的結論只是簡單地幫讀者做個總結，但本書結論的價值完全不亞於內文。我發現我自己的部落格中讀者最常問的問題之一就是：能不能介紹幾本好的財經書？作者在結論中推薦的都是經典好書，值得投資人參考。另外，作者給了十個投資上的建議，他說有朋友告訴他：「想像一下你的祖母來找你，要你告訴她十件她能夠理解的投資概念，你會告訴她哪些事？」這是個很有趣的想法，值得大家學習，因為好的投資建議不是那些複雜難懂的建議，當你下次聽到別人告訴你某個投資建議或你自己想要做某些投資的時候，想一想，你是否能夠解釋讓你的祖母了解，例如二〇一七年大漲的「比特幣」，或最近媒體經常提到的「區塊鏈」，你的祖母能夠聽得懂嗎？如果不能，那這會是好的投資建議嗎？就如同本書英文書名所指出的，致富靠的是「常識」，而不是複雜的觀念，看完本書如果你開始往「簡單」的方向思考投資的問題，那你就走上正確的道路了。

最後，如果你今年只想讀一本跟財經有關的書籍，我會毫不猶豫地推薦你，讀這本就對了！

本文作者陳志彥曾任花旗銀行集團副總裁、台新銀行財富管理副總經理、法商巴黎銀行副總裁，從事銀行、證券投資及保險等相關行業近二十年，具豐富學術基礎及實戰經驗。著有《誰偷走你的獲利？》、《錢的分配術》、《新財富管理聖經》等書，認為簡單且長期的投資方法才是通往財務自由的唯一道路。

〔推薦序四〕把投資導向正確的目標

綠角／財經作家

投資的目的是什麼？

顯而易見，就是賺錢。

既然是賺錢，當然是愈多愈好。於是許多投資人以獲取超高報酬為目標。這樣直覺的想法會帶來幾種投資行為。

首先，他會完全投資股市，忽略高評等債券跟現金這些低風險的資產類別。

再者，他在投資股市時會集中投資單一個股。因為集中投資才有機會創造遠勝市場的優異績效。

第三，他會以大師為標竿。希望達到像巴菲特一樣的成績。

儘管投資人嚮往這些方法的美妙成果，但這些方法也有其不良的副作用。

全部只投資股市，那將缺乏安全資產的保護。一旦遇到二〇〇八年金融海嘯那種短時間內的嚴重下跌，投資人往往在恐懼中離開市場。結果是賣在低點，實現損失。

資金集中投資少數股票時，只要單一公司發生財務危機、經理人掏空、做假帳這類負面事件，就會對投資報酬率帶來嚴重打擊。

效法全球級投資大師，難度就像馬拉松要練到二小時二十分內完成，一百公尺要在十秒內完成一樣。一般人知道自己不太可能成為下一位奧運百米金牌選手，但太多人卻以成為投資界奧運金牌選手為目標，結果幾乎必然是失望與失敗。

這些看似對投資績效最直接有益的作法，其實都有帶來負面效果的可能。

作者在本書中詳細討論與解說了正確作法。那就是指數化投資、風險處理與資產配置。作者也曾博覽群書，想要達成投資大師級績效。但後來發現，光是透過指數化投資工具取得市場報酬，就可以達到法人界中相當好的成績。很多專業投資人，拿到的是落後市場的報酬。

對於個別投資人來說，我們的目標與法人不同。法人必須舉證它們的主動操作有帶來更好的績效，所以需要跟指數比，證明自己帶來超額報酬。

我們不需要。我們投資是為了達成自己的財務目標，房子繳頭期款時，錢拿得出來；退休後，有足夠的生活費，這就是成功與富足的投資計畫。我們不需要超越市場，才能達到這些目標，光是利用市場報酬，就有機會達成。

而跟需要投入大量心力、試圖超越市場的主動投資相比，一般投資人只要利用指數化投資工具就可以輕鬆取得市場報酬。

面對風險則要有正確的態度。

所謂正確的態度指的是，風險發生時我早已有所準備。而不是認為經由某些分析跟預測，就認為壞事不會發生在自己身上。

就像開車。一個駕駛不應該認為：「我很會開車，不會出車禍，所以我開車不用繫安全帶。」任何人都知道這不是正確的風險處理方式，正確的想法是：「開車就是可能出事，所以我先做好準備，開車就繫安全帶。」這樣才對。

投資也是一樣的道理。

投資人不應該認為：「我很努力研究，任何經濟數字一出來，包括就失業率、通膨、採購經理人指數等，我全都知道，所以市場下跌我會預先知道，投資不需要納入安全資產。」

這不是正確的風險處理方法。假如負面事件可以預先知道，那就不叫風險了。正確的態度是：「投資股市遲早會遇到空頭，我手上備有一些安全資產，萬一股市下跌，我還能保有部分資產，緩和整體下跌幅度。」這才正確。

投資也有八〇／二〇法則。投入二〇%的心力，就可以產生八〇%的成果。

什麼是投資最值得研究的面向呢？

答案就是資產配置。如何選股、如何預測下一個表現最好的地區、下一次空頭何時發生？這其實都是影響相對輕微，而且很難持續做對的投資研究方向。

對投資成果有最重大影響的決定，其實是資產配置比率。有多少資產投入高風險資產，有多少投入低風險資產，這會很大部分決定一個人投資過程中經歷的風險與最後的成果。

投資人應把心力放在這個部分，好好設計並徹底執行這樣一個投資計畫。

對於每位投資人來說，投資目標就是幫自己達成財務目標。就是這樣而已，不是勝過市場的報酬，也不是比同事好的報酬。投資是為了自己，而不是為了有一個可以拿出來誇耀說口的成績。

有了正確的目標，就可以帶來正確的投資行為。

這本《投資前最重要的事》，可以讓投資朋友看清投資的目標與正確的作法，避開事倍功半的冤枉路。

導言

為何單純代表全新定義的老練

一七七六年時，政治維權主義者（activist）、哲學家暨詩人湯瑪斯・潘恩（Thomas Paine）出版了一本簡單但可能足以改變歷史的單行本刊物（當然，活在現今的我們知道它真的改變了歷史）。這本單行本的標題簡潔明瞭——《常識》（*Common Sense*）。雖然這本刊物的內容短短不到九十頁，卻激起了大不列顛王國十三個殖民地的獨立思想，最後更促成了美利堅共和國的建立。據說當時幾乎每個叛亂分子都讀過或至少聽人讀過潘恩所寫的這些文字。以下是潘恩本人為《常識》所寫的導言：

我將在接下來的篇幅中提出一些簡單的事實、平實易懂的論述以及常識，除了期許讀者能拋開成見與偏見，允許自己的理智與知覺來作客觀判斷，我不打算寫其他任何序言；只希望讀者能以開放或至少不排斥的心胸、以身為人的真誠品行、以超越今日的格局，大器地擴展自己的眼界。[1]

潘恩那簡潔易懂的文字，激起當代人民為了獨立而奮鬥的勇氣。誠如美國第二任總統約翰．昆西．亞當斯（John Quincy Adams）曾說的：「若無《常識》作者的筆鋒，華盛頓之劍將徒勞無功。」潘恩簡潔且常識性的論述激發了一股猛烈的動機，促使形形色色的人民為了同一個理想而團結在一起。究竟為何潘恩的文字能引起那麼多人的共鳴？答案很簡單——就是簡單、單純。當時很多作家習慣以艱澀的哲學和拉丁文來表達他們的論點，而潘恩則與眾不同地以清晰扼要且人人皆懂的語言，來論述「獨立的好處」。《常識》不僅以其簡潔扼要而對販夫走卒產生顯著的影響，其論述之精妙，也獲得殖民地眾多達官顯要的認同。[2]潘恩的論述確實像常識般簡單易懂，但影響卻非常深遠，一如常識對生活中許多層面的影響。

本書的目的是要解說「老練即是單純」的概念，從而達到改善長期投資成果的目標。對多數投資人來說，時下很多理財建議也像是艱澀的異國語言。二〇〇七年至二〇〇九年間的金融危機在投資人內心留下某種永遠也抹不去的傷疤，很多人不知道接下來該何去何從，也不知道該信任誰。我寫這本書的目的，就是要提供一種能協助所有投資人利用單純方法與常識做出更明智決策的資源；目前的金融產業嚴重缺乏我所謂的單純方法與常識，而這兩者卻是指引投資人減輕市場崩盤的持久性危害的基本框架。很多人假設，要在諸如金融市場這種複雜的系統裡獲得成就，勢必需要複雜的投資策略與組織。這是一個錯誤的假設，但無論是金融產業的業界人士或門外漢都對這個假設深信不疑。當今多數所謂的專業理財建議都和投資人的目標背道而馳，因為提供這些建議的人根本不了解投資人的需要和渴望。

進入職場後，我一直從事著和投資組合管理有關的工作。這個經驗讓我體會到，以投資決策的數量來說，「少」即是「多」、單純比複雜好、因襲傳統比標新立異更能成功達到目標，而且長期的流程比短期的結果重要。另外，洞察力（perspective）比戰術有用，因為對投資人來說，戰術的效用只能維持幾天，甚至幾小時，所以是沒有意義的；然而，洞察力則能讓人一輩子受用，它讓人得以適應瞬息萬變的市場和經濟情勢。雖然將一切單純化不見得會讓人更有能力預測未來，畢竟沒有人有水晶球的預言能力，但卻能給你制訂理性決策的必要能量，一旦擁有足夠的能量，無論接下來將發生什麼狀況，你都將有能力應付。

洞察力的有效定義有兩個，若以制訂更優質理財決策的角度來說，這兩個定義都適用：

一、脈絡（context）：以宏觀的角度判斷世界大局的能力，不是短視地聚焦於眼前與周遭的事。

二、構思（framing）：個人看待這個世界的獨特方式，一種根據自己的方式來解讀世界上各種事件的方法。[3]

洞察力攸關重大，因為若缺乏洞察力，就算是絕頂聰明的投資人，也可能因為對自己的能力缺乏自知之明而將投資化為烏有。未能根據自身的環境與正確的脈絡來解讀新聞或市場波動，就猶如逆水行舟。而且，每個人解讀其周遭環境的方式，將決定他在面臨特定事件影響時，會針對有可能衝擊自身理財決策的外部因素採取什麼樣的回應。當一個人缺乏判斷大局的能力（譯注：即缺乏脈絡），又因資訊的誤導而對世界上發生的各種事件產生錯誤觀點（譯注：即構思能力不佳），那他的金融市場投資標的組合勢必會失敗。適當的洞察力能促使投資人懷抱正確的心態，漠視各種令人眼花撩亂的頭條新聞，避免順著可能危害到決策過程的有害情緒採取行動。

我並不是要透過這本書向你推銷一些遙不可及的夢想。我沒辦法給你一個能在一夜之間快速致富的祕方，真正的祕方是，沒有任何祕方能在一夜之間賺幾百萬美元。要想賺幾百萬美元，唯一的方法就是付出長時間來賺取。財富的累積需要耐心，這種事急不得。經濟大蕭條（Great Depression）時期在華爾街（Wall Street）工作的財經作家弗瑞德・史威德（Fred Schwed）曾說：「投機是一件吃力的工作，它可能無法成功地把一點點錢變成很多錢；投資也是一種吃力的工作，但它可能成功避免把很多錢變成一點點錢。」

金融市場和很多其他聚集買賣家的市場很相似，這些買賣家匯聚在市場的目的，無非就是為了尋找價值與創造價值。如果你了解市場的運作模式，更重要的是，如果你懂得人類大腦的運作模式，那你的長期成果可能會很可觀。這個流程不盡然要以很多困難的方法為基礎，因為你的目標不見得有多遠大，你可能只是想要財務獨立、有能力支付子女的大學學費、多去度度假、更有時間做自己喜歡的事，或滿足你的任何需求或渴望等而已。千萬要記住，市場存在的目的絕對不只是要讓你累積財富，市場更是滿足你創造自由、時間、記憶和心靈平靜等慾望的工具，而只要事先擬訂具體的計畫，同時設法避免成為自己的絆腳石，上述慾望都是可能達成的。

理財顧問常會以複雜的選項來說服投資人購買不必要的投資產品，但絕大多數人真正需要的，是了解如何透過較傳統的選項來成功獲利。過去十年，我用過各種最複雜老練的投資組合策略，因此我很清楚投資人真正該關心的問題是什麼；很多理財顧問會刻意用某些看似複雜的議題，讓投資人誤以為他們很聰明，以為他們擁有掌控一切的能力，但投資人其實不需要在意那些議題。

這是個雜音遍布的時代

地球上可供每個人取得的資訊每天以倍數成長的模式不斷增加。如今，只要擁有一支智慧型手機，你擁有的行動電話功能就比二十五年前的美國總統更強大，一般人目前的資訊取得能力也比十五年前的美國總統強。[4]如今，只要用手指一點，隨時隨地都能取得空前大量的資訊。現在的新聞報導更是二十四小時分秒不中斷。另外，只要輕敲一下按鍵，就能隨心所欲地透過電子郵件或社群媒體，和住在世界上任何一個角落的人溝通。世界各地的金融市場二十四小時輪流接棒演出，市場交易沒有一刻停歇，而且現在的投資人還可以透過智慧型手機下單買賣股票。總之，我們無時無刻都在接收著多不勝數的媒體新聞和財經資訊，想視若無睹都很難。

曾獲諾貝爾獎的心理學家丹尼爾・康納曼（Daniel Kahneman）在他的研究裡說明，由於一種所謂情意捷思（affect heuristic）的偏差影響，人類的大腦傾向於快速根據直觀的感覺來作判斷，並進而制訂決策；這種直觀的感覺不太需要經由思考或慎思就會產生，而隨著如今可取得的資訊量暴增，現代人遂變得更容易利用這些快捷的第六感來決定要採取什麼行動。在某些狀況下，這種類型的反應確實能產生有益的結果，但這種反應對投資卻沒什麼幫助。康納曼也發現，大腦的另一個部分比較能有效使用邏輯與慎思流程來參透各種事務，而我們應該使用這部分的大腦來謹慎思考理財決策。康納曼表示：「如果有時間反省，放慢腳步可能會比較好。」[5]

在未來，資訊的流動速度肯定只會更快，所以人類等於是在整個發展過程中為自己製造了一個難題。而由於多數人將忙著吸收大量湧來的資訊，不會聚焦在自己真正能控制的重要領域資訊，因此我們更需要學會區分哪些資訊有意義，哪些又是沒有意義的，這一點的重要性愈來愈不能漠視。研究人員已說明，當一個人有很多可行性的選擇、擁有非常大量的可用資訊，而且最終選擇的結果又會對他個人的利害關係產生重大影響，他就比較可能產生控制的錯覺（illusion of control）。[6]上述種種基本上就是投資組合管理流程的寫照，每個人都傾向於認為有較多的選擇一定比較好，但隨著選擇數愈多，決策數也會變得愈多，在這種情況下，犯錯的可能性也就愈高。

舉個例子，目前世界各地有七萬七千檔共同基金可供投資人選擇。[7]隨著投資人可用的投資選項數量持續增加，一般人傾向於假設複雜的方法一定比較好。事實上，我將說明，少永遠等於多；好比穿針引線，當你嘗試執行一個較有趣且聰明的投資組合策略，就會像是一次想把很多條線穿過同一個針眼。當然，你的確**有可能**一次穿過很多條線，但事實上，隨著決策數量持續增加，失誤的機率也會持續上升。

金融市場是一個混亂、複雜又瞬息萬變的系統，不過，要應付這個系統，不盡然要使用複雜且需要不斷忙進忙出的投資組合。相反地，要回應市場固有的複雜性，最好的方法就是側重單純、透明並減少買賣交易的投資組合管理流程。每個人夢想得到的理財世界終極地位象徵之一，就是成為一個老練的投資人。「老練」一詞會讓人產生優越與個人殊榮的感覺。老練的定義是擁有非常大量的經驗、充滿智慧，而且有能力解讀各種複雜的議題。不過，為人老練並不代表非得使用複雜的工具，它只代表要了解複雜的事物。納辛姆．塔雷伯

（Nassim Taleb）在他的《反脆弱：脆弱的反義詞不是堅強，是反脆弱》（*Antifragile*）一書解釋了這個動態：

> 複雜的系統並不需要複雜的制度和法規，也不需要錯綜複雜的政策，這和一般人所想的正好相反。愈單純其實愈好。複雜會衍生接二連三且倍數叢生的意外連鎖效應。……但在現代生活中，單純很難被落實，因為它違反某些族群的精神——這些人處心積慮地想透過世故與老練來證明自己的專業能力。[8]

投資人兼作家查爾斯・艾利斯（Charles Ellis）在他的經典著作《擺脫永遠的輸家：投資散戶的終極戰略》（*Winning the Loser's Game*）一書中分享了他兩名摯友的說法。這兩位朋友都正值他們醫療領域職涯發展的顛峰，各自擁有非常顯赫的表現紀錄。他們兩人都同意，醫藥領域的以下兩項發現，堪稱改善人類健康與壽命的最重大突破——一是盤尼西林，二是要求醫師與護士勤洗手。艾利斯由此分享了一個結論：複雜的建議不一定是好的，而好建議不一定要很複雜。

投資究竟有多難？

自從投入職業生涯後，幾乎所有想像得到的投資策略、資產類別、證券或產品類型，我都涉獵過，也曾針對這些項目提供建議或進行過盡職調查（due diligence，又譯為實質審查）。只要你想得到的，某種程度上我都曾涉足。我和有錢與不太有錢的人都合作過，也經手過數百萬甚至數億美元的投資組合。儘管擁有這麼多市場經驗，我唯一敢肯定的事只有：想成為一個非凡的投資人，絕對不是一件容易的事，非凡的投資人猶如鳳毛麟角，要成為那樣的高手，可說是難如登天。

到底有多難？從神經病學家轉行為投資人兼作家的威廉・伯恩斯坦（William Bernstein）說，所有想成為成功投資者的人，都必須具備四種基本的能力：（一）對投資流程感興趣；（二）擁有數學技巧；（三）充分理解金融歷史；（四）徹底執行並完成計畫的情緒紀律。伯恩斯坦並不太相信多數投資人能夠達到這種足以追求卓越的境界，他說：「我預期這個世界上只有不到一〇％的人口能達到上述其中一種能力的要求，所以這代表一萬人當中，只有一個人（十的四次方）能同時擁有上述四種能力組合。」9

我認同伯恩斯坦的見解，世界上只有極少數的投資人擁有他條列的那四種能力，而且有能力實現非凡的投資報酬。這樣的成就不僅需要智慧、紮實的投資流程和與眾不同的思考能力，在很多情況下，這還需要某種程度的運氣。也因如此，絕大多數的投資人不應該老想著要追求非凡的投資報酬。傳奇投資人班傑明・葛拉漢（Benjamin Graham）曾說：「實現令人滿足的投資成果比多數人理解的更容易；但要實現卓越的成果，卻比表面上看起來難得多。」這就是多數投資人面臨的問題——投資人老想著要追求卓越的成果，卻沒有創造那種績效的天賦、時間或多元能力。事實上，如果你能獲得「令人滿意的成果」，你就已經超越一般人，打敗七〇％至八〇％的其他投資人。更重要的是，「令人滿意的成果」比很多人所想的更容易獲得。而要達到「令人滿意的成果」，第一步就是要先放棄想創造卓越績效的春秋大夢，並承認世界上只有極少數投資人擁有這樣的能力，而且即使是擁有這種能力的人，也相當難以持續保有出類拔萃的表現（本書稍後將進一步討論）。

一般投資人的問題在於，當他們愈是一心一意追求卓越成果，通常反而愈容易得到低於平均值的績效。換言之，嘗試創造更優異成果反而加倍容易得到更糟的結果。作為一個投資人，最大的挑戰就是誠實面對自己的一切。也因如此，對一般投資人而言，「成為世界上最偉大的投資人」是個不切實際的目標。與其追求這個不切實際的目標，不如務實追求「優於平均」會比較值得一點，因為這個目標百分之百務實，而且絕對可實現，尤其若投資時程夠長，這個「優於平均」的思維可能會創造令人印象深刻的成果。只要善加利用長期思考的力量，設法減少非外力造成的失誤，並耐心等待複利的力量為你創造利益，便可望達成優於平均績效的目標。

問題是，要怎麼做到這一點？

以下是某些既簡單又有效的標準投資建議：

一、思考與行動都以長期為考量。
二、不理會雜音。
三、低買、高賣。
四、好好控制自己的情緒。
五、不要把所有雞蛋放在同一個籃子裡。

六、堅持到底。

這些都是非常棒的建議，問題在於**如何**履行。要怎樣才能知道所謂的長期對我而言的意義是什麼？要怎麼樣才能低買高賣？要如何防止情緒干擾投資活動？要如何正確分散投資？要怎麼樣才能堅持到底，並盡可能阻止雜音干擾我的投資組合？這些都是我希望透過這本書回答的問題。要做**什麼**事很重要，但**怎麼**做到那些事更重要。

對多數人來說，最大的問題是：在回顧過去或在擬訂未來計畫時，某些投資建議聽起來總是很棒、很有道理，但當你實際上要使用它時，它似乎又鮮少是那麼好用。誠如本書一貫強調的，這件事極端簡單，但同時又困難得讓人快瘋掉。巴菲特也曾說：「智慧投資並不複雜，但我絕對不是說智慧投資很容易。」

他短短的一句話貼切地彙總了本書的要旨。

附註

1. Thomas Paine, *Common Sense* (Radford, VA: A&D Publishing, 2007).
2. Jill Lepore, "The Sharpened Quill," *The New Yorker*, October 16, 2006,www.newyorker.com/magazine/2006/10/16/the-sharpened-quill.
3. Ryan Holiday, *Obstacle Is the Way: The Timeless Art of Turning Trials into Triumph* (New York: Portfolio/Penguin, 2014).
4. Peter Diamondis, *Abundance*: *The Future Is Better Than You Think* (New York: Free Press, 2014).
5. Daniel Kahneman, *Thinking, Fast and Slow* (New York: Farrar, Straus, & Giroux, 2011).
6. Richard Peterson, *Inside the Investor's Brain*: *The Power of Mind Over Money* (Hoboken, NJ: John Wiley & Sons, 2007).
7. Investment Company Institute, *2014 Investment Company Factbook: A Review of Trends and Activities in the U.S. Investment Company Industry 54th Edition.*
8. Nassim Nicholas Taleb, *Antifragile: Things That Gain from Disorder* (New York: Random House, 2014).
9. William Bernstein, *The Investor's Manifesto: Preparing for Prosperity, Armageddon, and Everything in Between* (Hoboken, NJ: John Wiley & Sons, 2012).

第一章

散戶投資人相對機構投資人

當「愚笨」的錢承認了它的極限，它就不再愚笨。

——巴菲特

第一次聽到這段話時，我剛從大學畢業不久，還算是資金管理產業的職場新鮮人，不過，當時的我就清楚知道這句話的意義有多深遠。那是我有生以來首次參加的大型產業研討會之一，整個會場座無虛席，很多人甚至站著聽講。會議廳裡擠滿了眾多專業投資人、投資組合經理和理財顧問，每個人都引頸期盼著某個著名億萬富翁避險基金經理人開口演講，會議廳裡迴盪著與會人士的嗡嗡細語聲。每一次的投資研討會總是會安排一場讓與會人士引頸期盼的演說，而這場演說也不例外。

這個話題性十足的演說者站上講台，依照慣例地說一個打破冷場的笑話後，馬上就切入重點，開始演說。整場演說涵蓋了和市場與整體投資產業有關的各種主題，也提到很多數據，但整個演說內容非常有趣，有些時候甚至讓人感到很好笑。觀眾可從演說中感受到這位演說者擁有豐富的群眾演說（就像現在這一場）經驗。他沒有用提示卡，也沒有使用PowerPoint投影片，整場演說行雲流水，感覺就像是他和一個商業夥伴之間的一對一對話。我周遭的每個人都抱著筆記本振筆疾書，希望完整記下演說內容，以便將來有需要時能好好回顧這位演說者的至理名言。談完當前市場展望後，這個演說者決定花一點時間詳細說說他預期未來幾年投資管理產業將會發生哪些重大變化。

他說，過去很多最優秀、經過學術試驗且以事實為憑的投資策略，原本只專提供給有錢的菁英，而且相關的成本非常高，但他預期不久後，這些投資策略將迅速透過低成本指數股票型基金（ETF）及以系統性與量化方法建構的共同基金等，讓所有投資人都有幸使用。在當時，ETF還是相對新穎的產品，所以他的預測著實有點大膽，因為鮮少人提出和他一樣的看法。無論如何，他預測這個產業將發生巨變。

先簡單介紹一下ETF的背景：這個產業的資產管理規模在過去十五年間出現了爆炸性成長。二〇〇〇年時，所有金融資產類的ETF的資產價值大約僅七百億美元；但到二〇一四年年底，那個金額遽增到接近二兆美元，整個成長軌跡快速得令人難以置信。[1]在此提供以下資訊給對這項產品不太了解的人參考：ＥＴＦ非常類似一種允許透過單一基金結構一次持有非常多不同證券的共同基金。這種產品讓投資人得以購買一個非常分散投資的證券組合，持有這種產品後，投資人就不用個別買進其投資組合中的每一檔證券。ＥＴＦ和傳統共同基金的最大差異是，ＥＴＦ是透過證券交易所在盤中買賣，交易模式和個股一樣，相對的，共同基金只能在市場收盤後交易。根據ＥＴＦ的結構設計，它的稅賦與成本都很有效率，所以平均來說，ＥＴＦ的成本負擔比共同基金便宜。ＥＴＦ的持有標的內容也比共同基金透明很多，因為投資人每天都能查看ＥＴＦ的持有標的是什麼。另外，這種基金幾乎不會發生和共同基金一樣的「被迫買進」或「被迫賣出」狀況。[2]ＥＴＦ的問世讓積極型基金公司得以用很多有意思的方式來切割風險因子、產業、地區和資產類別，而且未來這個趨勢只會更加風行，因為這些投資策略將會變得愈來愈專業化。ＥＴＦ是個值得關注的領域，因為這類基金的規模約當整體投資市場的佔有率將隨著時間不斷上升。

再回頭討論剛剛那一場投資研討會：這個基金經理人的演說內容讓我不由得點頭如搗蒜，他詳細分析未來將促成這個潛在變化（這項變化將讓愈來愈多投資人得以用較低成本取得更好的投資策略）的理由——競爭增加、資訊取得愈趨容易、有關回溯測試策略（back-tested strategies）的學術研究匱乏，以及多數專業投資組合經理人都來自相似的思想學派等。這一切的一切會讓投資組合經理人愈來愈難以證明「若散戶投資人希望投資組合經理人提供優越的投資流程，就必須付出遠高於一般的成本」的說法是有道理的。相關的思維是，這些日新月異的產品雖不太可能為投資人提供極大的超額利潤，不過由於投資人負擔的成本降低，扣除成本後的淨報酬率將令人驚豔，畢竟最終來說，淨報酬率才是真正重要的。

演說結束後有一段問答時間，在場的專業投資人可趁此機會，繼續針對這個避險基金經理人的演說內容提出疑問。與會者紛紛忙不迭地拿起麥克風，向這個知名投資者發問。第一個聽眾看起來有點慌張，他迫不及待地問：「我們該怎麼向客戶推銷這些低成本基金？這麼做不就等於承認我們原本推薦的基金都是一些三腳貓基金嗎？」我環顧整個演講廳，發現幾乎其他所有投資人都認同地點著頭。接著，那些人也一個接一個提出類似的問題。

「我們要如何向客戶解釋為什麼要推薦績效較低的基金？」

「你難道不懂什麼叫一分錢一分貨嗎？」

「如果我們選擇這些類型的基金，那要如何證明我們具備為客戶創造更多價值的能力？」

「我們要如何向客戶解釋我們沒有用最高的成本幫他買績效最好的基金？那不就等於承認我們在胡搞嗎？」

最初，我實在不能理解為何在場比我更經驗豐富的那些投資業同行會出現諸如此類的反應。這個演說者提到的明明是一種更低成本的可行投資策略，一種對股份持有人更友善的投資工具，在場的專業人士怎麼會一點都不感到興奮？對投資顧問與投資人來說，投資產業變得更扁平化、更具成本效率，難道不是好事一樁嗎？

接著我突然恍然大悟，我實在太天真了。當時的我還是理財領域的新兵，而在理財服務產業，產品與投資標的的選擇並非時時刻刻都是非黑即白的。當時在場的所有專家們心裡應該都想著同一件事——信號。如果他們以較低的成本向客戶推薦或為客戶購買績效較低的產品，就等於是向客戶發出信號，讓客戶知道他們並沒有盡職為客戶尋找市場上績效最好的投資產品。這些專業投資人和資本分配專家擔心因此被邊緣化，畢竟如果他們不能為客戶精挑細選出**績效最好的基金**，那麼在現有客戶和潛在客戶眼中，他們算什麼？如果城裡最貴的夜店把你列在貴賓名單中，你會感覺自己屬於某個權貴團體；但如果有一天，那家夜店開放讓所有客人進去，那麼它的光環就會衰減，你也不會覺得自己有什麼特別的。另外，這些專業人士現在之所以還能靠著一種收費昂貴的理論來賺錢，是因為很多人到目前為止還相信這個理論。但事實上，這個理論或多或少是一種推銷戰術，只不過無論這個產業的業內人士或外行人，都難以證明它的敘事（narrative）不夠實在罷了。

要投資人接受「放棄以高成本取得非凡績效的機會，並以較低成本獲得高於平均值的報酬」的事實，實在有悖常理。的確，非凡績效遠比高於平均值的報酬更難取得，而且不可能人人都有能力成功找到那樣的機會，問題是，投資人要怎麼承認這個事實？甚至放棄嘗試去追求？當時在場的人都極具競爭能力，個個都是頂尖大學畢業生，多數人還上過最頂尖的商學院，其中某些人更擁有聲譽卓著的合格財務分析師（chartered financial analyst，簡稱CFA）認證。總之，在場的每個人都很聰明且極能勝任目前的工作。問題是，投資業也堪稱割喉行業；每個人都希望成為最優秀的投資人，盡可能在最短的時間內賺最多錢。遺憾的是，並非每個專業投資人都能在績效排行榜上名列前茅，這是令人難以接受但不得不體悟的事實。

回答完觀眾最後一輪憤怒的發問後，這個演說者臉上的表情實在很難用筆墨來形容。

他笑嘻嘻的，彷彿能從這些投資人的反應知道他們將來面臨什麼樣的命運似的。他知道市場參與者遲早會認同他的想法。不過，要這些聰明人推翻市場上歷史悠久的觀點，恐怕有點困難。畢竟要他們承認還有另一種做事方式，而且是更簡單的做事方式並不容易。

幸好散戶投資人無須為投資產業這類根深蒂固的立場傷腦筋。你不需要努力在任何人心中留下深刻的印象；你不需要投資勞斯萊斯級的投資組合（譯注：指高貴氣派但成本也高昂的投資組合）也能達到想要的目標。只要你在投資事務上不需要取悅他人（你應該無須這麼做），你就能用一種更經濟且有效率的模型來達到那個神奇的目標。重點在於能不能達到目標，而不在於怎麼達到那個目標。投資沒有風格分數（style points）可言，就算你選擇比較困難的投資方法，也不會對你的成就產生加分效果。身為散戶投資人的你不需要暗示自己只採績效最好、最獨家的投資策略，因為沒有人會對你或你的投資組合品頭論足，而你也不需要和同儕一較高下。最重要的是，這麼做能提高你的成功機率。

只要理解上述觀念，你肩上的沉重負擔就有可能大幅減輕，因為誠如下一段將說明的，一般人幾乎不可能成為績效永遠名列前茅的投資人，連以這個行業維生的專業人士也難以達到那樣的目標。

機構投資人相對散戶投資人

目前的市場受專業投資人控制，不過這並非長久以來的常態。五十年前的股票市場主要受小散戶控制，當時散戶佔紐約證券交易所（New York Stock Exchange）成交量的比重高達九〇%以上。物換星移後，如今機構投資人的成交量佔掛牌股票成交量的比重已超過九五%，機構投資人佔其他所有投資型證券成交量的比重甚至接近一〇〇%。諸如退休基金、捐贈基金、各式各樣的基金會、主權基金和有錢家族成立的投資辦公室等機構投資人手上，共掌握了數兆美元可投資的資金。[3]

巴菲特或許堪稱一般人最耳熟能詳的投資人，相較之下，很少散戶投資人知道大衛・史文森（David Swensen）是何許人也。其實，史文森堪稱機構資金管理領域的巴菲特，他是歷史上最偉大的機構投資人之一。史文森還針對機構投資模型寫過一本書，即《創新投資組合管理》（*Pioneering Portfolio Management*）。法人圈甚至稱他的投資管理風格為耶魯模型（Yale Model），因為他是耶魯大學（Yale University）捐贈基金的投資長，全球各地有成百上千的基金爭相仿效他的投資風格。從一九九〇年代中期迄今，史文森平均每年為耶魯大學賺進一四％的利潤，以超過二十年的期間來說，這是令人難以置信的優異績效。

根據評估，目前耶魯大學投資組合的價值超過二百億美元。對於期望能複製史文森成就的人來說，耶魯大學捐贈基金的結構確實很值得探討。耶魯大學每年透過慈善捐款和補助金獲得數億美元的資金，因為長春藤聯盟（Ivy League）眾名校的畢業生很樂於回饋母校。耶魯共聘請二十六名全職的投資專業人士，每個都專長於投資組合的某個領域。耶魯大學是個免稅機構，這代表他們無須擔心投資組合決策對稅賦的影響。另外，他們的投資時程堪稱永久，因為耶魯大學擁有該捐贈基金的永久所有權。諸如耶魯大學這種大型機構能投資到多數一般投資人無緣投資的基金，因為這些基金的最低投資額度非常高。在這個產業，散戶投資人可能永遠都無緣參與最大型投資人所涉足的交易，原因很簡單，因為這些機構投資人可處置的資金量非常龐大，換言之，財大氣粗的人自然有機會「得其門而入」。當然，由於這些機構法人的資金規模龐大，因此也得以透過議價的方式爭取到較低的費用（以資產的百分比計），因為即使費用率低，但因資產總額龐大，所以最後支付的絕對成本金額還是非常高，怎麼算都是值得爭取的客戶。

雖然資金規模是區隔散戶投資人和機構投資人績效的重要因素，但史文森也不諱言地指出，即使是在專業投資人圈子裡，績效還是有明顯的等級之分。史文森在耶魯大學投資辦公室的二〇一三年年報中，向機構投資人與散戶投資人提出以下建議（重點部分為本書作者標示）：

在投資圈子裡，最重要的差異並不在於散戶與機構投資人之分；最重要的差異是「有能力做出優質積極管理決策的投資人」和「缺乏積極管理專長的投資人」。很少機構投資人曾施展過制訂優質積極管理決策的能力並投入資源來創造風險調整後（risk-adjusted）超額報酬，當然，擁有這項能力的散戶投資人更是少之又少。

擁有積極管理長才的投資人眼中的正確策略，正好和適合缺乏積極管理能力的投資人眼中的正確方法相反。實力高超的積極投資經理人有較多機會藉由傳統的國內外股票資產類別創造打敗市場的報酬率，這是一個顯而易見的事實，除此以外，實力高超的積極型投資經理人還享受了利用另類資產類別（alternative asset classes）與私募基金（private equity）等，來建構較低風險且較高報酬率之投資組合的機會，這個機會對結果的影響更重要。想當然耳，只有具備積極管理能力的投資人，才能透過傳統資產類別與非傳統資產類別的投資組合配置，來建構足以打敗市場的策略。

這當中絲毫沒有中間地帶。低成本的被動策略適合絕大多數沒有時間、資源和能力制訂優質決策的散戶與機構投資人。耶魯模型的框架只適用於少數擁有資源且有積極追求風險調整後超額報酬之性情的投資人。[4]

散戶投資人的最大問題之一，首推他們總想在承擔較低風險的情況下追求較高的報酬，渾然不知這個目標有多麼難以達成。散戶投資人誤以為唯有使用最老練的投資策略，才能在市場上創造成就。相反地，在投資領域裡表現最好且使用最複雜方法的那些人，卻似乎總是推薦散戶投資人採用最單純的解決方案。實質上，他們等於是說：「請照我說的做，但不要學我怎麼做。」某種程度上來說，唯有了解複雜性，才能體會單純的好。散戶投資人必須靠自己去體會這個痛苦的教誨，正因如此，如果有人能幫你付學費會更好，從那些人的經驗吸收教誨，試著不要犯相同的錯誤，或是試著了解為何他們會建議你採用特定的投資思考與行動方式。

很多投資人常發現自己被困在史文森所謂的中間地帶，換言之，他們希望利用複雜老練

表1.1　捐贈基金年度績效比較

	五年	十年	十五年	二十年	二十五年
耶魯大學捐贈基金	3.30%	11.00%	11.80%	13.50%	13.20%
哈佛大學捐贈基金	1.70%	9.40%	9.60%	11.90%	11.50%
所有捐贈基金	3.80%	6.80%	5.60%	7.70%	8.40%
持有60%股票，40%債券	5.90%	7.40%	5.70%	7.60%	8.30%

資料來源：先鋒公司（Vanguard）

的策略來打敗市場，可是卻苦於缺乏足夠資源，也不知道該怎麼著手。在這種情況下，試圖創造超越平均值的績效，反而會得到低於平均值的績效。承認「真正非凡的市場績效（像史文森那樣的優異績效）」很難達成一點也不丟臉。想在市場上創造非凡表現的心態，才是真正傷害多數投資人的元凶，因為他們未能體認到一個無可否認的殘酷現實：這個競技場只適合少數投資人生存，多數投資人並不適合參與這場競賽。

但不是只有散戶投資人會被困在這個中間地帶，很多機構投資者也因缺乏能和耶魯大學相提並論的資源和專業能力而被困在此處。表1.1列出了各個不同投資時程內，耶魯大學捐贈基金與其同儕哈佛大學（Harvard）捐贈基金以及所有捐贈基金的紀錄，相對一個持有六〇%股票、四〇%債券的單純比較標竿（benchmark）的績效數字比較。從這些數字可清楚見到史文森這幾十年期間的長期成果有多麼非凡，事實上，他的表現可謂驚人。從這個表格也可見到，耶魯大學最大勁敵之一的哈佛大學，一樣創造了高於平均值的長期報酬。接著，請看看機構投資者圈子裡的所有捐贈基金的成果。所有捐贈基金的成果看起來幾乎和一個以兩檔單純的指數型基金組成的六〇／四〇投資組合的績效如出一轍。基本上，這些捐贈基金在每一段期間的表現都和這個平衡型基金相仿，多數新手投資人應該都沒有預期到會是這樣的狀況。[5]

所以，不僅一般散戶投資人難以創造史文森那樣的報酬數字，他的機構投資圈同儕一樣無法締造足以和他相提並論的績效，事實上，他的同儕跟他比起來還差得遠呢！不僅如此，他的同儕連近來風行的一種近乎零成本的陽春投資組合（譯注：指某些ＥＴＦ）都贏不了。史文森本人也非常提倡被動型基金，他曾說：「積極管理的競技場當然很吸引各種玩家，因為這種競技場會讓人產生獲得超額報酬的錯誤期望。或許少數聰明人雖體認到被動策略能提供更優異的替代方案，卻還是認為自己的聰明才智足以打敗市場。但無論如何，偏離標竿報酬本身就代表一項重大的投資組合風險來源。」[6]這一席話出自在過去二十五年間靈巧打敗市場的人。有時候，唯有透過善用複雜投資組合管理方法之人的洞察力，我們才能體會對其他所有人（可用資源不如前者）而言的單純之美。

耶魯大學絕對是機構投資圈子裡的麥可・喬丹（Michael Jordan）〔這麼說來，哈佛應該也堪稱那個領域的寇比・布萊恩（Kobe Bryant）囉？〕。如果散戶投資人認為自己也能創造和他們一較高下的成就，那簡直就是在做白日夢。不過，看看其他價值數億甚至數十億美元的投資組合：這些投資組合每一期的報酬率，都和單純由六〇／四〇股票與債券指數型基金組成的投資組合的報酬率相近，而那個投資組合的報酬率相當於市場報酬率。當然，一般投資人並不是不可能創造和專業投資辦公室相當的報酬，但必須要有足夠的耐心、紀律和長期洞察力。

散戶投資人一定要改變思維，才有機會創造和機構投資人相當或甚至更高的績效。不要試圖在華爾街人士的競技場裡打敗他們。其實，一個非常單純的投資組合也能創造幾乎和華爾街一樣的績效，而且需要做的事情少很多，策略也簡單得多。顯然並非所有機構投資人的績效都能超越市場，畢竟只要市場上有贏家，一定也會有輸家。

然而，請想想，機構投資人要花多少工夫才能創造那樣的利潤？每一檔大型基金都聘用非常多全職員工，少則幾名剛受訓完成的專業人士，大則像大型退休基金，動輒配置幾千名人力，另外還有第三方理財顧問和後勤辦公室員工。這些負責管理基金的全職員工不斷努力研究並分析市場，期許能從中找到投資機會。雖然資訊愈來愈容易取得且範圍愈來愈廣泛，機構投資人還是不惜編列大方的年度預算，希望換取最佳研究與市場資料提供者的服務。

另一方面來說，散戶投資人通常都得自食其力。如果你不是這個產業的從業人士，應該都有一份全職的工作要做，或有一個家庭要照顧。所以，你不可能每天追蹤市場狀況，也不可能天天進行研究。即使你的投資對你未來的財富攸關重大，你還是必須好好靠本業謀生，何況你可能也沒有時間或興趣像專家那樣緊密追蹤市場的狀況。身為散戶，我們對自己的投資組合更情緒化，因為投資組合裡的資金是我們自己一點一滴攢下來的辛苦錢，不是幫別人管理的錢。世界上沒有人會比你更關心自己的錢，事實上，你的投資組合含括了你的目標和慾望。

你我皆凡人

投資人常犯的最大錯誤就是受自身情緒干擾，以致無法制訂明智的投資決策。研究顯示，散戶總是賣掉正在上漲的股票，死抱虧錢的股票；散戶習慣追逐已經成為「過往雲煙」

的績效，而且跟隨群眾制訂決策，股價漲愈多，就買愈多股票，但總在市場崩盤時賣出。[7]若以極長期間的複利計算，這些失誤讓投資人付出非常巨額的代價。

即使專業投資人擁有前一段內容中強調的種種優勢，也難避免犯下剛剛提到的幾種錯誤。有一組研究人員察看一九八四年至二〇〇七年間，超過八萬份法人機構帳戶的年度觀察報告資料集（這些基金總共管理數兆美元的資產），希望了解那些法人機構帳戶的股票與債券買進和賣出決策以及外聘投資經理人的績效。研究人員發現，他們賣掉的投資標的常表現得比他們買進的好，換言之，這些專業的基金並沒有做到一貫低買、高賣，而是經常性地高買、低賣。我們經常聽到很多人批評散戶投資人買進與賣出共同基金的時機不正確（稍後將詳談），但這份法人機構帳戶研究清楚顯示，專業投資人也「不遑多讓」，相同類型的虧錢行為在專業投資人圈子裡也時有所見。事實上，這份研究的作者們發現，專業投資人族群因決策不當而虧掉的錢超過一億七千美元。[8]

另一份研究觀察了大型退休基金的狀況。這些基金的平均規模為一百億美元，但一樣犯下追逐「已成過往雲煙的績效」的錯誤。從一九九〇年至二〇一一年，它研究了幾乎六百個退休基金；研究報告的作者們發現，一九九〇年代末期股票市場多頭氣勢旺盛的那段期間，這些號稱老練的基金放任其股票配置比重上升而不積極調整，換言之，它們放任基金的股票持有比例超過原訂的目標資產配置百分比。到市場崩盤之際，這些退休基金持有的股票，已遠比政策與風險控制規定等所設的比例高。而二〇〇八年金融危機後那段期間，這些退休基金持有股票的比例又遠低於股票的目標配置水準，而且遲遲沒有調回正常水準。總之，這些退休基金並沒有反映「均值回歸」要素，而是完全根據不久前發生的情況來推斷未來的可能發展（譯注：例如愈多頭時愈看好，愈空頭時愈看壞），並根據這個推論來制訂當前的決策。這些退休基金沒有透過低買、高賣來進行投資組合再平衡（rebalance，譯注：將各類資產的實際投資比例調整回目標配置比例，如股票六〇％、債券四〇％之類的配置）。若切實堅守原訂的目標，這些退休基金理當要在一九九〇年代末期適當減碼已大漲的股票，並在二〇〇八年崩盤時加碼股票；不過實際上它們並未這麼做，取而代之的，這些基金根據後見之明來投資，忙著打一場已經結束的戰爭，完全未能堅守原有的投資政策指導原則。總之，它們忙著追逐報酬，將風險管理拋諸腦後。[9]

為何專業投資人與散戶都會出現這類行為？麥可・道格拉斯（Michael Douglas）在《華爾街》（*Wall Street*）一片中扮演的角色戈登・蓋柯（Gordon Gekko）說得很貼切：「貪婪

——我找不到更貼切的形容詞——是好的。」[10]這句話後來成為經典名言。雖然一般認為貪婪是驅動多數理財決策的因素之一，但嫉妒心理也可能導致我們偏離追求原訂目標的道路。哈佛大學的研究人員在一份研究中，要求受試者選擇要住在以下哪個國度，假設這兩個國度的物價都固定不變：一是受試者擁有五萬美元所得，但一般人所得僅二萬五千美元；一是平均所得二十萬美元，但受試者的所得只有十萬美元。研究結果顯示，有五二%的受試者偏好五萬美元，也就是自己的所得比鄰居高一倍的那個選項，儘管以絕對數字來說，這個金額只有第二個選項的一半。[11]

機構基金經理領域也存在這種同儕嫉妒心理。原因之一是，這些投資組合的投資人也是凡人。專業投資人雖然對市場的漲跌起伏比較習以為常，卻還是可能和其他所有人一樣屈服於最根本的人性。而且由於先前提到的種種機構投資人優勢，所以一般人總期待專業投資人能維持打敗市場及其比較標竿的績效水準。另外，專業投資人總是喜歡和產業同儕比績效，儘管這件事說起來應該不是那麼重要。而由於年度報酬數字是公開資訊，無形中更助長了「勝人一籌」的強烈比較心理。雖然適度的競爭在生活的某些層面是健康的，但由於各種投資組合的長期目標、短期目標、風險概況與投資時程並不同，所以硬是要加以比較，恐有失當之嫌，而且容易使專業投資人產生一種非打敗同儕不可的逞強心理，最後反而犯下非外力造成的失誤。

談到相對績效，機構投資人不僅會和產業同儕比績效，也會和機構內部設定的傳統或指數型標竿進行比較。對散戶來說，標竿分析（benchmarking）在某種層面上或許有幫助（稍後將詳談），但散戶真正應該重視的標竿其實是自己的個人目標。如果你的投資組合能為你實現那些目標，那麼打不打敗市場又有什麼關係？你不需要以某特定時間範圍內的指數或市場表現來評斷自己的價值。你的投資績效不一定要打敗其他人或市場，你真正的目標是不要打敗自己。

由於每個人的目標不同，所以理性的投資人沒必要煩惱自己的投資方式是否和專業人士相同，甚至不該在意他們每年創造了怎樣的績效。有人說，如果你希望打敗一個擁有卓越運動天賦的團隊，就不要妄想在對方的競技場裡打敗他們。你應該找出他們的弱點，善加利用你的優勢，營造一個公平競爭的環境。這代表競爭日益激烈的專業資金管理領域並非散戶應該投入的戰場，因為散戶在那裡沒有競爭優勢。

不論資金多寡，基本原則皆同

如果你管理一個大型機構法人投資組合，一開始可能會有點透不過氣來，因為你管理的投資組合的市場價值和投資標的數量會一下子多好幾個零，所以你需要時間慢慢習慣這個新狀況。不過，經過一段時間後，你就會發現大型的投資組合也不過就是那麼一回事，其實就是多幾個零罷了。沒錯，當你的投資組合價值數億或甚至數十億美元，壓力可能會比較沉重。但即使是最大的投資組合，適用的投資原則也沒有不同。每個投資計畫和投資組合絕對都不一樣，因為每個散戶和機構都各自面臨獨特的狀況，也有不同的現金流量需求。但最終來說，不管是管理一千萬元或十萬元，就算金額多出幾個零，必須遵守的原則還是一樣的。有一句古老的諺語說，一般人在星期天上教堂，並不是因為他們期望聽到第十一誡，而是為了加強自己對已知的十誡的印象。不管是大型投資人或小型投資人，一樣都不得不應付飄忽不定的市場和不確定的未來，所以沒有理由為了改變這個無法改變的事實，而浪費時間去設想其他所有人都意想不到的其他怪異策略。

大型投資者不能因為擁有較多可投資的資金，而藉口不擬訂完整的綜合投資計畫，也不能因此而失去紀律，不根據投資政策聲明（investment policy statement，簡稱ＩＰＳ）中設定的規則和指導原則行事。總之成功沒有捷徑。

多數人可能沒有時間、經驗或專業能力成為能和耶魯大學的史文森相提並論的非凡投資人。不過，承認這個事實並無大礙，不願承認這個事實反而會給自己帶來大麻煩。目前每個人都競相爭奪最優異的投資概念，而且這種競相尋找最佳概念的壓力，只會隨著時間而變得愈來愈激烈。專業投資人總是不斷地研究不同的證券、產業、資產類別、地理布局、投資經理人和基金結構等，企圖尋找改善其投資組合的方法。

但散戶投資人必須了解到，不管金融產業出現什麼樣的創新，耐心永遠是金融市場中最大的自動補償器。長期而言，任何人都不可能藉由套利來賺走優質行為的所有利益。事實上，散戶投資人相對專業人士而言的最大優勢之一是，散戶擁有保持耐性的能力，因為散戶不需要定期接受某個委員會或一群客戶的質詢，沒有人會評斷你比同儕好或壞，也沒有人會用某種客製化的比較標竿來評斷你的成果，你更不需要為了讓某人對你留下好印象而汲汲營營。當然，並不是所有專業投資人都不重視長期投資，只不過，在互相比較和標竿化分析的文化下，某些專業投資人確實比一般人更難以堅持長期投資的原則。身為散戶，就算你一次交易少量的資金，也沒有人會質疑你的短期成果。另外，只要環境允許，你可以盡可能拉長投資時程，放手讓複利的魔法為你效勞。沒有必要為你的長期資金擔心下個星期、下個月、下一季或一年的事。散戶可以懷抱數十年的思維（最好行動上也以數十年為考量），但在華爾街人士眼中，「數十年」簡直是個駭人聽聞的時間範圍。如果能延長投資時程，你將能因保持耐性和堅守紀律而獲得巨大的優勢。

你不需要擔心自己是否打敗市場、哈佛或耶魯，只需要擔心是否能夠達成自己的目標。那些目標才是你的真正標竿，所以聚焦在自己的目標及自己的投資組合就好。

長期思維

多年前，我有生以來第一次為了評估某個投資經理候選人而參加了幾場實質審查會議。當時我聽取一個投資組合經理人進行行銷簡報，他的說法迄今仍烙印在我的腦海裡。對方在概述他公司的策略時，談到了他們可能會使用到的股票投資替代方案。這一檔基金的平均持股期間是十八個月，而他們試圖利用各種不同的市場買賣時機偵測指標來提升績效。

他們的行銷文件利用整整一頁的篇幅，條列有助於股票投資人創造領先績效的各種方法。第一個方法是透過極短期的投機行為來創造領先績效。第二個方法是找出各個部門與產業的中期趨勢，並在其他市場人士發現那些趨勢前先介入，等別人來抬轎。第三個方法是當一個買進並極長期持有的投資人。

這份簡報特別有趣的部分是，這位經理人把「買進並持有」策略描述得像是一種只有在神話裡才會出現的虛構生物。他輕佻地說：「當然，如果你採用買進並持有策略，最後一定會賺很多錢，但以今天的環境來說，哪個投資組合經理人有堅持那種策略的餘地？沒有投資人會有那樣的耐心。」這位投資組合經理人的說法讓我覺得很不可思議，但絕大多數聽過他的策略行銷簡報的投資人，應該都能接受他的說法。基本上，他等於是說沒有任何客戶或潛在客戶會讓他公司的基金擁有足夠的空間去落實買進與持有策略，因為在某些時段，這個策略確實不管用。而他的說法讓人誤以為他公司的基金很有機會改善這個情況，儘管那可能真的只是一個錯覺。

當然，我絕對不是說買進並持有策略是完美的策略，它並不完美。沒有策略是完美的，不過，這個專業基金經理人為了守住缺乏耐心的投資人而揚棄長期投資方法的態度讓我無法苟同。一件事情很難，並不代表你不該去做這件事。買進且持有策略最大的問題是，如果要順應它的既定模式，那麼就算市場崩盤，你也要繼續買進並持有，問題是在下跌的市場中買進且持有，遠比在上漲的市場中買進且持有困難得多。但無論如何，如果你正確應用這個方法，即使你在投資流程的很多其他環節犯錯，最後還是會成功。它要求的條件很單純，就是鋼鐵般的堅忍意志，可惜很多人不具備這樣的條件，因為當房子著火時，所有人都習慣往外跑，沒有人會往內跑。

從聯邦準備理事會（Federal Reserve）所做的一份研究，可看出買進且持有策略如何透過它的單純，創造出比其他替代投資方法更好的利益。聯準會觀察一九八四年至二〇一二年共三十年間的共同基金資金流入與流出狀況。毫不意外地，他們發現多數投資人在市場大漲後投入資金，但在連續大跌後抽出資金，換言之，多數投資人採用高買、低賣的毀滅性策略。接著，研究人員將這段期間分隔為每七年一期的區段，再分析若這些追逐報酬率的資金改採買進並持有策略，會產生什麼結果。結果是：買進且持有型的投資人每年的績效領先不斷追逐報酬率的人五%。這代表在他們研究的幾個七年投資期過後，總報酬率差異共高達四〇%。[12]當然，我還是要重申，買進且持有策略也有它的缺點。世界上沒有任何一個策略隨時有效，也沒有任何策略能永遠讓投資人免於虧損。但若和典型的投資人行為（譯注：即不斷追逐績效但反而變成高買、低賣）做比較，兩者高下立判，絲毫沒有爭辯的餘地。

另一個可供散戶投資人分散投資決策的單純方法是定時定額法（dollar cost averaging），也就是每隔一段固定的時間持之以恆買進的流程，這個方法既簡單又有效，採用這個策略的人能在較低價格買到較多股數，在較高價位買的股數則較少。定時定額法的目的不是要完美掌握市場時機，相反地，這是坦承自己沒有掌握精準市場時機的能力或情緒控制力的一種方法。另外，投資人本來就很少會一次投入一大筆錢到市場上。記住，投資組合只是你用來配置個人儲蓄的管道。多數人會把所得的某個百分比存起來，而這個習慣讓定時定額策略成了最方便的投資方法，尤其因為這個流程可以透過個人就職單位的退休計畫來自動執行。不過，即使是這麼好的策略，如果沒有正確的洞察力，最終還是可能難以落實。誠如葛拉漢早在一九六〇年代被問到定時定額法的優劣時所指出的：「不管是從什麼樣的時機開始進行，那種政策最終將讓你獲得利益，**但前提是**，你必須無視各種干擾情勢，切實且果敢地遵守既定的原則。」不過，投資人若想透過這個策略獲得效益，就必須「不同於其他所有人……不能被情緒（由狂喜轉為狂悲）的變化左右，問題是，幾個世代以來，股票市場不斷在狂喜與狂悲之間旋轉」。葛拉漢的結論是：「我對此抱持極大的懷疑。」這充分展現出他有多麼了解投資人情緒。[13]

以上所述是兩個非常基本的單純投資概念，它們雖然單純，但實際上做起來並不容易。不過，這兩個基本假設對絕大多數投資人來說都是有效的，就算沒深入分析個人面臨的環境、風險概況、投資時程或投資技巧也一樣。

此外，「買進且持有」概念絕對不等於個人的持有期間，這兩者的差異非常大。畢竟你不可能在建立一個投資組合後，永遠也不進行任何調整。所以，你必須在控制風險和自我阻礙（自我阻礙來自過度積極與錯誤推斷市場買賣時機）之間取得一個平衡點。有耐心、有紀律的長期策略並不容易執行，因為在多數時間，它要求身為投資人的你按兵不動，什麼事也別做。「按兵不動」聽起來好像很容易，但很多人都會感覺做點什麼事——**任何事**——會讓自己擁有某種控制能力。不斷調整投資組合的行為會讓人感覺自己擁有某種影響力，至少感覺起來比根據買進並持有計畫而按兵不動更有影響力。

在人生的絕大多數領域裡，「更加努力」確實是比較好的選擇，但在金融市場，更努力並不代表會做得更好。事實上，在金融市場上，試圖更加努力反而最可能導致你的績效低於平均值。與其妄想在每一個短暫的時間範圍內實現卓越績效，不如虛心接受市場給你的一切，維持低成本並乖乖遵守原本的策略，因為過度汲汲營營反而會導致最後的結果變糟。我們常不假思索地假設各個不同專業領域裡能力最強的人，一定會成為那個領域的最佳「選手」，在職業運動領域，這個道理通常說得通。不過，成為佼佼者的不僅是能力最高超的人，最努力的人也常能爭取到那樣的殊榮。也因如此，我們也總是會假設金融市場上最有技巧且最努力的人，每年一定都能交出亮麗的成績單。但不知怎地，現實的世界有時並非如此，很多聰明絕頂的人會在金融市場上犯下巨大的錯誤。我們將在下一章討論如何減少犯這些錯誤，同時說明如何藉由仿效史上幾個最偉大的投資人，來改善你的績效。

重點摘要

- 不要妄想在專業人士的競技場裡打敗他們，因為在那個競技場上，你處於不利的競爭地位。耐心永遠是市場上最棒的補償器，因為沒有人能利用套利活動賺走長期優質行為的所有利益。

- 嫉妒或許是身為投資人最糟糕的一種情緒，這種情緒只會製造問題。沒有道理去比較自己和其他投資人的績效孰勝孰敗，無論是機構或散戶投資人皆然。只要專注在自己的狀況就好。
- 基本的投資原則適用於所有投資人，無論投資組合大小。困難的是要如何在旁人都無法遵守這些原則時堅持到底。

附註

1. Elisabeth Kashner, "Your ETF Has DRIP Drag," ETF.com, October 21, 2014, www.etf.com/sections/blog/23595-your-etf-has-drip-drag.html.
2. Blackrock, "ETP Landscape. Industry Highlights," September 2014, www.blackrockinternational.com/content/groups/internationalsite/documents/literature/etfl_industryhilight_sep14.pdf.
3. Charles D. Ellis, "The Rise and Fall of Performance Investing," *Financial Analysts Journal* 70, no. 4 (2014), www.cfapubs.org/doi/pdf/10.2469/faj.v70.n4.4.
4. David Swensen, "The Yale Endowment: 2013," http://investments.yale.edu/images/documents/Yale_Endowment_13.pdf.
5. Daniel W. Wallick, Brian R. Wimmer, and James J. Balsamo, "Assessing Endowment Performance: The

Enduring Role of Low-Cost Investing," Vanguard, September 2014, https://institutional.vanguard.com/VGApp/iip/site/institutional/researchcommentary/article/InvResEndowPerf.

6. David Swensen, *Pioneering Portfolio Management: An Unconventional Approach To Institutional Investment* (New York: Free Press, 2000).

7. Brad Barber and Terrance Odean, "The Behavior of Individual Investors," Haas School of Business, September 2011.

8. Scott D. Stewart, John J. Neumann, Christopher R. Knittel, & Jeffrey Heisler, "Absence of Value: An Analysis of Investment Allocation Decisions by Institutional Plan Sponsors," *Financial Analysts Journal* 65, no. 6 (2009).

9. Andrew Ang, Amit Goyal, & Antii Ilmanen, "Asset Allocation and Bad Habits," April 2014, www.rijpm.com/pre_reading_files/Goyal_Asset_Allocation_and_Bad_Habits1.pdf.

10. Oliver Stone, *Wall Street*, Movie, Twentieth Century Fox, 1987.

11. Richard Peterson, *Inside the Investor's Brain: The Power of Mind Over Money* (Hoboken, NJ: John Wiley & Sons, 2007).

12. Federal Reserve Bank of St. Louis, "The Cost of Chasing Returns," The St. Louis Fed, September 2014, www.stlouisfed.org/on-the-economy/the-cost-of-chasing-returns/.

13. Jason Zweig, "If You Think Worst Is Over, Take Benjamin Graham's Advice," *Wall Street Journal*, May 26, 2009, http://online.wsj.com/articles/SB124302634866648217.

第二章

負面知識與成功投資人需具備的特質

如果你學會摧毀自己的錯誤概念，就等於送給自己一個大禮。

——查理．蒙格（Charlie Munger）

子曰：「知之為知之，不知為不知，是知也。」多數投資書籍完全聚焦在一些快速致富的步驟，但我要反其道而行，我要先談一些負面知識（negative knowledge，譯注：指知道什麼事不該做、什麼路不該走的知識）。負面知識是指先觀察哪些方法行不通，進而從中體會到怎樣的作法才行得通的流程。這個消去法流程看起來可能有點像是去蕪存菁以及逆向看待這個世界的方法，一旦投資人有辦法消除不良行為，最後留下的必將是一些更好的決策。負面知識的力量有可能比正面知識更強大，因為非外力失誤的消除通常是決定投資組合成果的最重要因素。我們不可能量化機會成本，但你一生當中最好的投資決策，大多數一定是和你拒絕了哪些機會有關。

最優秀的投資人知道如何不要成為自己的絆腳石，但這並不代表你做的每個決策在當下都是正確的，那個目標可遇不可求。不過，只要長期下來能作出足夠的優質決策，並減少足夠的非外力失誤，你的成功機率自然就會比較高一點。

為什麼要聚焦在負面知識？因為很多研究顯示，投資人的績效因某些非常基本的錯誤而不如人意，重點是，這些基本的錯誤理當相對容易矯正。舉例來說，投資人總是在市場頭部投入大量資金，但在底部抽走資金，這樣的行為平均每年約讓人折損二%的市場報酬率。另外，因過度自信而增加交易活動，則可能導致相對虧損增加額外一・五%至六・五%。[1]光是這兩個問題就可能將投資人一整年的市場利潤消耗殆盡。一份研究檢視了散戶投資人的券商資料，結果找出了十個最重要的劣質投資人行為衡量指標。他們發現，只要散戶投資人能修正這些失誤，每年的報酬率就能提高三%至四%。[2]用實際金額來表達：以初始投資金額十萬美元來計算，年度報酬率四%與八%的差異，二十年累計下來的報酬金額差異幾乎達到二十五萬美元，而且只要矯正一些小錯誤，這二十五萬美元就能入袋。

但別小看這些錯誤，這些錯誤雖單純卻可能很難矯正，因為雖然每個人都很容易看到別人的錯誤和偏差，但鮮少注意到自己的。分析別人經常會犯哪些錯，就是確保自身成就的最佳方法之一。請先牢記這一點，接著讓我們看看以下投資人最常犯的七個錯誤，把這些錯誤存到你的負面知識檔案中，並試著減少或完全不要犯這些錯誤。

一、一心急著快速致富

成功投資方法的最大缺點就是它相對顯得無趣。多數人喜歡追求快感，寧可追尋像樂透頭彩那樣的飆股，而不願一步一腳印地慢慢累積財富。如果那種快速致富的方案真的有效，而你又真的透過那種方案達到目的，那人生不是會輕鬆很多嗎？遺憾的是，致富的祕密在於這件事根本沒有祕密可言。投資人總是費盡心機不斷尋找能解開眾多市場謎團並輕鬆賺錢的密鑰，也因如此，書店裡才有那麼多擔保讓你在一夜之間將一筆小錢滾成幾百萬美元的書籍，像是《如何在短短七天內賺三萬美元》，以及《我如何在一年內把一萬美元變成二百萬美元》等。

不過，千萬別輕信任何號稱能輕易教你快速致富的人。如果真的有人輕鬆快速致富，通常都和運氣脫不了關係。如果一個人宣稱他擁有快速致富的祕方，他通常不是信口開河，就是騙子，累積財富需要耐心和紀律，何況就算有人真的擁有快速致富的祕訣，他們有什麼理由把這個祕密分享給你？某些人喜歡把自己打造成致富界的最高教父，因為那是誘使別人相信他的好方法，畢竟每個人都**希望**「快速致富」是事實。一般人總是相信外表看起來有自信且說起話來斬釘截鐵的人。「你現在就應該把錢投入這個產品」聽起來絕對比「因為沒有人知道未來將發生什麼事，所以分散你的投資組合會比較好」之類的話更讓人寬心。

一心一意追尋一夜致富型市場標的，最終勢必會嚐到苦果，其中一種苦果是：這個作法可能導致投資人在最糟糕的時機，以不合理的高價購買某些股票、產業或資產類別。一旦我們一心認定自己已找到確定致富的途徑，通常也傾向於認定目前的趨勢將永遠延續下去，但事實上那是不可能的。財富的累積沒有輕鬆捷徑可走，這件事需要耐心、紀律和勤奮努力。當然，這件工作有可能很單純，但絕對不輕鬆。所以，如果有人想向你推銷任何輕鬆致富的春秋大夢，一定要對他抱持懷疑的態度。

二、不事先擬訂計畫

世界上真的沒有任何方法可百分之百保證你的投資組合能創造期望中的成功結果，畢竟投資組合裡充滿股票、債券、房地產或任何其他資產。不過可以肯定的是，有一個方法絕對能讓你嚐到失敗的滋味——永不落實事先擬訂的計畫。擬訂投資計畫這件事聽起來似乎很瑣碎，感覺很像初學者做的事，就好像為了掌握支出而製作每個月的預算。不過，如果沒有事先準備一份書面計畫，就無法在各種市場狀況下沉著地採取應有的步驟。沒有擬訂計畫的投資人勢必經常失敗，因為沒有計畫做後盾的他們，總是容易依賴直覺來採取行動。而由於違逆直覺行事才真正有利於獲得投資成就，所以依賴直覺行事的一般人總是會在錯誤的時機採取錯誤的動作。事先擬好的計畫能發揮一些約束效果，確保你採取較高成功機率的決策。一個沒有計畫的投資人根本稱不上投資人，只是投機者。

三、盲從群眾，不願獨立思考

盲從群眾的習性是促使投資人在一九九〇年代末期那斯達克（NASDAQ）大跌八〇％前積極買進科技股的導因，它也是促使一般人在二〇〇〇年代中期房地產泡沫時期，大膽購買自己沒有能力負擔的住宅的導因。當然，它也是促使東京市房地產市場價值在一九八〇年代末期上漲到美國全體房地產市場價值四倍的導因。羊群行為是促成歷史上所有最大型泡沫

1. **刀槍不入的錯覺**：團體裡的成員會漠視危險、承擔極端的風險，而且過度樂觀。
2. **集體合理化**：團體裡的成員不相信任何和團體迷思相反的警告，並不斷針對那些警告提出辯解。
3. **深信內在道德觀**：團體裡的成員相信團體的決策在道德上是正確的，漠視這些決策在倫理上的後果。
4. **過度刻板化**：將團體外的反對聲音打造為負面的刻板印象。
5. **對異議分子直接施壓**：團體成員會對團體內部所有針對團體陳規、錯覺或承諾表達反對論述的人施壓，並將那樣的反對意見視為不忠誠的表現。
6. **自我約束**：團體裡的成員會壓抑自己的異議觀點與反面論述。
7. **全體一致的錯覺**：成員們誤以為每個人都同意團體的決策，沉默被視為同意。
8. **會自視為心靈守衛（mind guards）**：某些成員自視為團體的保護者，他們認為自己能保護整個團體免於受可能威脅到團體滿足的負面資訊傷害。

圖2.1　八種團體迷思症狀

的根本因素，最早可回溯到一六〇〇年代的鬱金香球莖泡沫，當時一顆鬱金香球莖的售價一度高達一般工人的十年工資總額。[3]

一般人總是容易被「這次不一樣，價格將永遠不斷上漲」之類的說詞所欺騙。根據心理學家的說法，一般人需要留心八種團體迷思（groupthink）症狀（見圖2.1）。了解這些症狀並承認這些症狀的存在，是盡可能減輕這些症狀對個人決策過程所造成的衝擊的第一步。[4]在市場上，追隨群眾感覺好像比較安全，而且有時候群眾的確是對的，但在極端情境下，追隨群眾有可能會帶來危險。

四、完全聚焦在短期

現在的新聞報導二十四小時無休，而每個星期總是會有新的危機爆發，讓投資人的注意力「疲於奔命」。對於這樣的狀況，理財顧問暨作家尼克・莫瑞（Nick Murray）形容得最為貼切，他說：「世界上的每一個角落幾乎都會出現某種專屬今日的末日預言，就算某一天沒有出現這類寓言，媒體圈也會無事生非地捏造一個出來，並二十四小時無休地在世界各個角落發表這些預言。」身為投資人，這些事件非常難以應付。絕大多數的這類末日預言會自動在長期市場圖表上消失，或成為一個微小的光點，但這些預言也可能引發令人痛苦的虧損。有時候，短期的事件對市場的影響非常重大，但有時並非如此。投資人真正必須擔心的並非某個事件會不會影響市場，而是應該關心這個事件對他們個人處境的影響是什麼。

試圖猜測每星期的每個地緣政治事件會如何收場，正確率至多也只是五五波。所以聚焦在短期結果真的很蠢，因為這些結果完全在你的掌控之外，就好比新聞機構總試圖解釋為何市場今天上漲或下跌。沒有人知道市場漲跌的真正原因，但我們總感覺如果能找到某個說法來解釋每天的市場波動，心裡會踏實一點。不過，聚焦在短期只會無端增加你的活動量，並因這些時機拙劣的決策而衍生巨大的交易成本和市場影響成本（market impact cost）。如果你完全聚焦在短期，最後一定會在每一次的市場上漲或下跌行情中過度反應。時刻受市場的每個微小跳動牽動，只會徒增無謂的生活壓力，何況根本沒人有能力猜出短期間的市場方向將如何演變。

五、老是關注完全無法掌控的領域

身為投資人，你完全無法掌控的不僅是市場上的短期波動。每天投資人都會抱怨一大堆事，包括通貨膨脹、總統、國會、聯準會的行動、經濟狀況、賦稅政策、各個政黨的行動、利率水準等，總之投資人抱怨的事數也數不清。這些抱怨都有一個共同點——這些事都不是我們能掌控的，畢竟你不可能因為對總統的經濟政策不滿意而打電話去向他抱怨。

或許抱怨這些事能讓人感覺好像心中的不滿得到一點宣洩，但抱怨那些事完全無助於改變你的財務狀況。你有能力掌控的事對你個人財務狀況的影響力絕對比前述種種事項大很多，那些事包括要存多少錢、建構一個完整的綜合投資計畫、設定一個合理的資產配置組合、定義你的風險忍受能力、善加控制成本與買賣活動、利用延稅的退休帳戶獲取利益，以及制訂明智且沉著的決策等。

六、認定市場專門和你作對

一旦你開始認為市場的各種走勢都在和你作對，認為一切都是衝著你而來，你就已經輸了。市場永遠不會蓄意找你麻煩。聯準會在制訂貨幣政策時也不會把你的投資組合放在心上。市場和你之間沒有任何恩怨情仇，所以不管你虧本還是失去某個賺錢機會，都和市場無關。當你認定市場的所有波動都是衝著你個人而來，你就會掉入一個努力想證明「我是對的」的陷阱，而不會認真思考怎麼賺錢。當你認為市場衝著你而來，你的第一個直覺一定是先把虧損歸咎給別人，而不是歸咎於自己的錯誤，也不會承認「這個世界上並非每一個投資策略永遠都不會出錯」的事實。如果你妄想無時無刻都正確，你的思維就會失焦，變得只重視結果而忽略過程，而這只會導致你的壓力變得更加沉重。不斷煩惱一些自己無法掌控的結果——尤其是短期市場結果——是自找麻煩。

投資人總是念念不忘認賠出場的經驗，不僅如此，自尊心讓情況變得更雪上加霜。記住，投資沒有風格分數可言，所以沒有理由一心想著要滿足自己的自尊心。當你一心一意懊惱著自己太快賣掉某一檔股票，或是太早買進某一檔股票，就很容易會產生歸咎他人的心態；而一旦你試圖把問題歸咎給其他人，而不是怪自己或市場的隨機本質，你就已經被情緒蒙蔽，而這樣的人一定很容易犯錯。我們必須了解，我們要投資的是市場本來的面貌，而不是投資我們心目中想要的市場。當市場或我們自己的投資組合出差錯，問題絕對不是出在市場，而是出在每一個人——市場上每一個人的知覺，以及我們受這些知覺影響而做出的反應。學習怎樣才會在市場上虧本，比學習怎樣才會在市場上賺錢來得重要很多，因為虧損絕對不可避免。投資和你的個人反應以及這些反應對個人思考流程的影響比較相關，和你的行動反而比較不相關。

七、不承認自己的缺點

過度自信是摧毀財富的最大因素之一。過度自信會導致投資人假設自己對未來的預測絕對精確；會促使一般人認為自己不需要實行風險管理；而且，會導致某些人認為自己擁有徹底控制市場的能力。在投資組合管理的流程中，最有必要了解的重要理論之一是班傑明．葛拉漢的安全邊際（margin of safety）概念。安全邊際能讓人保有一點判斷失誤的空間，保留安全邊際等於是承認自己不可能無時無刻都正確。由於安全邊際考量到各式各樣的可能性，因而能確保投資人免於因對某項投資懷抱百分之百的篤定感而破產，最後落得身無分文。總之，安全邊際能為我們無法預測未來的事實提供一個緩衝。

不願意承認自身缺點的投資人就無法為自己創造安全邊際。這種人假設自己永遠都會是正確的，犯錯時也永遠抵死不認，只是不斷歸咎於自己採用的模型，或把罪怪到市場頭上。為自己創造安全邊際的最簡單方法之一就是落實分散投資，將資金分散投資到各式各樣的投資標的、資產類別和地理區域，而這麼做等於承認你不知道未來將會發生什麼事。明智的投資人會針對各式各樣不同的可能發展做好因應計畫，透過風險管理與謙卑的心來避免遭逢壓倒性的虧損。

世界上最大的錯誤

以上和投資人不當行為有關的觀點不只是我的個人意見。加州大學（University of California）教授布萊德．巴伯（Brad Barber）與泰倫斯．歐丁（Terrance Odean）長期研究投資人行為，多年來他們彙集大量和投資人集體錯誤有關的數據。舉個例子，投資人太過頻繁交易，而衍生許多時機不恰當的買進與賣出活動，成本也會無謂地增加，最後損害到投資績效。投資人過度自信，且偏好購買樂透頭彩型的股票，因為一般人總是喜歡追求快感、最投機的投資標的。一般人在購買個股時，傾向於只投資自己熟悉的企業，而且由於對過去買進或賣出的價格念念不忘，所以傾向於賣掉賺錢的股票，死抱虧本的股票。換言之，投資人在評斷一項投資標的時，並不是根據它目前的價值來評斷它，而是以自己當初買進的價格來評斷它，滿心期待它總有一天會回到當初買進的成本後再將它賣出。我們會重複採取曾讓我們感到愉快的行為，並迴避曾讓我們感到痛苦的行為，而這最終促使投資人忙著尋求短期的慰藉，捨棄長期的利益。最後一個錯誤是，投資人總是未能落實分散投資，而這是所有風險中最容易最小化的風險。[5]

透過以上分享的負面知識，我們可歸納出一個一貫導致投資人（無論大小）經常性犯下理財錯誤的主題——因為我們都是凡人。情感是讓人類和其他哺乳類動物有所差別的關鍵要素。情感並非全都有害，只是我們必須判斷情感何時有用，何時又可能搞破壞，而且要學會如何在特定情境下控制各種情感。

人生有很多領域需要情感的反應，例如結婚那一天，或子女出生那一天，你都應該動情。不過，情感是優質投資決策的大敵，且容我再重申一次：情感是優質投資決策的大敵。

歸結來說，以上所列的錯誤都導因於人性以及人類天生的認知偏誤（cognitive biases）。情感會迫使投資人把自己和其他所有人的投資時程混為一談，並進而引發目標失調（misalignment，又譯為目標錯位）的問題，因為情感會導致一般人忽略個人切身的環境。當市場上漲與下跌，一般人的風險承受度也會跟著上升或下降。所以，一般人會感覺在股票大幅上漲**後**再買進會好一點，同樣地，一般人也會感覺在股票大幅下跌**後**賣出股票會比較好受一點。投資人面臨另一個問題是，一般人總是希望等待買進訊號清晰展現後再出手，有些人則是希望等到「情況好一點」再下單。情感會導致我們進行很多不必要的活動，因為投資人會隨著情感的變化而不斷更換投資策略，只為了能完美掌握所有時機。情感促使投資人一面倒地只想著一項投資標的的正面報酬，卻忽略了可能發生的差錯。另外，投資人老是執著於市場的日常波動，儘管他們還要好幾十年才退休。

我們總是執著於解決已成為過眼雲煙的問題，放任時近效應（recency effect，又譯為近因效應）引導我們制訂決策，換言之，我們會把上一個週期無緣實現的目標當成接下來的目標，並據此制訂決策。另外，稟賦效應（endowment effect）導致投資人高估自己已持有的投資標的。確認偏誤（confirmation bias）則驅使我們完全聚焦在與自己目前思維一致的意見來源，而不尋求參考反向的觀點。可得性偏差（availability bias）代表不管擺在我們眼前的是什麼，我們都會根據眼前的這個事物來制訂我們的決策。

投資不僅要了解市場歷史、投資組合建構、共同基金和ETF。如果不了解人類天生的傾向與認知偏誤，再怎麼了解歷史、投資組合建構或共同基金等也無濟於事，因為人類天生的傾向與認知偏誤可能會對我們的投資決策流程造成浩劫般的影響。另外，你也必須了解其他人的心理，因為你必須體認到，即使你約束自己的行為，沒有參與瘋狂群眾行列，由群眾組成的市場還是偶爾會「神經錯亂」。恐懼、貪婪、陶醉、恐慌、投機、嫉妒等，都是投資組合的殺手。

即使過去你從未犯過上述任何錯誤，釐清別人總是犯哪些錯並引以為戒，仍是確保自身成就的最好方法之一。賺錢的方法很多種，但詳細探究後將發現，最容易虧本的方法都和心理與行為問題有關。既然你已經上過和負面知識有關的速成班，接下來就讓我們看看另一面：一個成功投資人應具備哪些特質。

成功投資人應具備的特質

你已經知道要避免犯哪些錯誤，接著讓我們看看所有成功投資人都具備的六個特質。

一、情緒智商（譯注：簡稱情商，即EQ）

投資人需要某種程度的智力才能在市場上獲勝。不過，最重要的並不是要擁有業界最高的智商（IQ）。長期來說，合宜的性情遠比智商重要。在理財事務上，很多聰明絕頂的人都做過極端不理性的決策，而就算你的學術水準測驗考試（SAT）分數不是最頂尖，也能在金融市場上獲得可觀的成就。智力無法取代智慧，有智慧的人會試著從自己和別人的錯誤中吸收教誨。

心理學家丹尼爾．高曼（Daniel Goleman）的《EQ：決定一生幸福與成就的永恆力量》（*Emotional Intelligence*）一書的主題就是情商。高曼說，情商是「認清自己與其他人的感覺、激勵自己與管理自身情緒及人際關係的一種能力」。高曼在這本書裡描述了五種基本的情商能力：（一）自知之明（self-awareness）；（二）自我調節（self-regulation）；（三）幹勁；

（四）同理心；（五）社交技巧。

自知之明是指了解各種情緒對你和對別人的影響。有自知之明的投資人能設法防止過度自信對投資流程造成不利的影響。你必須願意辨識你當下的情緒狀態，才可能會有自知之明，所以培養自知之明的關鍵在於自省。自我調節是控制衝動決策的能力。所以要解決衝動決策的缺陷，最好的方法就是擬訂一個能解決「缺乏自我調節能力」問題的計畫。誠如我們將在本書稍後篇幅討論的，一般人不可能無時無刻做好自我控制而不感到疲勞。幹勁是對自己充滿好奇心學習要做的事懷抱熱情。一旦你開始學習這個世界的運作模式，你就會發現，學會愈多就愈感覺自己無知與不足。對聰明的投資人來說，學習是一個連續不中斷的過程。同理心是指理解他人情感性格的能力，光是了解自己的心理傾向並不夠，還必須理解羊群的心理如何運作，因為不管你使用自己的方法時有多麼理性，如果不能體會「市場偶爾也會變得非常愚蠢」的道理，遲早還是會踢到鐵板。

二、耐心

急著致富的心態沒有道理可言。二〇一四年時，據估計巴菲特的淨財富已接近六百億美元。但在他即將滿六十歲的一九八九年，他的淨財富「只有」三十八億美元。所以，巴菲特目前的財富中，有幾近九五%是在他六十歲以後創造的（說不定更多，因為他捐了很多股票給慈善機關）。這個例子充分展現了複利的力量。誠如巴菲特曾說的：「查理（蒙格）和我始終知道我們總有一天會變得非常有錢，但我們一點也不心急。就算你的財力比一般投資人高不了多少，只要沒有寅吃卯糧的習慣，經過漫長的一生後，你想變得不非常有錢都很難——關鍵在於耐心。」[6]複利不會在一夜之間發生，需要時間慢慢累積，最後它一定會變成一台幫你賺錢的機器。

三、在混亂狀態下保持冷靜

第二十三屆超級盃（Super Bowl）開打三分鐘多一點，舊金山四九人隊就在對辛辛那提孟加拉虎隊之役中打下三分。四九人隊隊員賽前在爭球線後討論要採用什麼樣的致勝一擊時，該隊四分衛喬・蒙大拿（Joe Montana）眺望整個運動場，並跟他的隊友哈利斯・巴爾頓（Harris Barton）說：「你看，站在看台靠近出口坡道上的那個人是不是約翰・坎迪（John Candy，譯注：喜劇演員）？」接下來，四九人隊成功穿過球場——蒙大拿在九十二碼的位置傳球給約翰．泰勒（John Taylor），順利完成致勝的一擊，成功達陣。據說蒙大拿總能在混亂狀態下保有一股神話般的沉著鎮定。他絕對不是國家美式足球聯盟（NFL）中最壯碩的球員，也沒有最強壯的手臂，不過他總是能在壓力狀態下保持冷靜。這是他贏得四次超級盃的原因之一。那場比賽是他人生最重要的一役，但他卻還能悠哉地向隊友指出站在觀眾席裡的一個演員，他這麼做不僅讓自己平靜下來，也安撫了隊友浮躁的心。[7]在市場崩盤或經濟危機爆發時，最優秀的投資人也會有這樣的反應。他們不會陷入慌張，而是會保持冷靜，按部就班地依照原本的流程行事。當每個人都陷入恐慌，成功的投資人一樣能處於最佳狀態。

四、勇於表達「我不知道」的能力

有一次，有人請傳奇作家暨投資人彼得．伯恩斯坦（Peter Bernstein）分享他對自己職涯的感想，對方問他，若要成為更優秀的投資人，一定要捨棄什麼樣的想法。他回答：「我猜想應該是『我知道未來將會如何』的想法。我的意思是，長久的淬鍊讓我在面對市場時變得愈來愈謙卑，而且我覺得謙卑很好。你必須了解，犯錯絕對在所難免，而且我努力在雞尾酒宴會上閉上我的嘴巴。你必須持續學習『你不知道未來會如何』這件事，因為就算你找到很多可行的模型、賺錢的方法，但總有一天，這些方法和模型還是會突然失靈，甚至引發大爆炸。所謂人上有人，天外有天，世界上總是會有看起來很聰明的人，謙卑才是王道。」[8]

留在自己的能力圈（circle of competence）並體認自己對那個能力圈還不夠了解，是投資人的最重要成功關鍵。你不需要對所有事表達意見，也沒有理由嘗試去投資每一個蔚為時尚的熱門投資基金或趨勢。真正了不起的投資人會堅守自己的老本行，遠離自己不了解或不具優勢的領域。身為一個投資人，當你無時無刻都想做好每件事，最終一定會和現實脫節，因為那樣的你將無法聚焦在投資組合管理的重要層面。

丹尼爾・康納曼曾說：「關於人類心靈，有兩個重要的事實：我們很可能無視於顯而易見的事實，也可能無視於自己的愚昧。」心理學家發現，一般人總是很容易察覺到別人的偏誤思想，卻傾向於低估自己的。一份針對住院醫師所做的調查發現，六一％的醫師表示自己的用藥習慣不會因藥品公司送的禮物而受影響，但只有一六％者表示其他醫師也不會受影響。[9]換言之，在這些住院醫師眼中，其他所有人都是白痴，只有他自己不是——這是一種危險的態度。承認你不是每件事都懂，並體察自己的偏誤行為，是成為更優秀投資人的良性起步。

五、了解歷史

未能精準理解歷史的投資人終將重蹈覆轍。在歷史上，狂熱與恐慌週期不斷重演，一切只因人類的本性沒有改變。綜觀歷史，從南海泡沫（South Sea Bubble）到經濟大衰退（Great Recession）以及這個漫長過程中發生的一切事件，便可明顯看出一個事實：如果市場上有什麼事是永恆的，那就是人性最終一定會導致鐘擺過度擺盪到極端狀態，使市場形成「繁榮與衰敗」週期。投資人總是淡忘歷史，並反覆以最近的市場週期來推斷未來，並且認定那樣的狀況將永遠不會改變，而這樣的態度將導致投資人身陷險境。

回顧歷史市場績效數據也是了解當前市場的關鍵之一。即使我們無法藉由回顧歷史精準地釐清接下來應該做什麼，但它仍是了解接下來「什麼不該做」的好方法之一，因為回顧歷史有助於防止重蹈覆轍。當然，過去的績效和未來的績效完全無關，但我們也不該因為歷史的結果無法作為預測未來的完美基準，而全然抹殺歷史結果的重要性。雖然未來總是和過去不同，我們還是可以基於或然率的觀點，利用歷史殷鑑來作為未來的行動指南。股票與債券報酬的歷史無法精準告訴我們未來這兩種資產類別的報酬將是如何，但這些數據卻是衡量風險的有用指標，例如我們至少知道股票市場有可能在崩盤行情中大跌五〇%至八〇%，但也可能以同樣速度上漲相同幅度。

若投資人了解未來通常可能會發生什麼狀況，就能適當自我管控，並好好管理投資組合的風險。歷史數字絕對不是完美的參考，但身為投資人的我們有更好的選擇嗎？誠如巴菲特說過的名言：「我寧可大略正確，也不要徹底錯誤。」當市場狀況在經濟衰退或市場崩潰期間變得極端糟糕，歷史觀有可能——或應該能——發揮一點安撫人心的作用。因為不管時光如何流轉，金融市場參與者的基本行為並沒有太大改變，所以若想要培養能善加控制自身行為的正確思維，最好的方法之一就是盡可能多了解市場歷史。

六、紀律

如果投資人無法堅持在各種不同市場週期內恪守既定投資策略的必要紀律，就算擁有再好的投資策略都無濟於事。即使是最平庸的投資組合，若能切實遵循紀律，投資績效都會比沒有切實依循紀律的最佳投資組合好。著名的股票避險基金經理人克里夫・阿斯尼斯（Cliff Asness）以非常貼切的說法歸納了這個概念，他說：「一個你無法堅持到底的優異策略，明顯遠遜於一個能讓你切實遵守的好策略。」能夠在其他人都失心瘋時冷靜順著既定路線按部就班前進的投資人，將會是踩著其他投資人前進的投資者。金融市場最糟糕的特質之一是，市場上沒有皆大歡喜這種事。就極廣義來說，如果你想成功，一定要有某人失敗，因為每一檔證券都會有一個買方、一個賣方。所以，紀律是決定金融市場贏家和輸家的終極關鍵要素。

我們傾向於認為每一個人都能根據自己的選擇來制訂理性的決策，因此金融市場是一個公平的戰場，但事實上，某些人天生就擁有某種能讓他們獲得較多成就的不同天分。影響個性的要素有五個：外向性（extraversion）、開放性（openness）、親和性（agreeableness）、神經質（neuroticism）和嚴謹自律性（conscientiousness）。最後一項「嚴謹自律性」和自我控制及紀律息息相關。很多研究發現，嚴謹自律的人傾向於存比較多錢，因為他們不會有衝動購物的行為，也不會花太多錢在不需要的事物上。事實上，相較於較不嚴謹自律的人，展現紀律特質的人通常能累積較多的財富，即使是將教育、所得和認知能力等因素列入考量後，結論還是相同。[10]

如果你是天生嚴謹自律的幸運兒之一，恭喜你，請善加利用你的這股自我控制能力，不要浪費這個上天賜與的好特質。但即使如此，過度自信還是可能帶來麻煩，所以請切記時時抱持一顆謙卑的心，否則市場會讓你變得謙卑。但就算上天沒有賦予你這些類型的特質也不用絕望，這並不代表你應該放棄，只要設定一些可敦促你自動採取嚴謹自律行為的系統就好。沒有人天生就擁有成功投資人的所有特質，沒有人天生完全沒有缺點。幸好就算不是天生嚴謹自律的人，也能定期做出嚴謹自律的決策。即使是絕頂聰明的人都有屬於他們的獨特缺點，最後的成功者將是擅長藉由建立各種流程來消除不良行為與嚴重弱點的人，因為他們會透過系統化的作法來改善自己的缺陷。

遺憾的是，光是擁有聰明才智和自我控制能力也不足以改變不良行為。非洲一份和人體免疫缺乏病毒／愛滋病（HIV／AIDS）有關的研究，希望釐清當人民了解哪些對策能防止這個疾病擴散後，他們的性行為是否會改變。在波札那，超過九〇％參與研究的男性表示自己了解保險套的使用有助於防止這個致命疾病的擴散，但其中只有七〇％的人承認自己有使用保險套。女性的狀況更糟，有九二％的女性表示知道保險套的使用能防範此病，但只有六三％的人回報有使用保險套。[11] 資訊本身無助於改變你的行為，即使那些行為的後果很嚴重，所以你必須有條不紊且持之以恆地藉由自動化優質決策來根除不良行為。

心理學家發現以下五個狀況有可能引發不良行為和低劣的決策：

一、當問題很複雜時。
二、當資訊不完整且資訊出現變化時。
三、當目標改變或和另一個目標衝突時。
四、承受沉重壓力或牽涉到高風險時。
五、制訂決策的當下必須和別人互動時。[12]

這些狀況看起來是否似曾相識？這五種情境基本上就是一般人被迫制訂理財決策時一定會面臨的情境。我們將在下一節討論史上最了不起的兩名投資人是否有能力幫助投資人（即使是面臨困境的投資人）更容易制訂優質決策。

站在巨人的肩膀上

常和比自己更優秀的人在一起，你的能力不提升也難。

——巴菲特

要學習如何制訂更好的決策，最好的方法之一是研究你所屬領域的偉大人物如何做決策。以我個人來說，除了我個人在市場上的實際經驗，我還透過很多優質的老書來學習如何制訂優質決策。我讀過的第一本投資書籍是班傑明．葛拉漢寫的《智慧型股票投資人》（*The Intelligent Investor*）。葛拉漢是巴菲特的良師益友，而且向來被稱為價值投資之父。他把股票市場類比為一個平易近人的人類，也就是市場先生（Mr. Market），我永遠都不會忘記他的觀點。以前的我總假設股票市場是受世界上最機靈且最聰明的人控制，但我漸漸發現，當情感因素介入，再高的才智都會失去意義。有時候市場先生會覺得沮喪，在市場上開出較低的賣出價格，但有時候他又會感覺很愉快，並開出較高的賣出價格，但你大可以不要理會市場先生陰晴不定的情緒起伏，因為橫豎他隔天還是會出現。要如何因應這些情況，一切操之在你。

拜讀過葛拉漢的書後，我隨即深受股市與投資流程吸引。不過，我並沒有馬上消化《智慧型股票投資人》一書裡的正確教誨，經過一段時間以後，我才終於真正體悟到箇中真諦。一開始，初生之犢不畏虎的我決定要努力成為巴菲特第二。我讀了所有和巴菲特有關的書和文件，接著又讀彼得．林區（Peter Lynch）、喬治．索羅斯（George Soros）、賽斯．克拉曼（Seth Klarman）、霍華德．馬克斯（Howard Marks）以及查理．蒙格等眾多偉大人物寫的書。當年的我計畫一舉創造以上聖賢所曾打下的豐功偉業，幾乎絲毫沒有察覺到，這並不是成為一個成功投資人的正確途徑。

接下來，我犯了很多錯誤，也得到很多教訓，幸好我最後終於領悟，我並不是巴菲特，未來也永遠不可能成為「奧馬哈的先知」（Oracle of Omaha，譯注：外界對巴菲特的讚譽）。想成為巴菲特第二，就好像妄想成為投資界的麥可．喬丹一樣。那是一個務實的目標嗎？當然不是。但這樣的妄想無可厚非，因為以ＮＢＡ來說，一般人永遠也不可能有機會和世界上最優秀的籃球球員在同一個球場上打球，而金融市場就不同了，金融市場上的所有參與者都身處同一個競技場。每個人都能開一個股票經紀商帳戶，買賣和專業人士相同的股票和債券

（至少在某種程度上）。

就這樣，我繳了不少學費給市場，累積了一些虧損經驗，但那是值得的，因為我終於體悟到，就算沒有成為一個非凡的投資人，我也一樣能成功。而且意圖成為一個非凡的投資人，只會讓情況變得更糟，你愈努力要成為世界上最優秀的投資人，就愈可能成為世界上最糟糕的投資人。

但這並不代表我們無法透過世界上最優秀的投資人學習各種教誨，絕非如此，甚至正好相反。只不過，多數長期追蹤這些優秀人物並想從中學習的人都搞錯方向——每個人都只想讀諸如《巴菲特當今可能有意介入的十支股票清單》之類的書。

本書的重點是要告訴你：那種推薦股票清單和戰術絕對無法幫助你累積財富，甚至連幫你保住財富都做不到。諸如此類的文獻多半都是譁眾取寵，只能帶來短期的矯正效果，對大局通常沒有任何用處。我沒辦法用五個簡單的步驟為你提供一個必勝的配方，但其他人也不可能擁有這個能力。快速致富的書籍之所以暢銷，是因為每個人都希望快速致富是可能的。當然，某些人確實很幸運，但幸運只會是一時，如果沒有紀律、耐心和一個能促使你堅持上述原則的流程，那股好運最終也有用完的一天。

以上所述是我個人研究世界上幾位最優秀投資人後所歸納出來的心得，這些都是實實在在的教誨。當然，假設自己擁有和億萬富翁相同的目標和機會，的確太不切實際，但最重要的教誨並不是和具體的投資標的有關，而是和制訂優質決策與培養正確的性情有關，而且是百分之百相關。請先牢記這一點，接著請參考我從史上兩個最優秀的投資人——巴菲特和波克夏海瑟威公司（Berkshire Hathaway）合夥人查理・蒙格——身上學到的三大精髓。

一、單純化

蒙格是巴菲特在波克夏海瑟威公司的左右手，他有點類似現代的班傑明・富蘭克林（Benjamin Franklin）。富蘭克林因他眾多的發明而家喻戶曉，但蒙格並不是在這部分像他，兩人的相像之處在於他們對周遭世界的想法，以及制訂決策的方式。富蘭克林做很多事都很成功，而且他使用各式各樣的紀律來規劃自己的思想和理論。蒙格則向來以他最基本的世俗智慧著稱，他的世俗智慧運用了很多不同領域的知識，所以對制訂更優質的決策非常有幫助。蒙格的格狀心智模型（latticework of mental models）法含括了生物學、哲學、心理學、數學、經濟學、工程學和其他很多科目。他甚至仿效以筆名撰寫《窮理查的普通常識》

（*Poor Richard's Almanack*）的富蘭克林，寫了一本《窮查理的普通常識》（*Poor Charlie's Almanack*）。

絕頂聰明的成功人士都有一個很有趣的特點——他們通常是已經搞懂「成功的正確途徑就是把事情變單純」這道理的人。由於他們了解事情要怎麼做才會成功，所以更加能欣賞並善加利用單純，他們很容易就領悟這個道理的意義。蒙格說，這個道理想都不用想，只要能領會這個道理，就已跨出成功的第一步。他寫道：「我個人最有幫助的概念是：最好是把問題單純化，先決定『不用思考』的大問題。」這個道理看似淺顯易懂，但當所有人都忙著尋找複雜的解決方案，自然沒有人能夠體會單純的美好。蒙格又接著說：「單純的概念看起來可能過於淺顯易懂，好像不管用，但其實有一個單純的老方法非常管用，不管是用在商業、科學或其他所有領域，它都相當有效；這個方法可分為兩個環節：（一）接受一個單純的基本概念；（二）非常當真地接受這個概念。」

被很多人奉為人類史上最聰明的人之一的愛因斯坦也用單純的方法來解決問題。愛因斯坦不會試著以非常具體的數據來解答問題，而會尋找非常廣泛、宏觀且能適用於其他大局理論（big-picture theories）的單純原則，來創造真正具開創性的成果。愛因斯坦總是說，一個原則本身無法預測到任何具體的事物，但將很多原則結合在一起後，就可能對你想要解答的問題形成無限遠大的寓意。[13]

奧坎的剃刀法則（Occam's razor）說明，複雜的假設或許能產生好結果，但在一個不確定的世界，你的選擇愈單純愈好。就像大衛．史文森的例子，有時候即使是絕頂聰明的人都要親身體驗過複雜後，才能真正體會單純的效果比較好。蒙格對這一點的領悟比任何人都來得深刻。

巴菲特呼應蒙格的說法，說明他們的長期成果因刻意減少決策數量而改善：

> 很久以前，查理和我就判斷，在漫長的投資生涯中，任何人都很難做出成百上千個聰明的決定。隨著波克夏公司的資本持續壯大，以及可能顯著影響我們成果的投資選項劇烈減少，當時的那個判斷變得更無可辯駁。所以，我們採用一個不要求我們太聰明——只要一點點聰明就好——的策略。事實上，我們目前一年只接受一個好概念（查理說今年換我了）。
>
> （過去）三十五年來，美國企業實現了非常優異的成果，所以投資人理當已輕鬆賺了非常豐厚的報酬：只要用一種分散投資又低費用的方法，扛著美國這個大企業（Corporate

America）向前走就好了。投資人向來敬謝不敏的指數型基金應該已完成這個任務，但取而代之的是，很多投資人實際上的成果只是平平，甚至非常悲慘。[14]

每個投資人應該都要有能力以一段類似六十秒電梯行銷台詞的說詞來清楚解釋自己的投資哲學。如果你做不到這一點，代表你的策略太過複雜，要不然就是你根本沒有任何投資哲學可表達（關於這一點，將在第五章詳述）。關於這個問題，巴菲特說：「一如往常，我們的投資標的沒有幾檔，相關的概念也很單純：真正了不起的投資概念通常可以用非常簡短的語句解釋清楚。」

二、逆向解決問題

蒙格也學會顛倒看問題，或是反向看問題，這個道理和這一章一開始介紹的負面知識法一模一樣。他曾說過一句名言：「逆向，永遠逆向。」從這個觀點來看待各種事物，有助於投資人了解自己將會出什麼錯，而不會老是試圖釐清要怎麼把事情做得更完美。蒙格說：「正向思考問題是不夠的，你也必須逆向思考，就好像一個鄉下人想知道自己將死在何處，目的是為了永遠避免到那個地方去。事實上，很多問題無法以正向的方式來解決。」

巴菲特也抱持類似的想法，他也認為減少非外力失誤比完美完成每件事更重要：「對多數從事投資的人來說，真正重要的並非他們知道多少，而是他們有多務實定義自己不知道什麼。如果一個投資人能避免犯很多大錯，他需要做的正確決定其實可以很少。」

三、保持開放的心胸

蒙格並不認為只狹隘聚焦在某個專業領域是妥當的。唯有從很多不同的學科思考，才可能會有真正的突破性進展。他也常說：「真正的大影響——極端出色的影響——通常只來自極端多要素的組合。舉個例子，經過漫長的時間，結核病終於獲得控制，控制的方法是定期對每個病例進行三種不同藥物的合併治療。另一個極端出色的影響，如飛機的飛翔，也是依循類似的模式。」[15]

但當情緒被牽引到極端狀態，蒙格所描述的那些極端出色的影響也可能會對市場造成負面衝擊。也因如此，巴菲特才會說，預測市場方向時，寧可錯在過於謹慎，也不要冒險。他說：「我們不知道，而且永遠也不會知道，短期或中期內市場將會上漲、下跌或橫盤。然而，我們可以確定的是，在投資領域，恐懼和貪婪這兩種超級傳染病偶爾還是會爆發，這是永遠不會改變的事實。這些傳染病何時爆發？沒人有能力預測。而且這些狀況所造成的市場脫軌一樣無法預測，包括脫軌的延續期間與程度等。」

當你願意單純化、逆向思考並抱持開放的心態，決策的制訂將會變得輕而易舉許多。蒙格說，箇中的優點非常多：「對散戶來說，一旦進入這個狀態，只要投資幾個了不起的標的，就能高枕無憂，坐享巨大收益。你付給經紀商的費用減少了，也不用聽一大堆廢話……如果這個方法管用，政府的稅負體系還會每年給你額外幾個百分點的租稅利益，而這些利益一樣能產生複利的影響。」

要擺脫沒有意義的行為可說是知易行難，那倒不是因為一般人缺乏正確的意圖，畢竟沒有人不想做正確的事。這件事知易行難的原因是，人類本來就缺乏持久改變個人行為模式的必要意志力。也因如此，你能夠切實遵循的策略才是最好的投資策略，相對地，你未能遵循的策略，當然是最糟糕的投資策略。重點不是要精準做對每件事……而是避免徹底做錯很多事。

重點摘要

- 比起不斷試圖提出新概念，打破自身錯誤概念的收穫更多。一旦你能擺脫亂七八糟的錯誤，最後只會剩下有助於改善成果的好概念。
- 你可以從史上某些最了不起的投資人身上學到很多教誨——耐心、單純、紀律——但那並不代表你未來也能效法你最愛的億萬富翁，直接採用他們的投資方法。你應該了解自己的極限，永遠不要把投資流程複雜化。
- 最成功的投資人會善加利用不同的策略來管理他們的投資組合，但這些人有一個共通點：當周遭所有人都喪失冷靜，他們卻有能力控制自己的情緒。情緒控制能力遠比ＳＡＴ分數重要。

附註

1. Patrick Burns, “Betterment’s Quest for Behavior Gap Zero,” Betterment.com, www.betterment.com/

resources/investment-strategy/ behavioral-finance-investing-strategy/betterments-quest-behavior-gapzero/.

2. Benjamin Loos, Steffan Meyer, Joachim Weber, and Andreas Hackenthal, "Which Investor Behaviors Really Matter for Individual Investors?" Social Science Research Network, December 2014, http://papers.ssrn.com/sol3/papers.cfm?abstract_id=2381435.
3. Edward Chancellor, *Devil Take the Hindmost* (New York: Plume, 2000).
4. Irvin Janis and Leon Man, *Decision Making: A Psychological Analysis of Conflict, Choice and Commitment* (New York, Free Press, 1977).
5. Brad Barber and Terrance Odean, "The Behavior of Individual Investors," Haas School of Business, September 2011.
6. Guy Spier, *The Education of a Value Investor: My Transformative Quest for Wealth, Wisdom, and Enlightenment* (New York: Palgrave Macmillan, 2014).
7. Larry Schwartz, "Montana Was the Comeback King," ESPN.com, https://espn.go.com/sportscentury/features/00016306.html.
8. Jason Zweig, "Peter's Uncertainty Principle," *Money Magazine*, November 2004.
9. Dan Gardner, *The Science of Fear: How the Culture of Fear Manipulates Your Brain* (New York: Plume, 2009).

10. Mier Statman, “Mandatory Retirement Savings,” Social Science Research Network, March 2013, http://papers.ssrn.com/sol3/papers .cfm?abstract_id=2230546.
11. James Montier, *The Little Book of Behavioral Investing: How Not to Be Your Own Worst Enemy* (Hoboken, NJ: John Wiley & Sons, 2010).
12. Gary Klein, *Sources of Power: How People Make Decisions* (Cambridge, MA: MIT Press, 1999).
13. David Hestenes, review of *Imagery in Scientific Thought,* by Arthur I. Miller, *New Ideas in Psychology* 8, no. 2 (1990), http://modeling .asu.edu/R&E/SecretsGenius.pdf.
14. Warren Buffett, Letter to Shareholders, 1993, www.berkshirehathaway.com/letters/1993.html.
15. Janet Lowe, *Damn Right: Behind the Scenes with Berkshire Hathaway Billionaire Charlie Munger* (Hoboken, NJ: John Wiley & Sons, 2003).

第三章

市場與投資組合風險

對投資事務來說，股票市場是一個令人精神渙散的巨大困惑。

——約翰．伯格（John Bogle）

一九六〇年代有一部名為《愛人》〔*The Lovers*（*Les Amants*）〕的法國電影，它上映後，某些中西部人士認為它有點傷風敗俗。俄亥俄州判定這部電影屬淫亂的春宮片。這個案件一路上訴到最高法院，但最高法院最終卻判定這部電影實際上並未淫亂到不適合大眾觀賞。波特．史都華（Potter Stewart）法官在描述這部電影與一般概論中所謂的春宮文學時說：「今天我不會試圖進一步定義我所了解的哪些題材應該納入那個概略的描述方式（「低級春宮」），何況我或許永遠也沒有那樣的智慧做好這件事。不過看過本案這部電影後，我知道它並不是所謂的低級春宮電影。」[1]

多數投資人都假設風險是某種「只要看到就知道它是風險」的東西。遺憾的是，風險幾乎完全不可能定義，因為它有太多不同的面貌。對某些人來說，波動性（volatility）就是風險，而對某些人來說，虧本才是風險。長壽風險——活太老以致錢不夠花——或許堪稱所有風險中最大的一個。另外，每個投資類別也有各式各樣的風險：存續期間風險、利率風險、盈餘低於預期風險、經濟衰退風險、永久傷害風險、創新風險、競爭風險等不勝枚舉。

如果投資世界有任何鐵一般的法則，那就是：風險與報酬是哥倆好，有風險就有報酬，有報酬就一定有風險。如果不承擔超額的潛在風險，就不能期望獲得超額的利益。如果你追求本金的安全性，就必須願意放棄賺取較高報酬的念想。如果你想透過較高投資報酬來加速財富的增長，就必須願意接受財富規模可能上下起伏不定，甚至有可能在短至中期內發生損失的可能性。總之，管理投資組合時，必須在報酬與風險之間找到一個平衡點，不過一定要體認一個事實：天下沒有白吃的午餐。

以下是一九二八年以來，股票、債券和現金的報酬率（其中股票是以標準普爾五百（簡稱標普五百）指數為代表，債券是美國政府發行的十年期國庫債券，現金是三個月期的美國國庫票據）：[2]

股票：九・六％
債券：四・九％
現金：三・五％

以上是各資產類別的名目報酬率，因為長期來說購買力並不穩定，所以投資人也必須考量通貨膨脹風險。而如果把通貨膨脹的影響列入考慮，以下是同一期間內的實質報酬率：

股票：六・五％
債券：一・九％
現金：〇・五％

顯然若想累積財富，並透過極長的時間讓辛苦儲蓄下來的錢增長得更多，股票是投資人的最好選擇。以最簡單的角度來說，股票的長期報酬率高於債券或現金的理由是，股票總是

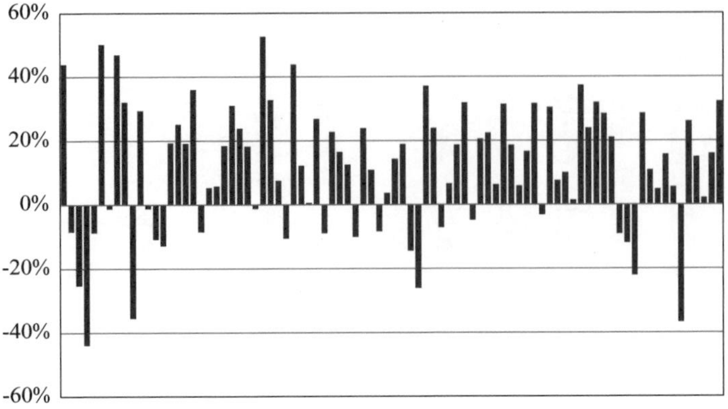

資料來源：阿斯瓦思・達摩德仁（Aswath Damodaran）

圖3.1　一九二八至二〇一三年股票市場年度報酬率（標普五百指數）

避免不了令人痛苦萬分的虧損期。股票的報酬率之所以能達到債券的三倍以上，原因只在於股票每年的報酬源流很不穩定。上述平均九・六%的年度報酬率只是所有年度的平均值，而非任何一個特定年度的報酬率，如圖3.1所示。

財務學課程的入門課之一就是教導學生：每一項投資標的今日的價值，來自它未來將陸續創造的現金流量。故以股票來說，股票的價值來自未來其所屬企業將創造的股利與盈餘源流總額。不過，沒人真的知道這些現金流量是否確定會實現。我們無法預測人類的機智將帶領我們前進到什麼樣的境界，也不會知道未來的經濟環境將是如何。所以，短期至中期的股票交易是以情緒為基礎，而非基本面要素

（fundamentals）。短期來說，趨勢和信心對股票交易的影響，有可能遠超過最根本的基本面要素。正由於每個投資人的意見、目標和投資時程不同，市場才得以存在，才會那麼瞬息萬變。從很多方面來說，股票市場的短期波動其實只是對人性的一場大規模心理實驗，而長期來說，基本面通常才是驅動股票波動的真正要素。

債券的狀況則全然不同。債券（其實是指債務工具）有一種契約上的現金流量付款義務。我們可以把債券想成辦理住宅房貸，不過此時背負償還房貸義務的是大企業、中央政府和地方政府，換言之，投資人是債權人，而舉借房貸的債務人是大企業、中央政府和地方政府。如果你停止支付房貸的月付款，就等於貸款違約，銀行將取走你的房子，因為房子是這項貸款的擔保品。另一方面，如果你是個信用良好的貸款人，需要支付的利率會比較低；而如果你的信用很糟糕或甚至曾破產，那麼你要負擔的利率就會高很多。這就是債券的大致運作模式，也因如此，一般人認為債券比股票安全。就這層意義來說，較安全的意思是指你在合理期間內收回這項投資資金的可能性較高。大企業和企業股東之間並沒有簽訂未來以股利或盈餘等來回報股東的契約式協議；相對地，大企業和債券持有人之間卻存在這樣的契約義務，如果企業不履行這項義務，債券持有人就會像銀行在房貸貸款人破產時取走他們房子一樣，

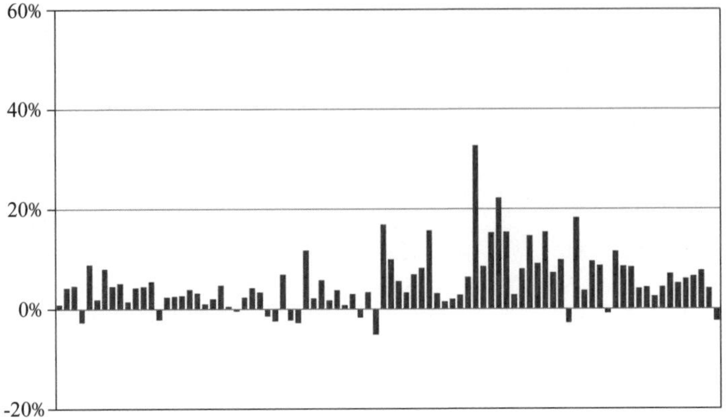

資料來源：阿斯瓦思·達摩德仁

圖3.2　一九二八至二〇一三年債券年度報酬（十年期國庫債券）

在企業破產時變賣公司的資產，接著再依據這些資產的出售價值，依比例分取這筆資金。

因此，相對債券來說，股票隱含一種風險溢酬（risk premium）。短期來說，股票市場的結果比債券市場更不確定；股票的資本報酬率（return on capital）較高，但股票的投資成果也較反覆無常。從圖3.2便可見，債券價值的起伏比股票小，因為債券有根本的現金流量做後盾，而且股票和債券的現金流量結構也不同。

如果長期而言希望打敗通貨膨脹，甚至賺取可觀的投資組合報酬，那就不可能迴避風險。在絕大多數的長期週期裡，股票的績效都領先債券，但債券卻能在你最需要的時候讓你的財務保持穩定。話說回來，若股票不是每隔一段期間就大跌一次，它就不可能提供相對高於債券的風險溢酬。

由於債券市場極度攸關全球經濟的正常運作，因此債券市場的規模其實比股票市場大。債券投資人擔心的問題通常是何時能取回最初投資債券的基金，以及將如何收回那些錢，不過他們收回的金額受限於債券的利率及到期日。股票投資人擔心的問題則通常是自己將獲得多少漲價利益和股利。我進入這個產業後的第一個上司告訴我，投資股票是為了致富，而投資債券是為了維持富裕的狀態。不過，從年度報酬率圖表就可發現，即使是債券都偶爾會虧本，只不過債券的跌價幅度遠遠不像股價那麼大罷了。

對於不想承受任何本金虧損風險的投資人來說，現金或國庫票據是最安全的短期保障。從圖3.3便可見現金的名目價值永遠也不會折損，不過如果投資人想取得這項避免本金虧損的保護措施，他的長期獲利會比較少。這就是風險與報酬的假設運作模式——有得必有失，活在這個世界上，不可能每件事都稱心如意。把血汗錢暫時存放在貨幣市場或儲蓄帳戶，並不能為你賺很多複利的利益，充其量只能指望跟上通貨膨脹。也因如此，了解投資時程極端重要。如果你需要在五年內花這筆錢，那麼把這筆錢投入股市以前，一定要三思，短期的風險經常超過那個短暫時間範圍內的可能報酬。如果你有一個中期目標必須實現，那麼優質的債

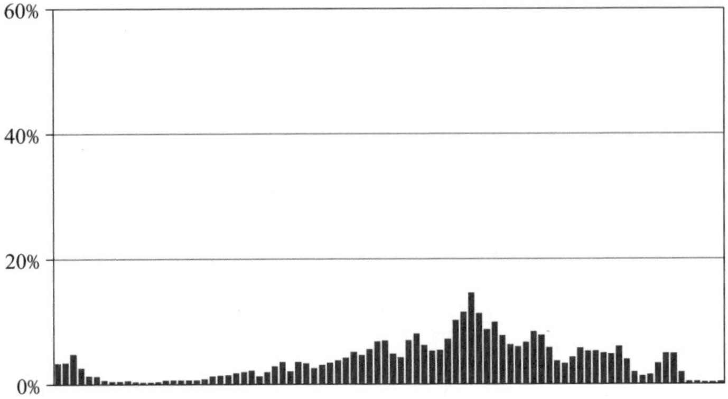

資料來源：阿斯瓦思・達摩德仁

圖3.3　一九二八至二〇一三年年度現金報酬率（三個月期國庫票據）

券是理想的選項，但即使是優質債券偶爾也會跌價。如果你明天或未來一年內就要動用這筆資金，本金的安全性或許比你透過這筆現金賺到的利息收入重要非常多。最佳風險管理模式之一是盡可能持有足夠的流動資產，這樣才不會在市場崩盤或整理期間，被迫賣掉你的風險資產（即股票）。

某些投資人觀察現金的長期績效圖表後，都感覺安全至上也沒什麼不好。從這個圖表便可見到，現金不會讓人產生虧損。長期下來，現金的年度報酬率非常穩定。問題是，為了獲得本金的安全保障，就必須放棄較高長期報酬的希望。讓我們以更正確的脈絡來看待現金的報酬：以它扣除通貨膨脹後每年〇．五%的報酬率來說，一個投資人若想要透過現金投資來創造一倍本金的報酬，得花上一百五十年的時間。而以股票市場過去六・五%的實質年度報酬率來說，只要十一年就可以讓本金增加一倍。

在觀看上述股票、債券和現金的圖表時，你應該一眼就會注意到各個績效數字的變異性。股票最高的年度報酬率是五二・六%，而最大的年度虧損是四三・八%，換言之，報酬率的區間達到幾乎九七%。以債券來說，最佳的報酬率是三二・八%，而最低的是負一一・一%，高低相差近四四%。至於國庫票據的高低報酬率差距大約只有一四%。請用以下方式看待這些數字：長期而言，股票能為投資人創造較高報酬率的原因之一是，投資人有機會在某些期間以非常低的價格買到股票，最終使得績效獲得提升。天生就擁有必要的堅忍性格來獲得這種成就的投資人並不多，也因如此，成功的股票投資人很少，失敗的卻很多。有些投資人會在最糟糕的時機被嚇得退出股市，而股市的財富也因此從所謂的「肉腳投資人」手中轉移到「高手投資人」手上。

但這並不代表長期持有股票就一定能獲得上述平均報酬率。請參考表3.1，從中可發現每一個十年期間的狀況都獨一無二，從這個表格可見，有幾個十年期間（有時候更久），債券的績效領先股票。不過，整體而言，持有股票大盤的期間愈久，獲得正報酬的機率就愈高。

表3.1　每十年期間的年度報酬率

	股票	債券
1930年代	-0.9%	4.0%
1940年代	8.5%	2.5%
1950年代	19.5%	0.8%
1960年代	7.7%	2.4%
1970年代	5.9%	5.4%
1980年代	17.3%	12.0%
1990年代	18.1%	7.4%
2000年代	-1.0%	6.3%
2010年代	15.7%	4.2%

資料來源：阿斯瓦思·達摩德仁

但這並不代表股票的風險會因較長的時間範圍而降低，因為如果你挑了一個很糟的退出時點，例如二〇〇九年年初市場崩盤的最低點，那麼就算你投資期間非常長，績效數字可能也不是那麼好。不過，拉長持有期間絕對能提高成功的可能性，若能再透過定時定額的流程分散投入股票的時間，你的致勝機率將進一步上升，因為這樣就不會過於仰賴任何一個投資期間或投資總額來為你效勞。

另外還必須切記，表3.1的股票長期績效數字並沒有考量到任何費用、稅金或交易成本，這些數字單純是歷史績效數字。如果某個投資人不斷任意買進、賣出，他的報酬率就不會是九．六％。另外，如果某個投資人幸運避開了最近一次的市場崩盤走勢，他的報酬率也不會是九．六％。這個九．六％年度報酬率來自很多個極美好時期和極糟糕時期——包括戰爭、經濟衰退、泡沫、崩盤和其他不那麼極端的時期，另外這個報酬率也不是保證報酬率；不過如果你的投資時程拉長，不理會期間裡發生什麼大大小小的事件，實現這個報酬率的機率就會大幅提升。

股票的長期趨勢一向是上升的，不過它上漲的過程並不輕鬆。從一九二八年迄今，有二十個不同的期間曾發生過至少二〇％的跌幅。以曆年計，股票年度報酬介於七％至一二％的年度只佔總數的六％；年度報酬率超過二〇％的年度佔總數的三五％，而股票年度虧損超過五％的年度佔總數的二二％。有些人稱這樣的現象為波動性，但這其實都只是偏離平均值的變異。這項變異讓某些人獲得了賺錢的機會，但也創造一些機會促使某些人虧本，因為他們基於貪婪而買進，基於恐懼而賣出。

波動性：是風險？還是機會？

理財圈子裡最多人用的風險衡量指標是「偏離平均值的變異」，有些人稱之為波動性，有些人則偏好稱之為標準差（standard deviation，統計定義）。「標準差」聽起來很花俏，但其實它只是各項結果偏離平均值的變異程度。標準差愈高，價格波動偏離平均值的程度就傾向於愈大。如果你的標準差是二〇%，代表在多數時間，你的報酬率將落在平均值加／減二〇%的範圍內。所以，如果特定投資標的平均績效是一年一〇%，標準差為二〇%，那麼，你可以合理預期它在多數時間的報酬率將介於負一〇%和三〇%之間。而且「多數時間」這個用語很重要，因為市場上隨時都可能發生某種會導致實際報酬率遠離報酬率常態分配的離群（outlier）事件。總之，統計數字看起來雖乾淨利落，但現實世界卻常會一團糟。

股票報酬率的變異性比債券報酬率高，所以股票報酬率的標準差也比債券高。只要觀察相關圖表就可清楚見到這一點，但這是否為衡量投資人風險的正確方法，則不得而知。金融產業以波動性來代表風險的原因是它比較好衡量；如果某件事是可衡量的，它就是可溝通的，而如果某件事可溝通，它有可能被建構為一段敘事，但一旦那個敘事被提出，每個人又可能會以任何自己想要的方式來解讀它。當然，我並不是主張波動性不是風險的一種，但在真正了解風險的人眼中，波動性絕對不是最大的風險。

對明天就需要花現金的人來說，變異就是一種巨大的風險。但對於還有幾十年可以投資其儲蓄的人來說，變異反而可能被視為一個趁著波動性大增而進場的好機會。所以，在判斷市場風險時，脈絡非常重要。股票市場的跌價其實有助於改善長期報酬，因為當市場跌價，投資人就有機會以更低價格買進，從而獲得較高的股息收益率（dividend yields）。因此，風險不應該被定義為波動性，而是應該定義為你回應那個波動性的方式。對多數投資人來說，最大的風險來自他們是否會在惡劣時期制訂不良決策。第一步就是承認波動性是風險資產的根本特性，這樣的認知將有助於你設計一個能同步考量到市場漲跌與個人情緒起伏（這些都不可避免）的投資計畫。

了解最重要的投資守則

巴菲特曾說過兩個簡單的投資法則，如今這個說法變得家喻戶曉：「法則一：永遠不要虧錢。法則二：永遠不要忘記法則一。」但觀察表3.2巴菲特的控股公司——波克夏海瑟威公司——的歷史績效，我們就大可反駁他並未遵守這兩個法則。多年來，巴菲特持有波克夏公司的股票，而這一檔股票的價值幾度遭到嚴重摧毀。事實上，光是從一九八〇年以來，這一

表3.2　巴菲特的股票損失

時間範圍	波克夏海瑟威公司股票虧損
1987年	-37%
1989年-1990年	-37%
1998年-2000年	-49%
2007年-2009年	-51%

資料來源：雅虎財經網（Yahoo! Finance）

檔股票就曾在四個情境中下跌超過三〇%。

巴菲特持有波克夏公司的股票，而這一檔股票的價格有幾次徹底崩盤。難道這是奧馬哈的先知在業餘時期的表現嗎？難道巴菲特沒有遵循他自訂的法則嗎？這兩個問題的答案都是「否」，因為一如往常，脈絡很重要。在這四個不同的崩盤時期，巴菲特實際上虧了多少錢？答案可能會讓你很訝異——嚴格來說，他一毛錢也沒虧，什麼也沒虧。這怎麼可能？原因很簡單，因為在這些下跌趨勢中，他在波克夏海瑟威的股票一股也沒賣。他從未因驚嚇過度而賣掉手上的部位，也未因流動性或支出等需求而被迫賣掉任何股票。在帳面上，巴菲特確實曾經虧了幾億或甚至幾十億美元，但他從未賣出那些股票，所以沒有實現那些虧損。風險只有在它會衍生實際後果的時候才重要，換言之，如果你可能因流動性問題被迫賣出股票，或可能因心理上的問題而在錯誤時機犯下巨大的錯誤，風險對你來說才真正攸關重大。

就這個意義來說，真正的風險是不可逆的風險。波動性是暫時的，但如果你在崩盤發生後忍不住賣出部位並實現虧損，那你就等於是選在最糟糕的時機，讓自己承擔了「錯失未來獲利」的風險，尤其如果你一向沒有膽量重新介入市場。多數投資人老是在煩惱自己每天、每週、每月或甚至每年的風險概況。但如果你能調整思維，將心目中的「短期」定義為五年或甚至十年，不要老是想著更短的時間範圍，那麼你的未來展望、投資績效和成功機率將徹底改變。這麼做也能確保你不會在錯誤時機變得過度積極，最後把情況搞砸。當你以很多年和幾十年的角度來思考，而不是以幾個月或幾季的角度思考，上述「永遠不要虧錢」法則就會獲得轉化。

當然，這代表你必須切實掌握自己的風險概況和投資時程，唯有如此，才能根據自己的情況，評估要冒險投入多少資金到股票裡。

風險承受度問卷

簡單說，投資組合的建立就是判斷自己承受風險的能力、意願和需要。這個道理適用於機構與散戶投資人。如果非要把一份風險承受度問卷濃縮為兩個問題，這兩個問題應該是：

一、你什麼時候需要這筆錢？

二、從心理或財務的角度來說，我禁得起多大的損失？

其他所有決策多多少少都是從這兩個主要問題衍生出來的。但難就難在即使你有能力判斷這兩個問題的答案，你對風險的態度也很難一直維持不變，因為市場狀況的瞬息萬變將會影響到你的心理。另外，你對這些市場與經濟事件的知覺一定也會隨著很多因素而改變，這些因素包括你過去的市場經驗，乃至你目前的環境。在上漲的市場，每個人都會變成多頭，但在下跌的市場，每個人則勢必會變成空頭；即使你個人的環境沒有太大的改變，你對風險的知覺勢必也會隨著市場的波動而七上八下。很多研究顯示，人類超級無法預測自己面對未來局勢時的感受，事實上，未來某個事件帶給我們的真實體驗，通常遠不如我們想像中的那麼糟糕，而實際與想像感受的落差有可能對決策流程造成巨大的影響。

有一份研究的研究人員選出了九種風險，包括愛滋病、刑事犯罪、青少年自殺等，並比較一般人對其中每項風險（他們採用一些客觀的衡量指標來評估每項風險）的關切程度。研究結果發現一般人的風險知覺凌亂不一。某些人對每一項風險的關切度會隨著媒體與社會整體對這些風險的關注而上升或下降，呈現相同的軌跡；不過，有些人對某個特定風險的關切程度則缺乏章法，沒有明顯的理由可言。研究人員發現，儘管實際上看不出是什麼原因導致風險知覺改變，但某些人的風險知覺就是改變了。這份研究的結論是，研究人員無法判斷實際風險和感知風險之間的關係，因為基本上每個人會根據自身的獨特環境、個性和經驗做出回應。[3]

金融市場的情況也是一樣。另一份研究的研究人員發現，陰天會使人更加感覺個股和整體市場有高估之嫌，而這樣的感受會促使機構投資者在陰天出售較多部位，因為此時投資人的心情比較陰鬱。所以，如果你投資的基金隸屬倫敦或西雅圖的基金公司，那就要注意。因氣候而加劇的悲觀心理，會在陰天對整體股市造成負面影響，因為這時會有較多投資人出售部位。就理論來說，這實在沒什麼道理可言，而正因為很多狀況沒有什麼道理可言，市場才總是那麼令人感到沮喪。理論在現實世界總是不管用。[4]

金融市場投資的種種現實狀況有時非常違反直覺，例如較劣質的公司也可能成為物超所值的投資選擇，關鍵只在於價位高低。相同地，優質企業的股價有可能因為漲過頭而顯得太貴。傑出的企業不見得是優質的股票投資標的，而糟糕的企業有時也會是優質的投資標的，只要價位對了就好。以日常生活來說，在大拍賣時買東西是最有道理的，不過在金融市場上，多數投資人似乎無法體會這個簡單的道理。當市場承受巨大賣壓，每個人都難免會因為投資組合價值的降低與淨財產的縮水而受到影響；照理說，當股票陷入空頭市場，未來有賺錢能力和儲蓄可投入市場的投資人應該感到歡欣鼓舞才對，但在現實生活中，每次股票一大跌，投資人反而會認為股票的風險上升。

除了透過定期獲得的市場經驗（但那樣的經驗可遇不可求），一般人實在沒有太多方法可學習如何抑制這些類型的情緒，最多只能承認它們存在。當我們感知到某種程度的不確定性（即虧損）時，比較無法釋懷地承擔風險，相對地，如果我們有某種程度的把握（即獲利），就能比較釋懷地承擔風險。但無論如何，若在擬訂投資計畫時能體認到一般人的這種思考模式，也是有幫助的，因為這麼一來，你就能找一些方法，有條不紊地根除不良行為。

總之，第一步就是接受這些現實。

風險與不確定性的差異

戰爭屬於不確定性的領域，因為戰爭行動的結果有四分之三或多或少取決於迷霧中的要素。

——卡爾・凡・克勞塞維茲（Carl von Clausewitz）

市場上的不確定性不勝枚舉——利率、企業獲利成長、通貨膨脹率、未來稅率、經濟成長、政治姿態、消費者信心——數也數不盡。誠如作家詹姆斯・普雷史戴德・伍德（James Playsted Wood）曾說的：「影響市場最劇的事是所有事物。」市場上令投資人分心的事物也一樣不勝枚舉——最熱門的市場、表現最好的股票、不斷公布的經濟數據、新基金上市、大師的預測、親友團不斷吹噓的水餃股等。

查爾斯・艾利斯曾說：「預測未來的任何一個變數已經很難，預測未來眾多瞬息萬變變數之間的互動更難，而推估其他專業投資人將如何解讀那些複雜的變化，更是難上加難。」[5] 這件事光是想都讓人頭痛不已，而且這是無法改變的事實。沒人有辦法徹底了解驅動市場的精確動力是什麼，原因很簡單，因為沒人有能力預測未來，承認自己無知反而能讓你不會對自己的預測技巧懷抱確定性的錯覺（the illusion of certainty，譯注：即認為自己有把握的錯覺）。

風險的定義是：曝露在受傷或虧損狀態下的機率。有時候，一旦虧本，你可能會覺得自己受傷，所以這是個恰當的定義。相對地，不確定性是一個無法預見的事件或結果。投資人很容易把風險和不確定性混為一談，不過你必須體認到「所有事都不確定」的事實。只不過，市場上漲時你會覺得情況比較確定，但當市場下跌，你會覺得比較不確定，如此而已。

即使我們了解各種情況的機率，這些機率的表達方式也會影響我們看待它們的態度；以「一：一〇〇」和「一％」機率的表達方式來說，雖然這兩者實際上一模一樣，但我們的直覺卻會引導我們用不同的方式看待一：一〇〇的風險和一％的風險。心理學家曾在一個實驗中要求學生吃形狀像狗糞的奶油巧克力軟糖。這些學生明知那是軟糖，卻還是難以下嚥，只因為它的外表看起來像狗糞。受試者明知道自己的負面感覺絲毫沒道理可言，但還是不禁產生那樣的感覺，而且承認自己無論如何都很難把那種糖放進嘴裡。[6]

不確定性是引發羊群心理的主要導因之一，因為在不確定性籠罩的時刻，我們習慣先觀察其他人的作法，再據以引導我們自己的行為。當情況變得不對勁，尋求他人的意見是天經

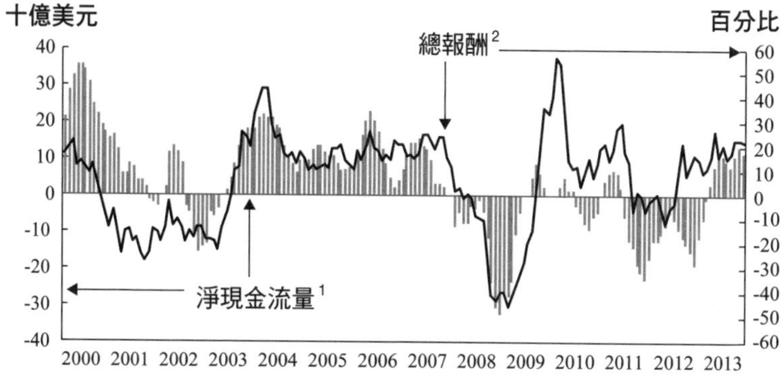

資料來源：投資公司協會（Investment Company Institute）

圖3.4　在錯誤的時機採取錯誤的行動

地義的。由於不確定性會帶來壓力，所以一旦不確定上升，我們的大腦便會積極想盡所有辦法來解除那一股壓力，而這樣的行為會導致投資人追逐已成過往雲煙的績效，並在市場底部抽出資金、在市場頭部投入資金（見圖3.4）。這並不代表那是正確的舉措，只不過他們能從那些舉措找到慰藉罷了。

當你目前的實際景況和你希望發生的狀況之間存在差異，壓力就會產生。這個差異就是「期望」和不得不面對的「現實」之間的差異。當期望和現實之間存在差異，可能會導致你的心理受到影響，難以制訂理性決策。研究人員檢視兩組老鼠在遭受痛苦電極後的壓力反應。第一組老鼠每小時被電擊十次，第二組則是每小時被電擊五十次。第二天，兩組老鼠都每小時被電擊二十五次。到第二天結束時，電擊次數比前一天增加的第一組老鼠出現血壓上升的情況，而血壓上升是象徵壓力增加的生理症狀之一，而電擊次數減少的第二組老鼠的血壓則正常。這個例子可用來類比市場的狀況，因為這個實驗顯示，知覺對思考流程的影響非常重大，問題不在於情況是絕對好或絕對壞，而在於它變得更好還是更糟。[7]此外，體驗過較大痛苦的老鼠在下一次痛苦來臨時，比較有能力善加因應那種痛苦。

在市場下跌階段，導致價格降低的是不確定性，可是一旦不確定性消除，價格勢必老早就已回漲。沒有任何方法可以預測罕見事件，原因很簡單，因為那種事件很罕見，所以無法預知。不過，你倒是可以預測罕見事件會對你造成什麼影響，以及你將如何回應。

風險趨避

研究人員回溯並研究一九五二年以後的股票市場，並利用這些數據設計出一個能解釋市場過去為何會出現特定走勢的模型。他們發現，長期來說，股票市場波動有八五％取決於三個因素的影響：

一、經濟體系的生產力，但這個因素只有在極長期的情況下才重要。

二、經濟體系最終透過所得、紅利或盈餘回饋給家計單位的報酬。

三、風險趨避，基本上那是人類面對不確定性時所做出的不適當反應。

這份研究的結論是，根據歷史經驗，股票市場的短期變異，有大約七五%導因於風險趨避心態。[8]這代表在較短的時間範圍內，驅動股市變化的主要因素是情緒，而在較長的時間範圍內，股票市場則受基本面要素驅動。

請想想這個結論所代表的意義——幾乎有四分之三的股票市場交易基本上完全受人類情緒左右！我們說的可是每天高達數兆美元且有世界上某些最聰明的人參與的大規模財富交易！不過，當我們放任自己的感覺接管一切時，確實就會發生那樣的狀況。有關「未來可能賺錢或虧本」的展望，會導致一般人做出各種稀奇古怪的反應。事實上，大腦掃描結果顯示，因投資而賺錢的人的大腦活動，和吸食古柯鹼或嗎啡的人的大腦活動並無不同。賺錢會讓我們產生跟嗑藥類似的感覺，真的不誇張。也因如此，我們才會感覺市場好像很「嗨」

（high）（抱歉用這樣的字眼），不過一旦藥效逐漸退去，市場最終還是難以避免崩盤的命運。

這個問題愈來愈不容輕忽且勢必要解決，因為毒品的刺激效果不可能永遠不消退。相似的研究顯示，當你精準達到計畫中的目標，你的大腦活動並不會有什麼特別的反應。照理說，達成目標或投資賺錢，應該會讓人產生一種滿足的感覺，至少理論上如此。但在現實生活中，如果我們原本已經做好賺錢的規劃，那麼一旦真的賺錢，我們的大腦活動也不會有變化。若一次又一次想得到相同的情緒反應，每一次需要的腎上腺素刺激會愈來愈多，而這個事實可能導致我們為了得到那樣的反應而承擔更高的風險。某種程度來說，那好像是我們的大腦求著我們從事投機行為而不是投資，但你絕對不會願意用自己一輩子的儲蓄去從事投機行為。

獲利可能對我們的心理產生深遠的影響，但虧損對心理的影響更糟，因為大腦處理虧損的區域和回應致命危機的區域一模一樣。某些人甚至會在睡眠中重新體驗到發生理財損失時的感受。[9]這有助於解釋為何虧損帶來的傷害會比利潤所衍生的快感大那麼多。但如果我們放手讓致命危機的訊號在市場恐慌時期佔據我們大腦，我們的長期財務體質將因此產生一個巨大的問題。

很多研究顯示我們因虧損而產生的悔恨感比因獲利而產生的愉悅感高二至二．五倍。[10]只要想想在賭場虧錢後的感覺就好，虧錢所帶來的刺痛感總是比贏錢的快感大很多。我們也會用相同的方式來對待自己最愛的運動隊伍，例如每個死忠的球迷一定都忘不了自己支持的球隊在哪幾場賽事的最後一秒被宿敵打敗或痛宰。沒有人會忘記不幸的損失，心痛的記憶絕對比成功的記憶鮮明。

也因如此，投資人總一直在煩惱市場會不會崩盤。只要你對市場歷史有足夠的了解，你應該都能對以下事件如數家珍：在一九二九年至一九三二年的崩盤走勢中，股票下跌超過八〇％；一九八七年的黑色星期一崩盤，股價在一天內下跌超過二〇％；科技泡沫與幻滅導致那斯達克從二〇〇〇年的高峰下跌超過八〇％；而二〇〇七年至二〇〇九年間的大型金融危機，則導致世界各地的股市腰斬或甚至更糟。總之，市場崩盤會在投資人心中留下永遠的傷疤，讓人很難繼續前進，也很難克服它帶來的傷痛。

一九八七年時，股票市場出現史上最大單日崩跌紀錄，標普五百指數在一天內下跌超過二〇％。在黑色星期一前三天，市場已下跌超過一〇％。所以，在那短短四天內，股市重挫超過三〇％！事後來看，那段崩盤走勢對投資人來說其實是個買進的天賜良機，因為接下來五年間，股票上漲超過一倍。當然，如果你以為在那樣的壓力時點維持既定的投資步調很容易，那就大錯特錯了。在那種崩盤情況發生時，眼看著財富迅速蒸發，身體和心靈所承受的恐懼和煩惱絕非筆墨所能形容。我的部落格讀者之一分享了他在一九八七年崩盤時的經驗，他的說法雖簡短，卻足以讓我們體會市場崩盤有多麼驚悚：

一九八七年（我從一九七三年開始投資）時，我手上持有不少投資部位，所以當時市場崩盤的景象迄今仍活生生地烙印在我的腦海裡。若以長期技術線圖來說，當時的走勢看起來只是一個微小的起伏，所以不知內情的人大可以說：「那有什麼好拿出來說嘴的！」……當然，後來市場還是恢復生機……每個賣掉部位的人都成了傻瓜。

一九八七年的市場和如今大不相同。那時候沒有網際網路，只有隔天的《華爾街日報》和每星期五播出的劉・盧基塞（Lou Rukeyser）的《華爾街一週》（*Wall Street Week*），那是一個三十分鐘的節目；我們還訂閱了幾份股票快訊（以蝸牛般的速度郵寄）和《吉普林個人理財》（*Kiplinger*）與《錢》（*Money*）雜誌……這就是我全部的資訊來源。

所以，雖然我在黑色星期一開車上班途中已透過廣播聽到市場崩盤的消息，但當我見到滿眼含著淚的內人，我還是有點措手不及，我太太一開口就對我說：「你把我們的退休金虧光了！」（以文字來表達這句話的衝擊力，絕對比不上我當場聽到那些話所感受到的打擊）當下來看，這個崩盤走勢絕對是「大事不好了」。在這樣的時刻，害怕未來將因此而改變是一種天經地義的反應，而當時眾多名嘴也紛紛表示「這個世界性的事件將延續許多年；導致我們子女的生活水準低於我們」。

長話短說，她堅持在隔天賣掉所有股票（那一天的跌幅也非常驚人）；但到最後，我們又重新介入市場。[11]

值得一提的是，即使經歷這一場巨大的崩盤走勢，一九八七年一整年的股票市場還是上漲的，但心理的傷害已造成。這是近三十年前發生的事，可是這位紳士到今天仍能鮮明地回想起當時崩盤的景象。從他的娓娓道來，我們可以感覺到他到今天都還未能擺脫那些不好的回憶；未來的這類世態並不會改變，無論我們是否接受，市場崩盤走勢一定會再發生，因為造成市場崩盤的是人性。以前如此，未來也一樣。

但對長期投資人來說，市場崩盤其實是世界上最美好的事情之一，因為崩盤讓他們可以在較低價格買進股票，獲得較高的股息收益率，介入時的價值面指標（譯注：例如本益比）也較低。不過身為一個投資人，在那種狀況下買進股票絕對也是最嚇人的經驗之一，因為你不可能正好在市場的精準底部買進，而當下的市場氛圍會讓人感覺情況只會繼續惡化，沒有好轉的一天。

如果你在一九二九年九月的市場頭部買進股票，並持有到一九六〇年，每年的報酬率還是有七．八%。而如果你大膽（或有剩下的錢）在股票崩跌了八五%後的一九三二年六月買進，並繼續持有到一九六〇年，每年的報酬率更將達到一五．九%。以這兩個買進時點來說，長期持有的結果都是正面的。不過，如果你是在市場崩潰期間進場，績效會非常驚人。從一九二九年起計算，每投資一美元會變成九．六五美元，若是在一九三二年投資，一美元會變成五八．〇五美元。[12]

這兩個例子清楚闡述了在實際投資以前先了解自身投資時程的重要性。舉個例子，如果你每天都觀察整體股票市場的狀況，基本上它的漲跌機率就跟擲硬幣的機率差不多。回溯歷史，股市有五三%的日子是上漲的，有四七%的日子是下跌的。而根據我們對虧損趨避的了解，那些損失的日子所造成的傷害，比利潤帶來的快感高一倍以上。所以，如果你每天都檢視自身投資組合的價值變動，你每天對股票市場的感覺應該都很糟糕，因為因上漲／獲利而產生的所有美好感受，將徹底被虧損／下跌的可怕感受抹除。虧損趨避傾向也代表當市場因那些糟糕感受而下跌時，多數人更可能做出愚蠢的決策。不過，如果你把投資時程拉長，虧損趨避對你的影響就會慢慢開始式微。若以一年為單位來觀察，每四年當中就大約有三年是上漲的。如果以五年為一單位，上漲的百分比更竄升到九〇％；若以二十年為一個單位，基本上美國股票過去每二十年期間的報酬率都是正數。[13]

愈常檢視投資組合的市場價值，愈可能見到虧損。行為經濟學家理查・泰勒（Richard Thaler）終其一生都在研究投資人的這類問題，他提出一個簡單但又困難的解決方案，他說：「風險資產的吸引力取決於投資人本身的投資時程。準備等待長期以後再評估投資盈虧的投資人，將會比期望在短期內評估投資成果的投資人更覺得風險資產較有吸引力。」[14]

恐懼與貪婪的循環

雖然股票市場的平均長期報酬率看起來很不錯，但市場上的週期沒有平均值這回事。

表3.3　恐懼與貪婪週期（標普五百指數）*

	年度報酬率	年度波動性
1928年-1945年	4.6%	28.7%
1946年-1968年	12.9%	16.9%
1969年-1977年	2.9%	20.3%
1978年-1999年	17.2%	12.5%
2000年-2008年	-3.6%	20.1%
2009年-2013年	17.7%	11.5%

*標普五百指數表現。

投資人有一種以不久前的事來推估未來可能情況的壞習慣，而且認為未來永遠都會和最近一樣，換言之，情緒鐘擺總是會擺盪到過遠的位置。在多頭市場期間，貪婪之心凌駕一切，而在空頭市場，則換成恐懼支配一切。由表3.3就可見市場的週期性有多麼明顯。

在大蕭條過後，投資人的風險偏好嚴重受到壓抑。從一九二〇年代末期到第二次世界大戰結束時的那段期間，市場呈現高波動性與低報酬率的態勢。但這個恐懼、風險趨避以及起伏不定的週期，為後續的一九五〇年代與一九六〇年代多頭市場奠定了非常好的基礎。不過，隨後貪婪心態以及投資人對所謂「走俏五十」（Nifty Fifty）的大型成長股的不理性期望，最終結束了這場狂歡盛會，並在同一時間打造了一九七〇年代的市場環境——高通貨膨脹期，這對股票投資人而言，又是一段冷酷無情的時光。在這段艱苦期展開後，投資人陸續放棄股票市場，但就在一片悲觀氣氛下，一九八〇年代與一九九〇年代的多頭市場也悄悄展開。這二十年間的績效數字極為驚人，波動性也遠低於平均值，堪稱投資人夢寐以求的完美情境。當然，這段期間也為「恐怖二〇〇〇年代」奠下基礎，排山倒海的貪婪心態最後終於在一九九九年年底抵達它的轉捩點。

我想你應該已理解我要表達的重點：恐懼和貪婪一向輪流主宰著市場走勢，每當一段期間的投資績效高於平均值，接下來那段期間的投資績效勢必會低於平均值，反之亦然。而當投資人允許自己的期望偏離現實，就會造成很大的問題。當然，長期來說，樂觀主義者是勝利的，長期趨勢也是上漲的，但整個過程絕對不像表面上的長期平均報酬率數字那麼簡單。股票勢必要歷經這些「愛恨交織」的輪替期，長期下來才會擁有高於債券和現金的風險溢酬。

唯有非常善於分析且永遠不流於情緒化的人，才能在股票大幅下跌或歷經漫長的橫盤期後勇於買進。對持有成熟投資組合的投資人（譯注：較接近需要動用投資組合資金的人）來說，諸如一九二八年至一九四五年、一九六九年至一九七七年，以及二〇〇〇年至二〇〇八年等期間的市場，有可能特別讓人感到難熬。不過，對於十年甚至更久以後才需要動用投資組合的資金、且能藉由未來賺錢能力長期存錢的人來說，這些可怕的市場環境堪稱天上掉下來的禮物。有積蓄的人一定能在極端高波動性且低報酬的市場上，以較低價格買到股票。某些環境對已經投資的人有利，但某些環境對有積蓄的人有利。你對每個特定週期的看法可能取決於你投資組合的成熟度，亦即你多久後會需要動用投資組合的資金。若每次都能保持冷靜並繼續加碼部位，即使在最糟糕的市場，還是存在一線光明。

多數投資人可能很難堅持這樣的立場，因為下跌的市場已經夠讓人心煩意亂，若還要維持既定的投資步調，鐵定更令人提心吊膽。每次多頭市場剛陷入陣痛期時，所有人似乎都會成為買進且長期持有型的投資人，例如剛投入不久的投資人會說自己已做好長期投資的打算，永遠也不會擔心虧損或波動性。遺憾的是，等到無可避免的空頭市場終於來臨，這些投資人就會開始驚慌，而且一旦開始出現帳面投資虧損，他們就會急著賣出股票。這時候，「我已做好長期投資打算」的說法，就會迅速變成「我再也受不了了，快快讓我出場吧」的心態。這樣的情況將周而復始地不斷重演，所以唯有徹底了解恐懼與貪婪週期的步調，才能適當因應。多頭市場帶來的利潤會讓每個人感覺自己是天才——當你不管買什麼都漲，就會開始產生「我永遠也不會錯」的意念。於是你會開始對自己過度有信心，問題是「驕兵必敗」。一旦美好時光終於結束，那一股信心就會開始動搖。這時，貪婪將迅速轉化為恐懼，而恐懼的體驗將使投資人受到驚嚇，雖然總有一天會從驚嚇中復原，但恢復的速度也要視週期的長度或崩盤的嚴重程度而定。

了解自己的投資時程真的非常重要，原因是，一旦股票下跌，可能要一段時間才能回升到先前的水準。回顧一九二〇年代，標普五百指數從空頭市場中恢復的平均時間大約是四十個月，這個估計值包含再投資的股利，也將通貨膨脹納入考慮。所以，一旦發生二〇％以上的虧損，平均要花大約三．五年才有機會回到損益平衡點。而從第二次世界大戰以來，股票市場從空頭市場回升到原始水準的時間，最長是五年又八個月，即二〇〇〇年科技泡沫之後的恢復期。[15]

風險取決於脈絡，所以風險可能隨著每個人的環境和風險知覺而改變。對多數投資人來說，最大的風險來自懵懵懂懂，不知道自己在做什麼，換言之，最大的風險來自沒有擬訂投資計畫。未能擬訂計畫的投資人遲早會被波動性與不確定性吞噬。

重點摘要

- 如果不願意承受短期虧損的可能性，就不可能在資本市場上獲得較高的長期報酬。而為了短期的本金安全性，你可能必須犧牲長期的利益。長期而言，打敗通貨膨脹的唯一方法就是承擔風險。
- 對不同的人來說，風險代表不同的事物。風險取決於脈絡，而且多半視個人獨特的風險概況與投資時程而定。在制訂投資決策以前，一定要密切留意這兩項變數。對多數人來說，風險來自沒有既定的投資計畫，以及不知道自己所作所為的目的是什麼。
- 波動性可能是風險，也可能是機會，答案取決於你對市場起伏的回應方式。明智的投資人會把波動性視為一種賺錢的機會，以及在壓力下保持冷靜並依循既定流程行事的機會。

附註

1. Potter Stewart, Jacobellis v. Ohio 378 U.S. 184 (1964), https://supreme.justia.com/cases/federal/us/378/184/

case.html.

2. Stock, bond, and cash returns courtesy of NYU and A. Damadoran, http://pages.stern.nyu.edu/～adamodar/New_Home_Page/datafile/ histretSP.html.
3. Dan Gardner, *The Science of Fear: How the Culture of Fear Manipulates Your Brain* (New York: Plume, 2009).
4. William N. Goetzmann, Dasol Kim, Alok Kumar, and Qin "Emma" Wang, "Weather-Induced Mood, Institutional Investors, and Stock Returns," Social Science Research Network, September 8, 2014, http://papers.ssrn.com/sol3/papers.cfm?abstract_id=2323852.
5. Charles D. Ellis, "The Rise and Fall of Performance Investing," *Financial Analysts Journal* 70, no. 4, www.cfapubs.org/doi/pdf/10.2469/ faj.v70.n4.4.
6. Gardner, *The Science of Fear*.
7. Richard Peterson, *Inside the Investor's Brain: The Power of Mind Over Money* (Hoboken, NJ: John Wiley & Sons, 2007).
8. Daniel Greenwald, Martin Lettau, and Sydney Ludvigson, "The Origins of Stock Market Fluctuations," NBER Working Paper No. 19818, January 2014.
9. Jason Zweig, *Your Money and Your Brain: How the New Science of Neuroeconomics Can Help Make You Rich* (New York: Simon & Schuster, 2008).

10. Daniel Kahneman, *Thinking, Fast and Slow* (New York: Farrar, Straus and Giroux, 2011).
11. Ben Carlson, "Would a Repeat of the 1987 Crash Really Be That Bad?"*A Wealth of Common Sense*, http://awealthofcommonsense.com/repeat-1987-crash-really-bad/.
12. William Bernstein, *The Four Pillars of Investing: Lessons for Building a Winning Portfolio* (New York: McGraw-Hill, 2010).
13. Kenneth Fisher, *The Little Book of Market Myths: How to Profit by Avoiding the Investment Mistakes Everyone Else Makes* (Hoboken, NJ: John Wiley & Sons, 2013).
14. Michael Mauboussin, *More Than You Know: Finding Financial Wisdom in Unconventional Places* (New York: Columbia University Press, 2007).
15. Jeremy Siegel, *Stocks for the Long Run: The Definitive Guide to Financial Market Returns & Long-Term Investment Strategies*, 5th ed. (New York: McGrawHill, 2013).

第四章

市場迷思與市場歷史

當你領悟到長期報酬率才是唯一重要的事，你就開始擁有投資智慧。

——威廉・伯恩斯坦

且讓我引介包伯登場。

包伯是世界上最不會掌握市場時機的人。

以下是和包伯的股票市場經驗有關的故事，這個故事和他嚴重錯估買進時機的經驗有關。

一九七〇年，年僅二十二歲的包伯正式進入職場。他勤奮又踏實地存錢，也擬訂了一套儲蓄計畫。年紀輕輕的他早早就針對退休擬訂了完整的未來儲蓄計畫。他計畫在一九七〇年代每年存二千美元，接著每十年將每年的儲蓄金額提高二千美元，直到他能退休的年齡為止

表4.1　包伯的退休儲蓄計畫表＊

十年期	每年儲蓄金額	總儲蓄金額
1970年代	2,000	20,000
1980年代	4,000	40,000
1990年代	6,000	60,000
2000年代	8,000	80,000
2010年代	10,000	40,000

＊包伯在二〇一三年退休。

——他推估將在六十五歲退休，那一年將是二〇一三年。包伯的儲蓄計畫表請見表4.1。

他一開始確實每年存二千美元到銀行帳戶，到一九七二年年底，他已存了六千美元。雖然包伯勤奮且踏實地存錢，他的投資技巧卻非常有待改善。身為一個投資人，包伯的問題是他只在市場大漲後才敢投入資金。

他在一九七二年年底把所有儲蓄全部投入一檔標普五百指數型基金。[1]但接下來，市場在一九七三年至一九七四年的空頭市場期間重挫了將近五〇%，換言之，包伯是在即將崩盤的市場高峰，投入他辛苦存下的資金，對他來說，這真的是糟糕至極的進場時機。雖然包伯在買進決策的時機要素方面犯下嚴重的錯誤，幸好他還有一點可取之處——一旦進入市場，他絕對不出售已購入的基金股份。他一輩子持有這一檔基金，因為他也極端害怕犯下重大的賣出決策錯誤。

請記住包伯的這個決定，因為它非常重要。

一直到一九八七年八月以前，包伯都提不起勇氣再投資，不過到了那個時間點，市場又歷經了一段漫長的大多頭。經過那十五個年頭，包伯又存了額外四萬六千美元的資金可用來投資。於是，他在這個時間點再次投資一檔標普五百指數型基金，但也再一次不幸在市場即將崩盤的高峰進場。這一次，就在包伯再度買進指數型基金後不久，股票又在短期內下跌了三〇%。由於第二度犯下時機上的錯誤，所以包伯一如既往，提不起勇氣賣出，繼續把錢投資在那一檔基金。

一九八七年崩盤後，包伯再次失去繼續把未來的儲蓄投入股票的勇氣，可是到了一九九九年年底科技股泡沫最猖獗那段時間，他堅持許久的決心再度動搖。到此刻為止，他又存了六萬八千美元的資金可用來投資。可是這一次他還是運氣很背，選在一九九九年十二月底進場，不出多久，市場便重挫超過五〇%，直到二〇〇二年才終於止跌。這一個進場決定再次在包伯心中留下深刻的傷疤，不過他決定在退休前再花一大筆錢投資市場。

包伯是在二〇〇七年十月進行他的最後一筆投資，這一次他投資了六萬四千美元，那是他在二〇〇〇年買進基金後又陸續存下來的錢。老是在極端錯誤時機進場的包伯，這一次運

表4.2　包伯總是不合時宜地在市場高峰進場

投資日期	投入金額	後續市場崩盤幅度
1972年12月	6,000	-48%
1987年8月	46,000	-34%
1999年12月	68,000	-55%
2007年10月	64,000	-57%

氣並沒有好轉，他一進場，市場又從房地產泡沫的高峰重挫了五〇%以上。歷經這場金融危機後，他決定到二〇一三年年底退休前，還是繼續把錢存到銀行帳戶（又存了四萬六千美元），而先前已投入市場的股票投資資金則繼續保留。

概括來說，包伯判斷市場時機的能力異常拙劣，他總是在股票市場上漲到高峰並重挫的前夕買進股票。表4.2列出了他的購買日期、接下來的崩盤，以及每一個日期的投資金額。

幸運的是，雖然包伯沒有掌握好買進的時機，但他一次也沒有出清部位，換言之，他並未退出市場。他沒有在一九七三年至一九七四年的空頭市場後退場，沒有在一九八七年黑色星期一崩盤後退場，沒有在二〇〇〇年科技泡沫破滅後退場，也沒有在二〇〇七年至二〇〇九年的金融危機時退場。總之，他買進基金後，一股也沒賣。

那麼，他最後的成果究竟如何？

即使包伯每次總是正好在市場的頭部進場，最後還是成為一個百萬富翁，擁有一百一十萬美元的財富。你一定覺得很不可思議，這怎麼可能？

當然可能。首先，包伯事前就明確擬訂了一套儲蓄計畫，並以勤奮踏實的態度，根據計畫按部就班地存錢。他切實朝這個儲蓄目標前進，從未動搖過，而且隨著時光流逝，他存的錢愈來愈多。第二，他放手讓自己的投資透過幾十年的時間逐漸累積複利的利益，在四十多年的投資生涯中，他從未出清任何部位，從未退出市場。他給自己很長的時間，而這個堅持長期投資的思維，確實讓他承受不少心理上的折磨，因為他不時得忍受巨額的帳面虧損。不過，我寧可相信多年來包伯並沒有花太多時間注意他的投資組合報表，只是堅定地守住他的儲蓄計畫，並避開「多做多錯」的循環。

顯然任何人都很難相信像包伯這種非常不善於掌握市場時機的人，能那麼堅定不搖地持有先前買進的股票，一股都沒賣出。不過，重點在於只要投資時程夠長，拙劣決策的負面影響終將因複利的效果而漸漸被淡化。現在你可以再想像一個情境：如果在這段相同的時間裡，包伯採用單純的定時定額法，將他的資金分批投入市場，而不是採用那麼糟糕的市場時機決策。猜猜他的成果如何？如果他不是都要等到對市場有信心以後才進場，他最後累積的財富將接近二百三十萬美元。

但如果是這樣，他也不會被戲稱為「世界上最不會掌握市場時機的包伯」了，不是嗎？

包伯是第一個投資迷思的主要範例。

迷思一：唯有精準掌握市場買賣時機才能賺到優渥報酬

過去九十年左右，美國股票市場幾乎每年上漲一〇%，那個數字包括高市場評價（譯注：如本益比、股價／淨值比等）時期與低市場評價時期，還有通貨膨脹上升與下降期，這段期間，短期利率曾高達一五%，低達〇%。這段期間也包含很多次的市場狂熱及恐慌期，包括大蕭條、幾乎每隔五年一次的經濟衰退、二次世界大戰、科技泡沫，以及幾乎一百次一〇%的回檔整理期。

以極長的投資時程來看，能不能精準掌握投資時機似乎不是特別重要的問題。傳奇共同基金經理人彼得・林區為富達投資公司（Fidelity Investments）做過一項研究，他檢視一九六五年至一九九五年那三十年間的狀況，結果發現，如果每年在市場的低點（精準來說，他是指出現年度最低價那一天）投資，每年的報酬率應該可達到一一．七%。

而如果你屬於少了點運氣的那種人，也就是林區所謂的「傑基．葛里森（Jackie Gleason）們」（譯注：林區曾在一段訪問中提到傑基．葛里森型投資人。為了說明挑選市場時機沒有意義可言，他舉了他所做的一份研究為例。假定不同投資人在一九六五年至一九九五年間，每年投資一千美元。其中有些投資人運氣特別好，每年都正好選在年度最低點投入資金，而傑基．葛里森型投資人的運氣特別差，每年都正好選在年度最高點那天把錢投入市場。但經過三十年後，這兩種投資人的年度複合報酬率卻相差無幾），每年都正好選在出現當年度最高價的那天投入資金，你的報酬率也有一〇．六%。然而，如果你把事情更單純化，選擇在每年元旦把錢投入市場，不要試圖去猜測高、低點何時出現，你每年的報酬率將是一一．〇%。每年一貫挑上最有利與最不利那一天的機率其實很低，但定期投入資金到市場上，卻是每個投資人都做得到的事。與其投入那麼多時間和精力妄想釐清什麼時機才是最好的介入點，不如直接採用簡單的定時定額計畫，並把投資時程大幅延長，壓力比較輕，計畫也比較容易落實。[2]

另外還有一份研究檢視了二百三十七份以掌握市場時機為目標的市場快訊——這些市場

快訊向它們的收費顧客發送買進與賣出訊號。研究結果發現，上述企圖掌握市場買賣時機的建議其正確率不到二五％。

當然，市場買賣時機不是全然無法掌握，過去還是有一些投資人真的擁有精準掌握市場時機的能力，不過只有少數人達到這樣的境界，原因很簡單，因為就心理層面來說，這麼做是很殘忍的——要在「百分之百投入市場」和「百分之百退出市場」這個二元選項中擇一而行，可能經常必須忍受極大的情緒折磨，最終搞得筋疲力盡。

原因是，如果你想精準掌握市場時機，就必須做對兩個決策——賣在相對高點的決策，以及買在相對低點的決策。即使你正確掌握其中一半時機（也就是賣在相對高點），也極端難以在股票大跌後說服自己勇敢進場，所以買在相對低點很困難。當市場陷入修正或崩盤時，坐擁現金的感覺才是最好的。在這種時刻，你一定難以說服自己再次出擊，將資金投入市場，而是寧可選擇按兵不動。除非你願意無時無刻（無論時機好或壞）都遵守一個能主動發出買進與賣出訊號且以既定規則為基礎的系統化流程，否則你一定很難逼迫自己改變立場（因為此時若單憑基本面或直覺，你一定百般不願意改變立場）。

當然，任何長期策略都難免讓人陷入天人交戰，所以訣竅在於，找出一個能讓你安穩入睡且有較高機率能達成你長期財務理想的策略。

迷思二：必須等到情況好轉些再投資

二〇〇七年至二〇〇九年市場崩盤的那段期間，我聽到無數投資人表達諸如「我要等情況開始好轉再把資金投入市場」之類的想法。問題是，如果要等情況好一點再出手，等到市場終於恢復生機，你將失去絕大多數的利潤。

那是因為股票市場會在今天預先反映未來的事件。當然，市場不見得每次都能正確反映未來的狀況，但這並無法阻止投資人不斷嘗試預測未來的狀況。當情況從「好」變成「非常好」，市場的表現不見得會是最好的；事實上，當情況從「可怕至極」變成「不像先前那麼可怕」時，市場的表現反而是最好的。而且，真正重要的並不是情況改善的絕對水準，而在於情況是「好轉」或「惡化」。如果情況變得比較沒那麼糟糕，投資人就會將之視為一個正面的訊號，因為那代表股價除了上漲，沒有其他可能。

舉個例子，從一九五〇年起，平均失業率都超過六%；在失業率低於平均值的期間，標

表4.3　失業率與股票市場報酬率

失業率	標普五百指數年化報酬率	頻率
>9%	24.50%	8%
7%-9%	15.10%	22%
5%-7%	8.30%	47%
<5%	3.90%	24%

資料來源：聯準會

普五百指數的年度漲幅約六%，遠低於同一段期間平均一〇%的長期年報酬率；而在失業率高於平均值的期間，股票的年度績效表現反而竄升到一六%以上。股票市場令人遺憾的真相之一是：情況最糟時反而是最好的買進時機。

進一步解析這個關係：從表4.3可看出不同的失業率、對應的股票報酬率以及那些失業率出現的頻率。當情況看起來最糟糕時，反而是最好的投資時機。如果你等情況好轉再進場，通常行情早已展開多時。[3]

迷思三：只要掌握下一次的衰退時機，就可以抓住進場時機

一九二八年迄今，美國經濟平均每五年會陷入一次衰退，換言之，經濟陷入衰退的機率是二〇%。以經濟衰退之間的間隔來

表4.4 一九二九年以來美國經濟衰退

經濟衰退	GDP縮減幅度
1929年8月-1933年3月	-26.7%
1937年5月-1938年6月	-18.2%
1945年2月-1945年10月	-12.7%
1948年11月-1949年10月	-1.7%
1953年7月-1954年5月	-2.6%
1957年8月-1958年4月	-3.7%
1960年4月-1961年2月	-1.6%
1969年12月-1970年11月	-0.6%
1973年11月-1975年3月	-3.2%
1980年1月-1980年7月	-2.2%
1981年7月-1982年11月	-2.7%
1990年7月-1991年3月	-1.4%
2001年3月-2001年11月	-0.3%
2007年12月-2009年6月	-4.3%

資料來源：美國全國經濟研究局（National Bureau of Economic Research）

說，最長的間隔是十年，也就是一九九一年至二〇〇一年。經濟衰退可能帶來痛苦，但不知怎地，每當經濟強勁復甦，世人就會忘記「潮起潮落」乃商業週期運作下的正常結果。表4.4是美國的經濟衰退常態。

股票市場和經濟一樣有週期性，所以多數人可能會假設，股票市場表現最糟糕的時期，應該和GDP成長縮減的時期重疊。如果事情這麼容易就好，根據傑

表4.5　在經濟沒有陷入衰退的情況下，股票下跌一〇%以上的案例

1946年-1947年	-23.2%
1961年-1962年	-27.1%
1966年	-22.3%
1967年-1968年	-12.5%
1971年	-16.1%
1978年	-12.8%
1983年-1984年	-15.6%
1987年	-35.1%
1997年	-13.3%
1998年	-19.3%
2002年	-31.5%
2010年	-13.6%
2011年	-16.8%

資料來源：《長線獲利之道：散戶投資正典》(*Stocks for the Long Run*)

瑞米・席爾格（Jeremy Siegel）教授的分析，從第二次世界大戰起，道瓊工業平均指數（Dow Jones Industrial Average）在經濟未衰退的情況下，下跌至少一〇%的狀況共發生了十三次（見表4.5）。那代表股票市場在經濟沒有陷入衰退的情況下，平均每五年左右會出現一次下跌一〇%的行情。[4]

股票市場和經濟體系的週期鮮少同步，經濟成長幾乎無法告訴我們股票市場接下來將有什麼表現。以一年的期間來說，GDP成長和股票市場報酬之間幾乎沒有任何關係可言（相關性（correlation）為〇．〇一，這代表這兩組數據之間沒有關係，而一．〇代表兩組數據之間的波動完全相關）。即使觀察十年期間，這兩者之間的關係也不密切（相關性僅〇．〇五）。[5]所以，請不厭其煩地隨時提醒自己：股票市場不是經濟體系，股票市場不是經濟體系……。

迷思四：歷史股價有精確的市場週期模式

知名的價值型投資人約翰．坦伯頓（John Templeton）曾說：「投資人喜歡說『這次不一樣』，但其實這一次的狀況幾乎都是先前狀況的重演，所以『這次不一樣』堪稱投資史上代價最高的五個字。」[6]很多投資人基於他的說法而認定只要能解析市場過往表現的本質，就能歸納出可在未來使用的完美成功公式。但這種思維是有問題的，因為過去的每個週期絕對都是獨一無二，所以我們無法以某個週期來推估其他週期的情況。讓我們看看表4.6，表上詳列了每個十年期間內的各種市場與經濟數據點。

你可以嘗試在這些數字當中尋找模式型態，不過你會發現，這些數字沒有規律可言，不

表4.6　每個週期都是獨一無二的

	平均股息收益率	盈餘成長率	名目GDP成長率	通貨膨脹率	平均十年期公債殖利率	股票報酬率	債券報酬率
1930年代	5.5%	-5.7%	-1.4%	-2.1%	2.9%	-0.9%	4.0%
1940年代	5.7%	9.9%	11.2%	5.6%	2.3%	8.5%	2.5%
1950年代	4.9%	3.9%	6.3%	2.0%	3.0%	19.5%	0.8%
1960年代	3.2%	5.5%	6.6%	2.3%	4.7%	7.7%	2.4%
1970年代	4.0%	9.9%	9.7%	7.1%	7.5%	5.9%	5.4%
1980年代	4.2%	4.4%	8.3%	5.5%	10.6%	17.3%	12.0%
1990年代	2.4%	7.7%	5.6%	3.0%	6.7%	18.1%	7.4%
2000年代	1.8%	0.6%	3.9%	2.6%	4.5%	-1.0%	6.3%
2010年代	2.0%	17.2%	2.1%	2.1%	2.5%	15.7%	4.2%

資料來源：羅伯・席勒（Robert Shiller）

可能以某十年的狀況來推估下一個十年的狀況。沒有一個指標或變數能讓投資人擁有任何優勢。市場上唯一不變的事是：市場是週期性的。沒有任何事物會永遠朝同一個方向前進。

誠如橡樹資本公司（Oaktree）的霍華德・馬克斯形容的：「每次一段上漲或下跌行情延續很久和／或達到極端時，世人就會開始說『這次不一樣』，他們以地緣政治、機構、技術或行為的變化已使『舊規則』失效為由，來證明為何『這次不一樣』。他們根據最近的趨勢來推斷未來，並據此制訂投資決策。但最後的事實都證明，舊規則一樣適用，週期又重新展開。到最後，樹不會長到天上去，也很少事情會歸零（譯注：股票不會漲到天上去，也不會跌到零）。相對地，到最後大家才發現，多數現象都將周而復始地再次重演。」[7]

話雖如此，馬克斯和坦伯頓的意思並不是要我們尋找能預測未來市場走勢的可靠指標，在這個等式當中，永遠不變的其實是人性。誠如傑西・李佛摩（Jesse Livermore）在一個多世紀前說過的：「我很早就學會的另一個教誨是，華爾街上沒有新鮮事。華爾街上不可能有新鮮事，因為投機行為如同天地一般早已存在已久。股票市場今天發生的所有事，以前都發生過，未來也將會發生。」[8]所以說，世人永遠也逃脫不了恐懼與貪婪的陷阱。

雖然週期是必然的，但試圖完美掌握這些週期的時機，則有相當高的難度，雖然從人性的觀點來說，「這一次永遠也不會不同」，但就市場的結構來說，「這一次**絕對**會不同」。產業會發生變化，市場上的資訊愈來愈多，投資人也愈來愈聰明看待歷史上的異常現象；當你自認為已發現足以幫助你完美掌握買進與賣出時機的祕密指標時，這個指標馬上又會失去效用。

表4.7　股票與債券在同一年度雙雙出現正年度報酬

十年期間	雙雙出現正報酬的或然率
1930年度	40%
1940年度	70%
1950年度	30%
1960年度	60%
1970年度	70%
1980年度	70%
1990年度	70%
2000年度	50%
2010年度	75%
1930年-2013年	57%

迷思五：股票與債券永遠朝不同方向發展

由於股票和債券分別位於風險光譜上的兩個極端，所以很多投資人遂假設股票和債券永遠朝不同方向發展。意思就是，當股票表現良好，債券的表現應該就會很差，反之亦然。常見的論述是，在同一段期間，股票和債券不可能同時呈現正向的表現。理論上來說，這很有道理，但從股票和債券的長期報酬皆為正數的事實，便可見實際上並非如此。事實上，以一年為單位來看，從一九三〇年代起，標普五百指數和十年期國庫債券有六〇%的時間在同一年內雙雙創造正報酬（見表4.7）。

圖4.1　股票與債券的三年滾動相關性（rolling correlation）

股票與債券之間的關係絕非一成不變，金融市場上的其他所有事物也一樣。以很長的時間範圍來說，這兩個資產類別之間的相關性幾乎接近零（這是門外漢的說法），意思就是，這兩者的價格走勢之間並不存在正面或負面的關係。雖然在多數時間裡，這兩者會雙雙出現正向報酬，但那並不代表它們會亦步亦趨地波動，因為即使這個相關性都會隨著時間而改變。從圖4.1便清楚可見這兩種資產類別之間的相關性一直不斷變化。有時候同步向上發展，有時候則朝不同方向發展，但多數時間並沒有明顯可見的模式型態可言。

只有在下跌的年度，才能享受到同時持有股票與債券的分散投資利益，回溯到一九二八年，這兩者在同一曆年的年底收盤價同步下跌的年度只有三個：一九三一年、一九四一年與一九六九年。

迷思六：在危機時刻，必須使用花俏的黑天鵝避險策略

二〇〇七年至二〇〇九年股票市場崩盤後，投資人亟欲尋找以下問題的答案：我要如何保護自己不受未來崩盤走勢傷害？若要達到自我保護的目的，我需要投資什麼種類的基金？一如往常，華爾街人士極端樂意以一大堆複雜的策略來滿足投資人的這些需求，包括空頭市場基金、兩倍甚至三倍槓桿的反向ＥＴＦ、市場中性基金（market neutral fund）、多空雙向基金，以及大量其他承諾讓投資人不受下跌走勢傷害的基金結構。喔，順帶一提，這些服務的手續費都非常高，因為華爾街人士宣稱將以二〇〇八年理當有效的投資策略，為投資人打最後一仗。

記住，奧坎的剃刀法則主張，雖然事實可能會證明較複雜的策略是正確的，但由於我們對未來絲毫沒有把握，所以最簡單的解決方案反而通常能找到最好的答案。當然，多數投資

表4.8　股票下跌時的年度績效

年度	股票	債券	年度	股票	債券
1929	-8.3%	4.2%	1962	-8.8 %	5.7%
1930	-25.1%	4.5%	1966	-10.0%	3.0%
1931	-43.8%	-2.6%	1969	-8.2%	-5.0%
1932	-8.6%	8.8%	1973	-14.3%	3.7%
1934	-1.2%	8.0%	1974	-25.9%	1.9%
1937	-35.3%	1.4%	1977	-7.0%	1.3%
1939	-1.1%	4.4%	1981	-4.7%	8.2%
1940	-10.7%	5.4%	1990	-3.1%	6.2%
1941	-12.8%	-2.0%	2000	-9.0%	16.7%
1946	-8.4%	3.1%	2001	-11.9%	5.6%
1953	-1.2%	4.1%	2002	-22.0%	12.1%
1957	-10.5%	6.8%	2008	-36.6%	20.1%

資料來源：阿斯瓦思·達摩德仁

人不太了解這個道理，所以，我們要引用漫長的歷史來證明它。回溯到一九二八年，以一年為單位來計算，標普五百指數有二十四次是下跌的，換言之，大約每四年，該指數就有一年是下跌的，平均跌幅接近一四%。表4.8列出了這些下跌年度的跌幅，以及優質債券在這些年度的對應報酬率。

在股票下跌的二十四個年度中，債券有二十一年是上漲的，且其績效平均比股票高一九%。當經濟或地緣政治危機來襲，並致使股票市場重挫，投資人就會受安全的債券吸引，因為債券能在市場風暴時期提供屏蔽作用。

在風暴來襲的這些期間，債券從兩個方面扮演支持系統。首先，債券可充當現金準備，讓投資人得以在股票跌到跳樓拍賣價時進場承接股票。若想藉由較低的價格來獲取利益，唯一的管道就是要有現金可以買進股票。這些現金有時來自原本為因應未來狀況而存的錢，有時來自先前配置到債券（或現金）的資金，或這兩者的某種組合。對於需要動用投資組合資金來因應支出目的的人來說，債券也扮演流動性的角色。你絕對不會希望在股票下跌後成為一個被迫賣股求現的投資人。

第二，債券可作為一種情緒避險工具。在絕大多數時間，債券比股票穩定，而且在債券下跌的年度，股票市場也可能表現不佳。對於不願意或無法好好處理每隔一段時間就大幅上升的股市波動性的投資人來說，固定收益證券可扮演一種情緒支持系統。如果債券能提供那樣一個心理屏障，讓投資人不至於因股票配置比重過高而在錯誤的時間犯下大錯，那債券就已發揮它們應有的功能了。

表4.9　一八七一至二〇一二年間，股票表現優於債券的時間的百分比

時間範圍	股票勝出百分比
一年	61.3%
五年	69.0%
十年	78.2%
二十年	95.8%
三十年	99.3%

資料來源：《長線獲利之道：散戶投資正典》

迷思七之一：股票的風險比債券高

雖然債券能在危機時刻與股票大跌的情況下提供保險，但並不盡然代表股票的風險一定比債券高。我們透過第三章了解到，風險是一個難以定義的概念。對投資時程有所差異的不同投資人來說，風險代表不同的事物。雖然股票市場崩盤幅度有可能遠比債券市場虧損嚴重，但時間愈久，隨著歷史投資時程拉長，債券吸引力勝過股票的程度就會逐漸降低（見表4.9）。

若清點一九二八年以後每三十年間的股票與債券年度報酬率，就可發現債券報酬率的標準差（即變異性）其實比股票高，股票報酬率的標準差是一．四%，而債券為二．七%。這代表根據歷史平均值，債券在每三十年間的年度報酬率變異性比股票大。所以，雖然短期內的股票報酬率變異性高很多，但長期來說，債券報酬率的變異性其實更高。

迷思七之二：債券的風險比股票高

反過來看，歷史數據當中總是存在很多和離群事件有關的數據。以美國股票市場來說，有三個二十年期間的扣除通貨膨脹後報酬率為零，分別是一九〇〇年至一九二〇年、一九二九年至一九四九年，以及一九六四年至一九八四年。[9]所以，有關市場上的各種統計關係，最重要的關鍵詞是「**多數時間**」。所有影響都不可能永久，股票在多數時間的績效領先債券，但就較短的時間範圍來說，實際的市場報酬通常和長期平均值相去甚遠。如果市場一成不變，就沒有風險可言，而如果沒有風險，我們就無法藉由股票市場長期投資來獲取風險溢酬。

從一八〇二年至二〇一〇年間，以每十年為單位觀察，股票表現優於長期政府債券的時間佔了七一%。如果以二十年的時間範圍為單位，這個數字更竄升到八三%。這些數字代表著令人印象深刻的機率，不過我們也可從中體察到，股票的表現不是百分之百強於債券。這些數據雖然回溯到非常久以前的歷史，卻足以令人體悟到市場的週期性有多麼明顯。一八五七年至一九二九年，股票處於多頭市場，所以股票的績效遠遠超過長期債券。但一九二九年起一直到一九四九年（期間發生大蕭條），債券的表現超過股票。不過，一九五〇年至一九九九年間，這個關係再度扭轉，股票再度成為贏家，這樣的情況一直延續到二〇〇〇年科技泡沫破滅後才改變；從那時至二〇一〇年，債券的表現再度超越股票。[10]從一九二九年至一九五〇年，原本乏善可陳的五年期國庫債券的績效領先標普五百指數，而在一九六八年至一九八〇年間，這個情況再度發生。[11]

儘管這麼說，我的重點並不是要假設債券的績效總有一天會領先股票，也不是要假設你有能力預測那個狀況將在何時發生。我的重點是要說明，市場終究有可能會陷入令人極端痛苦的週期，最終導致投資人開始質疑自己長久堅持並視為真理的每個信念，總之，這些期間所發生的一切會促使投資人自我反省。「市場大神」們總喜歡用一些和投資人原有信念相互矛盾的數據來誘惑投資人。所以請切記，長期平均報酬率數字充其量只是一些平均值，短期或中期內一定會發生很多偏離平均值的情況。隨時做好接受震撼教育的心理準備，因為在漫長人生當中，一定會發生很多情境導致你可能會對自己長久以來堅持的市場信念產生質疑。

不過，也請記得，如果沒有偶爾的雨天，股票市場永遠也不會出現彩虹。這是個令人感到遺憾但必要的先決條件。談到艱難的市場環境……

迷思八：二〇〇〇年代是股市失落的十年

前有科技泡沫幻滅、後有經濟大衰退的二〇〇〇年代，可說是美國股票市場最糟糕的十年。在短短十年內，標普五百指數有兩度被腰斬。在二〇〇〇年至二〇〇九年這恐怖的十年期間，標普五百指數的總報酬率為負九．一%，那代表在二〇〇〇年代，投資人平均每年虧損大約一．〇%的資金。若在二〇〇〇年一月一日投資一萬美元，到二〇〇九年十二月三十一日只剩下九千零八十五美元。而那還是扣除通貨膨脹、稅金或手續費前的報酬率。也因如此，很多人把這段期間稱為股票的失落十年。

不過，二〇〇〇年代標普五百指數表現那麼糟糕是有原因的——因為二〇〇〇年代前那二十年間，美國股票享受了前所未見的大多頭走勢。從一九八〇年至一九九九年，標普五百

表4.10　股票的失落十年？＊

資產類別	總報酬	年度報酬
標普五百指數	-9.1%	-1.0%
新興市場	162.0%	10.1%
小型價值型股票	158.6%	10.0%
中型股	84.2%	6.3%
房地產投資信託	169.0%	10.4%
等權重加權投資組合	112.9%	7.2%

＊二〇〇〇年至 二〇〇九年。

指數上漲超過二五〇〇%，換算下來每年約上漲一八%。你沒看錯，這段期間的平均報酬率，比以二十年為單位的長期平均報酬率高一倍。以這樣的投資報酬率來說，如果在一九八〇年年初投資一萬美元，到一九九九年，這筆錢就會增值到二十六萬美元。

而我們都知道，高峰的反面就是谷底。但即使標普五百成分股佔全球股票市場的百分比相當高，世界各地還是有很多其他股票可供投資人購買。事實上，二〇〇〇年代的確是標普五百指數的失落十年，不過，小型股、價值型股票、中型股、房地產投資信託與新興市場等的表現，都大幅領先標普五百指數，而且都在這個所謂的失落十年間創造了正向的報酬。從表4.10便可見到分散投資的真正力量。如果你把所有雞蛋都放在同一個籃子，也就是美國大型股，那十年的績效絕對很慘。但如果你把資金分散投資到各種不同的次資產類別和地理區域，你的績效應該會非常好。

若單純採用表4.10那五項資產的等權重加權投資組合，投資人每年就能賺進七·二%的報酬，如果考量到那十年間標普五百指數績效不彰所造成的拖累效果，一年七·二%的報酬其實不算差。我們將在第七章更深入討論分散投資和資產配置，無論如何，從這些數字便可看出分散投資（不要只是投資單一資產類別）的好處。

迷思九：股市創新高意味著接下來就會崩盤

標普五百指數在二〇〇〇年年初創下歷史新高價，但又在接下來兩年左右崩跌超過五〇%；二〇〇七年年底，這項指數再度創下歷史新高價，但不久後又重挫五〇%以上。回顧這十年的狀況，很多投資人自然會假設股市「歷史新高」和「崩盤風險」之間存在明顯的關係，因為表面上來看，每次市場衝到歷史新高價，接著就會下跌一半。

希望市場上的一切都能這麼理所當然。當股票達到歷史新高價，它當然可能會下跌，但歷史新高價不盡然是引爆下跌走勢的導因。從一九五〇年起，標普五百指數共創下一千一百

十年期間	創新高的天數
2000年代	13
1990年代	306
1980年代	192
1970年代	35
1960年代	205
1950年代	288

個新高價，換言之，指數創下新高價的天數佔所有交易日的七%，亦即每十五個交易日就大約有一個交易日是創新高價的。若以十年為單位，標普五百指數達到新高水準的天數如上表所示。

從中可見，其中幾個十年期間的創新高天數特別少。從一九七三年年初到一九八〇年年底，這項指數幾乎花了八年才終於抵達一個歷史新高價。而從二〇〇〇年三月至二〇〇七年五月，它又花了另外七年才再創下歷史新高。後來，它又花了五年半才回到二〇〇七年創下的歷史新高價，這次是在二〇一三年年初。

考量到股票每四年當中就有三年是上漲的，上述理由的確合情合理。股票在多數時間是上漲的，所以自然會規律地出現歷史新高價。當然，股票抵達歷史新高價後，不盡然會繼續上漲，但也不代表股價會像投資人的制約想法那樣，在創新高價後立刻崩盤。新高價不盡然是一個賣出訊號，也不盡然是買進訊號；即使歷史新高價出現後偶爾會爆發崩盤走勢，但說穿了，新高價只是多頭市場的一環，無需過度解讀。

迷思十：得到投資的收益就代表這項投資很安全

安納里資本管理公司（Annaly Capital Management，代號NLY）是一家房屋抵押貸款房地產投資信託公司，它持有很多房地產，並將絕大多數的盈餘（大約九〇％）以股利的形式配發給股東，這麼做是為了取得房地產投資信託的特殊稅賦優惠。二〇一〇年年底，它的股價是一七．九二美元，換算股息收益率高達一五．四％。當然，這樣的收益率自然非常吸引追求收益與較高報酬的投資人。

二〇一一年時，NLY發放了高達二．四四美元的股利，那一年年底的股票收盤價為一五．九六美元。以二〇一〇年年底的股價來計算，這筆股利讓投資人賺了一三．六％的報酬，表面上聽起來似乎很不錯。唯一的問題是，投資人在股價方面的虧損為一〇．九％。換言之，若計算總報酬，投資人實際上只賺二．七％。

隔年，以年初的股價計算，它的股息收益率大致上和前一年差不多，約為一五・三%。二〇一二年實際發放的股利是二・一七美元，而那一年年底的股價是一四・〇四美元，換算下來，當年度的總報酬僅一・六%（含一三・六%的股息收益以及股價下跌一二%的影響）。若以標普五百指數那一年的一六%漲幅來說，這家公司的報酬率實在不怎麼樣。

到了二〇一三年，以年初的股價及過去的股息發放金額計算，它的股息收益率還是很誘人，為一五・五%。不過，利率上升導致該公司的股利發放金額大幅降低至一・六五美元，換算股票資本報酬率僅一一・八%，不僅如此，那一年股價還重挫，到二〇一三年年底，股價跌到九・九七美元，跌幅高達二九・〇%，所以，總報酬率為負一七・二%。

由此可見總報酬率的重要性，只看收益有見樹不見林之嫌。在上述三年間，儘管以該公司每年年初股價計算的股息收益率都超過一五%，但投資人持有這一檔股票的總報酬率卻是負一三・七%，而且股息發放金額還減少超過三〇%。很多人一看到一五%的股息報酬率，就不假思索地認定這是個不可多得的投資機會，換言之，高股利會讓投資人誤認為它幾乎沒有風險。股息收益率讓投資人有安全感，因為股利是有形的。但「高報酬勢必來自高風險」是個不變的道理，收益率愈高，代表絕對風險愈高。你可以選擇持有較低收益率的優質投資

表4.11　收益型投資標的在市場崩盤期間的表現（二〇〇七年十月至二〇〇九年二月）

資產	損益
優質債券	6.8%
垃圾債券	-32.8%
公司債	-5.6%
發放股息的股票	-47.0%
優先股	-53.7%
房地產投資信託	-64.1%

資料來源：雅虎財經網

標的，換取短期的安全性，也可以持有較高收益率的較高風險投資標的，但這麼一來，就必須犧牲本金的短期安全性。

金融危機是闡述投資人誤把股息收益率當成安全性指標的好例子。市面上有琳瑯滿目的收益型資產可供投資人選擇——優質債券、公司債、房地產投資信託、發放股息的股票、垃圾債券或優先股。從表4.11可見到這些收益型資產在市場崩盤期間的表現。

由上表明顯可見，優質公債以外的收益型資產牽涉到極大的風險。你願意接受多高的風險，取決於你的風險承受度、投資時程，以及你在市場修正或崩潰狀況下能忍受多大的心理痛楚而定。把資金配置到較高風險的固定收益型投資標的並沒有什麼不對，只不過，一定要先搞懂相關的風險。某些人可能會覺得不值得為了多獲得一點報酬而承擔額外風險，但某些人則願意為了較高的潛在報酬而承擔較高風險。投資人一定要有自知之明，才能明智地選出適合納入自身投資組合的資產。

迷思十一：原物料商品是優質的長期投資標的

想知道什麼方法最有助於搞懂理財顧問的資產配置模型的門道嗎？只要看最近這段期間表現最強勁的資產就好。最貼切的例子是二〇〇〇年代中期的原物料商品超級循環，這個超級循環促使很多投資人開始考慮在資產配置計畫中納入原物料商品。

在二〇〇一年至二〇〇七年間，最分散投資的原物料商品組合的投資價值增長了一倍，貴金屬股票——也就是開採這些原物料商品以供各種用途使用的企業——上漲了六一五％，極為驚人。

眼見報酬率如此誘人，遂有大量資金流入原物料商品相關的基金，華爾街當然也非常樂於滿足貪得無厭的投資人。遺憾的是，金融危機與後續的低通膨環境對原物料商品投資人形成一個史無前例的艱難環境，先鋒貴金屬基金（Vanguard Precious Metals Fund）二〇〇八年一年的跌幅就高達五六%。在二〇〇九年與二〇一〇年反彈後，它又一路下跌直到二〇一四年，累積跌幅達六三%。

心臟不夠強的人實在不適合買這類股票。先鋒貴金屬基金在一九八五年成立後，每年的績效大約是五．六%，是同時期標普五百指數報酬率的一半左右。不僅如此，原物料商品投資人還得應付加倍的波動性。在投資組合裡持有這種高波動性的股票，或許能產生某種分散投資的利益，不過如果沒有較高的報酬率作為補償，很多投資人不可能有耐力忍受那樣的波動性。

那麼，你或許會問，投資實體原物料商品會不會好一點？實體原物料商品的績效比貴金屬股票糟很多。從一九九一年至二〇一四年，一檔分散配置的原物料商品指數的報酬率只比現金（國庫票據）稍微好一點，但風險卻比現金高很多。[12]

除非通貨膨脹率回到一九七〇年代那種極高的水準，否則原物料商品不值得納入一個分散投資的投資組合，除非你有能力應付宛如讓人粉身碎骨的波動性，且願意接受比股市低的報酬率。一般來說，原物料商品比較適合作為短期操作者的工具，不適合長期投資人。

迷思十二：住宅是優質的長期投資標的

凱斯─席勒指數（Case-Shiller Index）顯示，從一九三〇年到二〇一三年間，美國住宅每年的報酬率為三．八％，僅略高於同時期的通貨膨脹率三．五％。這意味若扣除通貨膨脹，住宅的報酬率僅稍稍讓投資人達到損益兩平。而且，這還沒扣除附屬的成本——稅金、維修、房貸利息、保險、交易成本、房地產仲介費用等。如果把這些成本列入考慮，平均來說，能達到損益兩平的人就已算相當幸運了。[13]

另外，就算是從一九九〇年代初期住宅價格開始上漲（當時經濟正從一次溫和衰退中復原）之際起算，到二〇一三年年底為止，凱斯─席勒指數每年也只上漲三．二％。但房地產投資信託——即能藉由不同地區與不同類型房地產（公寓、辦公大樓及購物中心等）來分散投資的商用不動產證券——那段期間的年度報酬率倒是達到一〇％以上。

你可能會想，由於房價通常傾向於上漲，所以住宅是值得持有的投資標的。不過，羅伯．席勒（凱斯─席勒指數就是以他的姓來命名）解釋，情況絕非如此：

關於住宅所有權，以下是一個殘忍的事實：長期來說，住宅的實質增值幅度很難和股票市場相提並論。那是因為股票交易所掛牌交易企業將它們的多數盈餘保留下來繼續發展公司的業務，在這種情況下，企業應該會成長，而它的實質股價也將隨著時間而持續上漲，除非企業本身做的決策非常拙劣，的確有某些企業如此。

相反地，除非擁有住宅的家庭願意拿出一些資金與部分所得來進行房屋維護與改良工程，否則實質房價會隨著時間下跌，因為房子會逐漸變得破舊與退流行。14

當然，長期來說，如果買進的時機、地點正確，大城市、水岸與熱門學區住宅的價值確實比較不會折損。不過，對一般人來說，住宅可能堪稱一輩子最大型的購入資產，購買房地產所需舉借的債務金額非常龐大，而且一旦買了房子，你的經濟活動就會被限制在你居住或工作的區域。如果你打算只靠房子來支應退休資金需求，風險可能非常大，何況除非舉借房屋抵押貸款，否則根本不能動用房子來支應平日的支出。

當然，我並不是主張由於房子的報酬率低於其他標的的平均報酬率，所以不應該買房子。相反地，我認為房子能提供心靈層面的收益——你可以選擇要住在什麼區域、學區，並以你用以安身立命的自有住宅產權為傲。不過，與其把房子當成一種用來創造儲蓄之複利效益的投資標的，把它視為一種逼迫你累積產權的資產會更好一點。平均來說，如果考量所有成本和潛在風險（把全部淨資產投入單一槓桿型資產的風險），你的主要住所不可能為你賺很多錢。你可以在房子裡累積財富，但若假設一輩子只要投資這一項資產就好，那就太過冒險了。

迷思十三：投資股市就像在賭場賭博

「股票市場被有心人不當操縱，買賣股票就像在賭場賭博。與其投入股市，我寧可買樂透彩券」，這是二〇〇七年至二〇〇九年市場崩盤後，很多人對股票投資的感覺。但事實上，操縱我們的其實是我們自己的情緒，不是市場。雖然對很多人來說，「大衰退」是一段極端痛苦的時期，一般人無論是經濟或財務狀況，皆受到極大傷害，但身為投資人的你本來就該做好面對這種時期的心理準備，因為人的一生當中勢必會遭遇幾次令人坐立不安且因此疲於奔命的市場狀況。哈利・杜魯門（Harry Truman）總統曾說：「世界上唯一的新鮮事是你不知道的歷史。」只要用「金融圈」來取代這句話裡的「世界」兩字，就可以解釋絕大多數股市投資人在恐慌期間的常見反應。所以，如果你了解自己過去的理財歷史，你不僅會知道如何在市場下跌階段保持冷靜，也能看清市場難以擺脫其週期性的事實。的確，股票市場有時會大幅起落，但整體趨勢還是偏向上漲。無論如何，二〇〇八年的經驗至少讓投資人學會一件事：不要過於高估自己的風險承受度。

身為一個投資人，絕對不要對市場的波動幅度感到訝異。市場的上漲與下跌的原因總是不同，但千萬不要被獲利與虧損的幅度嚇得不知所措。原因很簡單，股票市場受人控制，而市場上的投資人有時會在同一時間集體做出不理性的決策。多頭與空頭市場引發的感覺鮮少改變，包括：緊張、激動、害怕、高興、陶醉、迷惑、為難、沮喪、氣憤、嫉妒、歡喜，以及不可少的恐懼和貪婪。

多數投資書籍會列示非常長期的股票市場線圖，以證明股票投資的**極**長期報酬率非常好，不是賭場，例如圖4.2那樣的線圖。這張線圖透露了人類過去約莫一百年的別出心裁與創新力量。我們無法從中揣摩到股票未來的走向，但這張線圖確實讓我們見到市場過去的表

圖4.2　一九〇〇至二〇一四年的標普五百指數

現。我們也無法從這張線圖體會到稅金、手續費或交易活動等狀況，所以像這樣的線圖當作參考就好。若要證明股票市場不是賭場，我一向比較喜歡用圖4.3來作佐證，從這張圖可看出標普五百指數成分股的股利成長。股利代表企業實際發放給股東的現金，那是實實在在進入股東口袋的錢。賭場不會發股利，實際收到的現金股利則假不了。事實上，股利的增減起伏鮮少像股市那麼大，若以調整過通貨膨脹的標普指數來看，從一九二九年九月到一九三二年六月，股票市場下跌八一％；不過，在那段期間，調整通貨膨脹的股利只減少一一％。而當市場從一九七三年一月至一九七四年十二月間下跌五四％，實質股利也只減少六％。[15]

股票市場的長期上漲趨勢，完全由組成市場的企

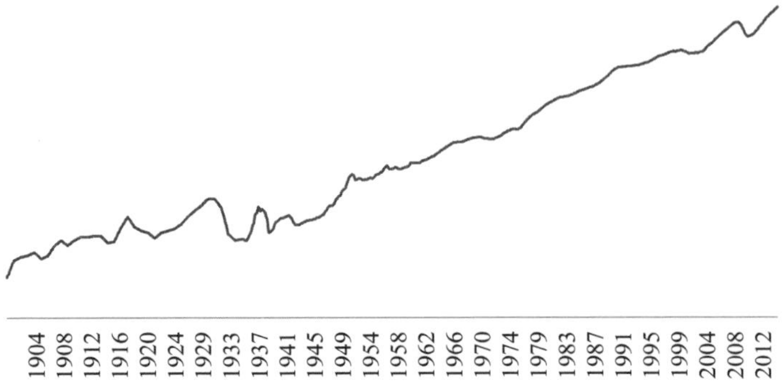

圖4.3　一九〇〇至二〇一四年的標普五百指數成分股股利

業的長期股利增加與盈餘成長所貢獻。不過，投資人為取得那些盈餘和股利而願意付出的代價，則隨著時間而不斷改變。股市的很多起伏和投機心態有關，而其中多數起伏更和投資人老是喜歡「以最近的狀況推估未來」有關。那並不代表情勢絕對不利於散戶投資人，而只對無法控制自身情緒的人不利。

重點摘要

- 歷史數據充斥各種需小心留意又違反直覺的結果，何況短期至中期來說，這些問題沒有簡單的答案。但長期來說，市場就比較有一貫性，不過要在短期的本能接管一切之際繼續堅持長期投資的步調，需要非常大的耐心和紀律。

- 長期平均市場績效是由很多不同期間的績效所組成，說穿了只是一個平均值。一定要做好接受每一期成果不均匀、可能歷經長期的沮喪、高波動性與偶爾崩盤等的心理準備。
- 在定義與管理風險時，參考金融市場歷史或許會有幫助，但它永遠也無法告訴你如何在完美的時機採取完美的行動。

附註

1. 史上第一檔指數型基金直到一九七六年才成立，以上所述只是為了達到闡述的目的。我們無法用過去的績效來推估未來的狀況，我也不建議任何人藉由這種觀察市場頭部的方式來制訂投資決策。
2. PBS Frontline, "Betting on the Market: Peter Lynch," *Frontline*, www.pbs.org/wgbh/pages/frontline/shows/betting/pros/lynch.html.
3. Ben Carlson, "How the Unemployment Rate Affects the Stock Market," *A Wealth of Common Sense*, http://awealthofcommonsense.com /unemployment-rate-stock-performance/.
4. Jeremy Siegel, *Stocks for the Long Run: The Definitive Guide to Financial Market Returns & Long-Term Investment Strategies*, 5th ed. (New York: McGrawHill, 2013).

5. Morgan Housel, "Growing Economy Doesn't Guarantee Stock Gains,"*Wall Street Journal*, November 7, 2014, http://online.wsj.com/articles/a-growing-economy-doesnt-guarantee-stocks-will-rise-1415372093.
6. John Templeton, "16 Rules for Investment Success," Franklin Templeton Investments, 1993.
7. Howard Marks, *The Most Important Thing* (New York: Columbia Business School Publishing, 2011).
8. Edwin Lefevre, *Reminiscences of a Stock Operator* (Hoboken, NJ: John Wiley & Sons, 2010).
9. William Bernstein, *The Four Pillars of Investing: Lessons for Building a Winning Portfolio* (New York: McGraw-Hill, 2010).
10. Rob Arnott, "The Biggest Urban Legend in Finance," *Research Affiliates*, March 2011, www.researchaffiliates.com/Our%20Ideas/Insights/Fundamentals/Pages/F_2011_March_The_Biggest_Urban_Legend .aspx.
11. Rick Ferri, "Expect Years of Pain Before Market Gains," RickFerri.com, November 28, 2011, www.rickferri.com/blog/markets/expect-years-of-pain-before-market-gain/.
12. Ben Carlson, "Are Commodities for Trading or Investing?" *A Wealth of Common Sense* (blog), August 12, 2014, http://awealthofcommonsense.com/commodities-trading-investing/.
13. Robert J. Shiller, *Irrational Exuberance* (Princeton, NJ: Princeton University Press, 2000).
14. Robert Shiller online data, available at www.econ.yale.edu/～shiller/ data.htm.

15. Robert Shiller, "Why Home Prices Change (or Don't)," *New York Times*, April 13, 2013, www.nytimes.com/2013/04/14/business/why-home-prices-change-or-dont.html.

第五章
找出你自己的投資哲學

投資哲學和個人性情有關，與才智無關。事實上，良好的性情絕對比高智商更重要。

——麥可・莫伯辛（Michael Mauboussin）

二〇〇八年十二月，當整個金融圈因銀行體系幾近崩潰以及雷曼兄弟（Lehman Brothers）破產而遭受嚴重破壞之際，發生了另一個衝擊投資大眾集體信賴感的事件。伯尼・馬多夫（Bernie Madoff）多年來以謊言及詐術掩蓋的龐氏騙局（Ponzi scheme，馬多夫的龐氏騙局堪稱史上最大的龐氏騙局，他向客戶捏造的承諾利益近六百五十億美元）終於曝光。

就在那個月，史帝芬・葛林斯潘（Stephen Greenspan）博士出版了《上當年史：為何我們容易受騙和如何避免輕易受騙》（*Annals of Gullibility: Why We Get Duped and How to Avoid It*）一書，這本書聚焦在人類的反應能力或缺乏反應能力。葛林斯潘長期專注於人類容易上當以及愚昧傾向的研究。容易上當（gullibility）是指聰明反被聰明誤，且容易在詭計的引導下做一些與優質判斷背道而馳的事。不過，有一個事實卻很出乎我們的意料之外——葛林斯潘其實也投資了馬多夫的基金！以人類上當史為題而寫了一本專書的人，竟然也被馬多夫欺騙，投資了史上最大的龐氏騙局。葛林斯潘還立意良善地為《華爾街日報》寫了一篇專欄，解釋他為何會上當，同時和大眾分享他透過這次經驗學到的教誨：

以我個人的案例來說，投資萊伊基金〔Rye fund，一檔投資馬多夫的連結式基金（feeder fund）〕的行為，反映出我對理財的極度無知，以及我不願糾正那種無知的怠惰。為了逃避自己無知的事實，加上我一向怠於學習理財的作風，我遂產生一個「找個較懂理財事務的顧問幫忙，並全心信任他們的判斷與建議」的捷思（也就是心理捷徑）。以我的確曾靠著這個捷思達到目的，所以我實在沒有理由懷疑這個方法這次會不管用。

我強烈且堅定地相信這種做法是明智的，甚至有一次，一個友人從科羅拉多回來，對我的這項投資表達懷疑（他是理財敏感度非常高的人）的態度，並警告我要留意，那時我還把他的警告歸咎於他一向憤世嫉俗的性情。[1]

馬多夫騙局最吸引人之處是他從不對投資人承諾全壘打型的高報酬。在那十八年間，馬多夫宣稱他為投資人創造了一〇．六％的年度報酬率，這個數字和股市的歷史報酬率相去不遠。不過，他的年化（annualize）波動性卻不到二．五％，遠低於股票市場或債券市場的實際波動性。[2]想想看，既然能找到這種報酬與波動性組合，投資人夫復何求？如果你能提供約當股票市場報酬率的投資標的，而它的風險概況又低於股票市場的風險，那投資它當然是穩贏不輸。投資人**想要**相信這是可能的，每個人都想要在不承擔風險的情況下賺取高報酬。當然，那些年裡也曾浮現很多警訊，投資人理當因此產生疑慮，負責對馬多夫的投資業務進行實質審查的人理當也要因此產生一些懷疑的。不過，其實光看績效和波動性數字，就應該要知道當中必有蹊蹺。

馬多夫一案凸顯出來的最大問題是，人類直覺上總是會輕易信任擁有權威地位的人。如果有人代替你做決策，每個人都寧可樂得輕鬆，就像駕駛人依賴自動輔助駕駛功能那樣。一個和醫生有關的笑話可貼切說明這個傾向：有一天，一個醫生下達指令，要護士對一個右耳感染的病患點耳藥水。醫生的手寫字向來以潦草著稱，更因喜歡用速記法而惡名昭彰。這個醫生也不例外，他沒有完整寫出「right ear」（右耳），只寫了「R ear」（譯注：英文rear有肛門之意）。值班護士接到醫師指示的藥方後，隨即把耳藥水點在病患的肛門。她明知道這名病患是因耳朵感染才來就診，所以把耳藥水點在他的肛門完全沒有道理可言，可是她從未質疑過醫師的指示，因為那是「醫師的指示」，而這個病患也對這個指示唯命是從。沒有人肯花心思去質疑這個被誤解的指示，一切只因為這個指示來自一個具有影響力的權威人物。[3]

一個未能深思適當投資哲學並根據適當哲學來進行投資活動的投資人，也可能把自己的血汗錢浪費在龐氏騙局，換言之，他們也可能把耳藥水點在肛門上，因為如果不先了解自己的投資哲學，落實任何投資組合策略都是沒用的。投資哲學是指一套能引導投資行動與制訂投資組合決策的原則，它代表一個投資人的核心信仰。

究竟是先有投資哲學再有投資組合，還是先有投資組合再有投資哲學？表面上看起來，這兩者似乎沒有太大差異。不過，事實上，一定要在開始落實投資組合策略前先決定投資哲學。聽媒體消息或聽別人建議的十大戰術清單等，當然比親自設定一組自己投資哲學的原則輕鬆得多，不過投資哲學遠比前者重要。投資哲學是投資計畫的基礎，只要有一個廣泛的哲學基礎，其他所有事項自然就會水到渠成。

首先，我們必須了解到，世界上沒有所謂的完美投資組合，沒有傻人也能懂的安全系統，也不會有什麼最佳資產配置，沒有一個風險承擔水準是絕對適當的，也沒有最佳的買賣時機。不要老是妄想在金融市場找到精確性，金融市場沒有那種穩定的關係，也沒有永遠可行的規則，完美的投資策略只存在於推銷的說詞。你的獨特處境與個人風格才是決定個人投資哲學的關鍵，而且適合每個人的風格都不盡相同。

投資哲學自然會衍生投資策略，而有了投資策略就能建構投資組合，但如果沒有一個能允許你依循這些步驟的既定流程，就算有投資組合也沒有用。如果不了解自己的投資哲學，你一定會在市場或投資組合出現第一個警告訊號時急著出場。市場修正或崩盤走勢是對投資哲學的真正淬鍊，在這種時刻，你會開始對自己的哲學產生懷疑，並漸漸產生改變整個流程的念頭和慾望。如果能將自己定義為投資人，就比較不會被這個問題纏身。

積極與被動管理的程度

很多投資人會試著定義自己適合積極或被動的投資哲學。積極型的基金試圖透過優異的選股或產業的選擇、不同的因子權重（factor weights，如承擔和市場指數不同的風險）或者推測買賣時機等打敗市場。相對地，一般認為被動型基金是複製某個市場且手續費較低的指數型基金和ETF。目前市面上有成百上千檔不同的指數型基金或ETF可選擇，而且投資人能輕易根據自己的意向買進和賣出這些商品，所以這樣的行為實在已稱不上被動投資。市場上有一個通用指數，所以從某些方面來說，很多這類基金都算積極型基金，因為這些基金和大盤很不相同。和市場不同並沒有什麼不對，不過了解個中的差異卻很重要。所謂「積極」與「被動」多半只是行銷用語。目前這兩種方法之間的界線已變得愈來愈模糊，未來隨著產業的演化與ETF持續瓜分市場佔有率（因為目前各式各樣的積極型共同基金的訂價過高且被過度吹捧），這條界線只會變得更模糊。

為了協助釐清這些令人昏頭轉向的概念，我將積極與被動投資標的分成以下五個等級。

一、**大盤指數型基金**。先鋒公司（或任何低成本指數型基金提供者）提供的典型三基金投資組合，是由全美股票市場指數型基金（Total U.S. Stock Market Index Fund）、國際整體股票市場指數型基金（Total International Stock Market Index Fund），以及全美債券市場指數型基金（Total U.S. Bond Market Index Fund）組成。這三檔基金分散投資到非常廣泛的領域，涵蓋各種產業、地理區域和企業的一萬八千檔證券。如果你有心盡量擴大自己的投資群，這幾檔基金應該能滿足你的多數需要。這些基金的成本極端低，而且能創造更廣泛的各種市場報酬，相較之下，投資人自行投資的績效有可能遠比單純投資這三檔基金差。當然，只要設法多承擔一點風險，就可能創造優於大盤基金的績效，但有更多作法會導致你的績效遠低於這些低成本選擇。

二、**次要資產類別指數型基金**。大盤當中也有一些中、小型股，所謂小型股是指市場價值低於二十億美元的股票，而中型股是指市場價值介於二十億美元至一百億美元的股票；另外，市場上還有非常多其他涵蓋不同資產類別、國家、地區、產業或證券結構的基金。你可以用很多方法將大盤切割成很多細項，並進而鎖定你想要投資的那部分。各個次要資產類別也分別有積極與被動型基金可供選擇。

三、**祕櫃指數型投資（closet indexing，譯注：一種投資組合策略，投資人付出主動型基金的費用，實際上卻買到近乎指數型投資的產品）**。這堪稱最糟糕的積極管理模式，祕櫃指數型投資商品的投資人績效勢必落後，雖然這些投資人的績效非常緊密地跟隨市場報酬波動，卻得支付遠比指數型基金高的手續費，這是一種雙輸的作法。在金融產業，職涯風險（career risk）非常致命，所以基金經理人為了保住自身飯碗，常選擇保守地貼近標竿的作法。誠如約翰・梅納德・凱因斯（John Maynard Keynes）曾說的：「世俗的智慧告訴我們，為了聲譽著想，與其因特立獨行而成功，不如因循常規而失敗。」這幾句話點出了祕櫃指數型基金經理人的心路歷程。我真心期待未來積極型ＥＴＦ領域的創新，能逐步淘汰這種類型的基金，不過那需要時間。華爾街不可能那麼輕易放棄這棵搖錢樹，畢竟目前還有很多不疑有他的投資人為了投資這類基金而支付無謂的高額費用，但我期待這種不合理的狀況能逐漸改變。

四、**積極投資組合經理人。**這種類型的策略總嘗試做和大盤不同的事。這些投資組合經理人不怎麼關注產業權重或標竿，只想盡可能尋找所有找得到的優勢來創造優於市場的績效。積極型共同基金讓投資人有機會獲得領先市場的績效，但投資人也因此必須付出較高的手續費。在投資積極型基金以前，一定要確定自己已了解那些投資標的，而且要以正確的態度面對這些標的的循環特質。

五、**風險因子、智選（smart beta）或量化投資（quantitative investing）。**企業可根據評價指標、成長特性、品質、收益率、價格動能或股票在一項指數裡的權重來分類，而這類基金或策略則積極尋求專注投資在其中某一個或多個獨特風險因子（我們將在本書稍後篇幅更詳細介紹智選和價值型投資）。雖然發展過程緩慢，但現在的投資人終於漸漸更能透過ETF之類的組合，以較合理的費用投資積極型的基金。這個歷程需要時間，但我相信事實將證明，我在本書稍早篇幅中提到的那個基金經理人（譯注：即巴菲特）的看法將是正確的——ETF將獨霸投資產業。這對投資人而言是非常大的福音，因為投資標的的透明度增加、值得選擇的投資選項將增加，以及手續費將繼續下降。

多數「要素型投資」策略（factor-investing strategies）和智選基金都是利用量化方法來管理，這代表那些基金完全以規則為依據，也就是說，這些基金本質上採系統化管理。因此，這些基金的市場決策很可能不會受到人為之類的干預，換言之，它們的投資流程理當完全不受情緒影響。純量化投資策略最可取的一點是，它是一種可重複性的系統化策略，投資這種策略就無須擔心基金經理人退步或開始對自己的成就自鳴得意。這種投資方法不受自尊影響、容不下太多過度自信，也不太可能偏離明訂的策略，因為它藉由事先制訂優質的決策來避免事後制訂不好的決策。

這種投資方法假設投資組合經理人在落實策略時，會排除自身對投資組合的影響，不會在情況不利於他們的時候，妄想拙劣地修補相關的規則。所有投資人，無論是股票分析師或非股票分析師，都傾向於在某個方法不管用時試圖調整這個方法。雖然呆板不知變通並不合理，但你本來就應該體認到，各種不盡如人意的發展乃市場常態，應該以事前擬訂的計畫來因應這個現實，而且在選擇任何策略（無論是否為量化型策略）時，都必須了解過程永遠比結果更重要。

由於上述很多程度的被動與積極型投資標的彼此重疊，所以值得進一步釐清哪些可能有利於你的投資組合，並好好利用這些方法為自己創造利益。通常要尋找可靠的基金，不管是指數型基金、因子偏向（factor tilt）型投資標的，或積極管理型的基金，必須考量五個要素：

一、必須是低成本的基金。
二、必須採用紀律嚴謹、凡事根據規則，且具可重複性特質的流程。
三、必須以證據為基礎，不能是一時的投資時尚商品。
四、必須透明，這樣才能知道它投資什麼。
五、必須具備高變現性，你不會想被困在一個無法出清的商品上。

量化型投資人暨作者吉姆．歐沙納希（Jim O'Shaughnessy）在他的經典著作《叱吒華爾街》（*What Works on Wall Street*）裡引用一篇研究報告，這篇研究報告檢視了四十五個比較人類與數學模型的預測能力的不同研究。比較過人類和數學模型的成果後，研究人員發現人類每一次都輸給數學模型，即使人類能事先接觸到這些模型，最後的比較結果也一樣。歐沙納希對此的解釋是：「模型在預測能力上打敗人類的原因是，模型每次都會可靠且一致地應用相同的條件；模型永遠都不會變調，模型永遠都保有一致性，模型永遠也不會喜怒無常，永遠不會和配偶吵架，永遠不會徹夜狂歡，而且永遠也不會感到無聊。模型不喜歡生動有趣的題材，模型要的是大量的統計數據。模型永遠都不會覺得什麼事和自己作對，當然也不會因此而感到不愉快，模型不會有自尊心，不會為了證明任何事而不善罷干休。」[4]

丹尼爾．康納曼也深入研究過這個主題，並發現了類似的結果。康納曼在他的研究中，一次又一次發現簡單的統計規則比直覺判斷更優異。很多人可能不太願意承認這點，而根據康納曼的說法，那是因為隨自己直覺行事比較符合大自然原理，相較於反抗直覺，跟隨直覺會讓我們感覺比較好受，問題是，在制訂投資決策時，真正該採用的方法應該是對抗直覺。

康納曼判定系統化決策流程較具優勢的理由之一是，即使是聰明的人也無法擺脫行為偏差。即使是聰明人也都需要系統化地除去自己的不理性衝動，因為聰明不代表理性。[5]

指數型基金確實沒什麼大不了，但它條理分明、紀律嚴謹、必要時會進行再平衡作業、透明、低周轉率、低成本、不太需要維護等，這是優秀基金經理人難以打敗指數型基金的原因之一。如果你投資指數型基金，你一定能確切知道自己投資了什麼標的。當然，積極管理型基金也能達到這些訴求，但它們的成本結構很難和指數型基金競爭。與其煩惱「被動」或「積極」型策略何者較好，不如用「紀律化策略」和「沒有紀律的策略」的方式來思考你的選擇。

另外，橫豎這個世界上也沒有真正的被動投資。指數化投資並不代表你無法積極投資，相同地，投資積極型基金也不代表你無法被動投資。即使是鮮少（或從不）做任何變動且完全將投資組合交給「自動駕駛功能」的投資人，還是必須在事前做某些決定，像是資產配置目標、基金類型、資產帳戶屬性（是否有避稅功能）、再平衡的時間間隔等。何況即使是不做決策的行為，都可視為一種決策。

未來單純型投資組合的成本將極端低，而因子偏向型投資組合的成本也將因競爭與經濟規模而漸漸降低。智選型ETF已開始將某種計畫性積極投資作業轉化為這種類型的流程。不過，各種產品的低成本與取得的容易度，一樣無法阻止投資人犯錯。當一個投資組合或交易的成本變得微乎其微，投資人調整投資組合的門檻就會變得非常低，所以當成本被極小化，情緒就會變成核心影響要素。行為一向比成本重要，不過只有在成本結構降低時，情緒的影響才會被放大。所以對投資人來說，最重要的是必須真正了解自己持有了什麼標的，以及為什麼持有這些標的。

無為的好處

我們應該會繼續維持一種近乎懶惰的呆滯投資風格。

——巴菲特

先鋒基金創辦人約翰．伯格曾說：「不要一直做事，只管停下來！」但這件事對多數人來說是知易行難。投資人會感覺什麼事也不做代表懶惰，所以一般人總是不斷試著讓自己忙碌。橫豎市場上隨時都會出現某個引人注目的新熱門投資概念，另外，你可能也會因為誤用了一個不怎麼有效的模型而一心一意想要改變。改變會讓人感覺自己不是那麼一無是處。問題是，「隨時保持忙碌」本身有可能就是某種形式的懶惰。單純為了行動而行動，會讓人忽略一個事實：身為人類，我們真的很難做出重大但不輕鬆的決策，也因如此，我們才會那麼關注一堆無關緊要的小細節，即使那些細節對投資組合結果的影響幾乎無足輕重。而由於難以做出真正攸關重大的困難決策，所以我們愈會覺得複雜的建議比較好用，因為針對投資組合進行一大堆不必要的調整，會讓人誤以為自己握有主控權。很多人利用「我現在忙著重要的事」的大好藉口，放棄遵守可能對未來幾十年攸關重大的長期流程。

那麼多投資人失敗的原因之一是，一般人容易假設不管是在什麼環境下，採取行動——任何行動——是正確的。管理數兆美元資產的共同基金業巨擘富達投資公司曾進行一項研究，希望能研判該公司哪些投資人的帳戶表現最好，並試圖找出讓投資人獲得優異績效的特質或屬性。這份研究的結論非常有意思，研究人員發現，被帳戶所有權人徹底遺忘的投資帳戶，最終的績效最好。換言之，這些帳戶所有權人沒有用一堆拙劣的方法去修補或調整這些帳戶，他們沒有利用這些帳戶頻繁買賣，甚至根本忘了帳戶的存在，所以當然沒有進行任何投資組合調整，但他們最後的成果反而比較好。[6]

另外，先鋒基金比較退休投資人相對某個與這些退休投資人的原始投資組合配置一致的比較標竿的績效，最後發現了和上述案例相同的結果。什麼事也不做的投資人獲得與比較標竿類似的報酬的可能性較高，而最頻繁根據市場發展進行調整（即以積極方法管理投資組合）的人的績效，則遠低於什麼事也不做的投資人。什麼也不做的投資人的年度績效，平均比經常進行調整的投資人高出〇．七％。[7]〇．七％看起來可能沒什麼，但它等於股市歷史平均報酬率的八％。

在光譜的相反那一端，另一份研究檢視了近七萬個家庭的交易活動。研究人員發現，投資帳戶交易狀況最積極的前二〇％投資人的平均報酬率，比這份研究裡所有家庭的平均報酬率低七％。在其他國家進行的類似研究也透露了相似的結果，換言之，不同市場一致出現類似的狀況。[8]簡單說，操作頻率愈高，產生更差結果的或然率就愈高，那是成本增加以及不良市場買賣時機決策等造成的綜合影響。

過度進行投資組合調整還可能產生其他副作用。有一組研究人員針對全球各地許多退休基金進行深入分析，最後發現了有趣的結果。這些退休基金為了分散投資而在投資組合裡納入許多不同積極與被動型基金的作法，結果反而導致其資產配置無法隨時呼應這些退休基金既定的長期與短期目標，且由於影響這些退休基金投資組合的因素太多，所以只有不到五分之一的基金投資人員表示自己對基金持有的各種風險因子的曝險部位（譯注：投資都有某種程度的風險，一旦投資了，就曝露在該風險下，稱之為曝險，而把所有的曝險金額加總起來則稱之為曝險部位）有信心。而由於這些投資組合隱含了太多不同的風險因子，以致於風險與風險之間彼此抵銷，最後導致基金本身的風險屬性趨於中性，換言之，它們的風險變得與市場風險無異。總之，這些退休基金經理人為了追求廣泛分散投資而做了非常多的工作，但到頭來他們管理的基金卻變成一個和整體市場類似的投資組合，而且成本還比市場投資組合高非常多。這就是我們所謂的過度分散投資（overdiversification），這種作法只會導致投資組合的複雜性無端增加且成本無端上升。[9]

不過，「多數時間無所事事」並不代表你可以在設定好投資組合後，將它完全拋諸腦後，這也不是本書的訴求，因為那種作法可能會衍生始料未及的後果。你不會想徹底逃避或忽略你的投資組合，因為隨著時間流逝，你的環境終究會改變。長期下來，你必須存更多錢。在人生的某個階段，你可能因為達到某些目標而必須動用投資組合裡的部分積蓄，這將會導致資產配置改變，並產生稅賦相關的考量。不過，在進行任何投資組合調整前，請確認自己是否真的有充分的理由進行預定的調整。根據或有（contingent）考量或「如果……就」（if…then）方案來制訂決策，設法避免做出不理性的決策。一定要針對投資組合的調整設定足夠高的障礙，以避免動不動就進行調整。在做出重大理財決策以前，請設定一套制衡機制，通常這些機制給你的答案都會是一樣的，那就是——什麼事也別做。

行使你的意志力

若能建構一個凡事以規則為準的系統化流程（根據這個流程，通常你什麼事也不做），你有限的意志力就不會被消耗殆盡。自我控制力就像是某種肌肉，愈常使用它，就會累積愈多決策疲勞。人類的大腦不可能長期維持顛峰表現，想想一般人平日要應付的事有多麼繁雜——工作、子女、回覆電子郵件、清掃房屋以及處理所有生活瑣事等，這些都是重要的細節。雖然上述每一件工作都只會耗用一丁點兒意志力，但全部加起來，意志力就有被耗盡的一天。

舉一份研究來說明：一組受試者被帶進一個房間，一次進去一個人，研究人員要求每個人記兩位數的數字，這沒什麼困難。不過，有些人被要求記下七位數的數字，這雖然不怎麼難，但也非輕而易舉。接著，研究人員要他們走到另一個房間，那裡有一些食物供他們選擇，像是巧克力蛋糕和水果沙拉等，受試者必須在這兩者之間擇一食用。研究人員發現，被要求記下七位數數字的人，比較難以抗拒吃蛋糕的誘惑，而只要記兩位數的人則能輕易抗拒那股誘惑。因記憶數字而承受較大壓力的人，比較沒有足夠的意志力抗拒巧克力的美味，因為他們的意志已經被另一件任務消耗殆盡，所以他們最後放棄抗拒，選擇了巧克力。[10]

另一份研究顯示，相較於要走一小段路才能拿到巧克力，當巧克力明顯可見且方便取得，一般人吃下的巧克力分量將是前者的三倍。由此可見，一定要強迫自己別動不動就做投資決策，和投資決策保持一點距離，才能以策安全。[11]某些投資人總是不斷查看投資組合價值的變化。以短期來說，市場表現極端隨機，所以如果你不斷查看投資組合價值，最後一定會不由得採取很多不必要的行動。就算你沒有因為不斷查看投資組合價值變化而做出任何決定，也會因為努力壓抑自己隨市場波動起舞的慾望而耗損非常多意志力，更何況當你查看投資組合價值的變化時，也會產生莫名的心理壓力，這股壓力一樣會折損意志力。

決策疲勞的問題在於它和生理上的疲勞不同，當你產生決策疲勞時，你自己並不會察覺。而隨著你每天制訂的決策數增加，情況就會像滾雪球般快速惡化，到最後，你的大腦將非常難用最快的速度運作。這個結果會衍生一個令人遺憾的副作用——它會導致你選擇心理捷徑，而這些捷徑一定會引導你做出兩種不理性的行為：制訂衝動的決策，以及索性逃避所有必須制訂的困難決策。

衝動的決策來自不太需要深思熟慮的直觀感受。做出衝動決策時，我們幾乎不會留意自身行動可能衍生的後果。這些決策或許會讓人在短期間感覺比較好受，但長期而言，問題只會加重，並導致你的處境更加惡化。光靠好意不足以處理這種怠惰。唯有有條不紊地根除自己的不良行為，才真正能解決問題。[12]

一般人總以為選擇的數量增加就能做出更好的決策，直覺來看，這樣的想法似乎有一點道理，但大腦運作是違反直覺的，所以當選擇數較多時，一般人反而經常會變得膽怯，最後什麼也沒選。研究人員觀察許多不同的四〇一（k）退休計畫〔譯注：美國於一九八一年創立的一種延後課稅的退休金帳戶計畫，因相關規定明訂在國稅法第四〇一（k）條中，故簡稱為四〇一（k）計畫。該計畫只應用於私人公司的員工〕，並依照這些計畫可供員工選擇的基金數量加以分類。可供選擇的基金選項非常多元的退休計畫，反而對計畫參與者造成最大的不確定性，結果，一個退休計畫提供的基金選擇愈多，員工參與該四〇一（k）計畫的或然率就愈低。所以，選擇太多不僅會讓人難以制訂投資決策，最後這些選擇還可能成為一個巨大的障礙，讓人感受到排山倒海的壓力，最後甚至難以開始為退休儲蓄。[13]

一個沒有章法的投資哲學最終只會帶來拙劣的投資成果。箇中的道理顯而易見，不過如果你沒有長期依循既定投資哲學的耐心與紀律，就算有優質的投資哲學也可能沒用。唯有了解你個人的極限，包括意志力、時間和必須投入任何投資策略的活力等，才能選擇你想要落實的投資哲學。

簡單促成純粹

小野二郎（Jiro Ono）堪稱世界上最棒的壽司師傅，他的餐廳數寄屋橋次郎（Sukiyabashi Jiro）獲得米其林三星評鑑，這是餐廳業的最高榮譽。這個三星獎勵代表米其林研判消費者值得為了這家餐廳的烹調，專程到訪餐廳的所在地——日本。小野壽司的營業處所最令人訝異的部分是它非常單純。日本最著名的美食評論家以一個疑問句來形容這個難解的問題：「那麼單純的東西如何能擁有如此深奧的風味？」名聞遐邇的小野壽司究竟有什麼祕密？根據小野的兒子禎一（Yoshikazu）的說法：「我們使用的技巧說不上是了不起的祕密。歸結來說，就是我們每天努力重複做相同的事。」而小野本人的說法則是：「簡單到最高點，便成就了純粹。」[14]

顯然要做出世界上最美味的壽司，靠的絕不只是「簡單」二字，過程中一定還融入更多要素。不過，這個道理讓我們體會到，良好成果的實現，不一定要仰賴令人絞盡腦汁的複雜性。簡單的好處在於它能幫助你腳踏實地，這個道理也適用於已精通自身技藝的高手。對於各行各業來說，這是非常好的教誨。多數企業最高薪員工可能是較高階的經營主管，由於這些高階主管平日掌握大權並承擔重責，結果可能導致他們對生活中的其他領域過度自信。一份針對這些高階主管所做的投資績效研究顯示，這些高階主管因自己的管理位階與所得水準而變得過度自信，結果導致他們的投資組合交易活動增加。可以想見，他們的投資帳戶績效也因此低於平均值。[15]某個領域的成就不盡然能自動轉化為市場上的投資成就，但自恃聰明的人可能難以理解這個道理。事實上，成功人士反而可能比較容易犯投資錯誤，因為他們太聰明，並因而過度自信。唯有能承認自身缺陷的人才能在市場上獲得持久的成就。

對自己的能力過度自信有可能衍生很多問題，因為過度自信會導致我們認為自己已取得的資訊比我們還不知道的資訊重要。每個人都需要可預測性（predictability）和控制權，這是人性使然。一旦投資人感覺握有控制權、對市場感到篤定，並假設自己精確知道市場的運作模式，問題就來了。如果一個投資人感覺自己能夠預測未來，他反而容易在市場上產生恐慌感，因為當投資人趨於自滿，穩定就會衍生不穩定，而原本自以為能預測未來的人就會因實際發展與其預測不一致而陷入恐慌。另外，過度自信會讓人放棄風險管理，可是一旦握有控制權的錯覺消失，所有人體察到國王身上一件衣服也沒穿後，錯誤的安全感將會消失，恐慌就會瞬間來襲。到這時，這些人會突然感到不確定性的重要性，即使不確定性從未消失過。感覺自己握有控制權的人，會願意承擔較大的風險乃至不確定性，換言之，他們會低估風險，而不覺得自己握有控制權的人，則會高估風險。也因如此，投資人必須事先判斷哪些局面會導致自己變得恐懼（發生損失）與貪婪（獲利），並打造一個能改良這些情緒的系統。[16]

把自己定義為「投資人」

把自己定義為「投資人」並不是一件容易的事。投資屬性標籤非常多元，包括：價值型投資人、短期操作者、指數投資人、積極投資人、分散投資的資產配置者、買進—持有—再平衡、順勢操作者、戰術性、量化／系統化、技術分析、風險平價（risk parity，譯注：是一種資產組合策略，該策略在確定組合裡各類資產權重時，要求組合的風險平均分配在各類資產上，即組合對每類資產的風險曝露程度相同）等不勝枚舉，所以一個人很難永久維持同一個屬性。每個人屬於哪一種？這個問題沒有標準答案，最重要的還是哪一種對你來說是有成效的。

世界上沒有一個一體適用於所有人的投資哲學，因為每個人都有不同的優點和弱點。你必須找出一個真正適合自己個性的信仰系統，不能為了讓某個方法變得適合你，而硬把一個正方體的柱子塞進一個圓形的洞，這麼做只會導致你的問題變得更嚴重。

以下幾個簡單的提問可能有助於釐清你適合什麼投資哲學：

一、你的核心投資信念是什麼？
二、你是否了解自己的投資哲學？
三、你知道潛在的風險有哪些嗎？
四、這適合你的個性和個人環境嗎？
五、你的哲學能幫助你切實遵守所要採行的策略嗎？
六、將這個投資哲學轉化為一個投資組合時，應該設定哪些必要的限制？

不管你執行的策略是什麼，只要碰上它不管用的時候，你的信念一定會遭受嚴厲的考驗。在那樣的時刻，你的投資哲學應該能適時幫上一點忙。

投資人暨作家瑞克．菲利（Rick Ferri）以一段文字貼切歸納了上述概念：「哲學是通用的，策略是個人的，而紀律則是必要的。哲學就像是把所有東西黏著在一起的膠水。哲學第一、策略第二、紀律第三，這三者是成功投資的關鍵。」[17]如果你想要成為一名成功的投資者，第一步就是要先明確釐清自己的核心信念是什麼，除非先設定投資哲學，否則沒有理由試圖執行一個投資組合進攻計畫。所有後續投資組合決策都必須以這些信念為指南。

重點摘要

- 投資哲學和投資組合或策略大不相同。你必須以自己的核心信念來引導未來的所有投資組合管理決策。
- 你不盡然非得在積極和被動基金之間做抉擇。試著以成本高低、交易量多寡，以及紀律有無等角度來思考。
- 在設計投資計畫時，若能透過系統化投資法在事前制訂優質的決策，並利用這個投資法敦促自己自動做出理性行為，最後將可能創造極端有利的結果。
- 少即是多，什麼事也不做也可能是一種典範行為，你可以把它列為計畫的一部分。
- 成功的投資哲學和投資人，一定禁得起艱困市場狀況的考驗。

附註

1. Stephen Greenspan, "Why We Keep Falling for Financial Scams," *Wall Street Journal*, January 3, 2009,

http://online.wsj.com/news/articles/SB123093987596650197?mg=reno64-wsj.

2. Brian Portnoy, *The Investor's Paradox: The Power of Simplicity in a World of Overwhelming Choice* (New York: Palgrave Macmillan, 2013).
3. Robert Cialdini, *Influence: The Power of Persuasion* (New York: Harper Business, 2006).
4. John Reese, "For Successful Investors, Boring Is Beautiful," *The Globe and Mail*, September 18, 2014, http://m.theglobeandmail.com/globe-investor/investment-ideas/how-boredom-can-be-very-lucrative/article20682565/.
5. Daniel Kahneman, *Thinking, Fast and Slow* (New York: Farrar, Straus and Giroux, 2013).
6. Myles Udland, "Fidelity Reviewed Which Investors Did Best and What They Found Was Hilarious," *Business Insider*, September 4, 2014, www.businessinsider.com/forgetful-investors-performed-best-2014-9.
7. Vanguard, "The Best Response to Market Volatility," Vanguard.com, October 16, 2014, https://personal.vanguard.com/us/ insights/article/market-volatility-102014.
8. Brad Barber, Terrance Odean, Yi-Tsung Lee, and Yu-Jane Liu, "Just How Much Do Individual Investors Lose by Trading?" Haas School of Business, October 2006.
9. Teresa Rivas, "Institutional Investors' Strategies Leave Them Uncertain About Risk: Northern Trust," *Barron's*, September 22, 2014, http://blogs.barrons.com/focusonfunds/2014/09/22/institutional-

investors-strategies-leave-them-uncertain-about-risk-northern-trust/.

10. Mier Statman, *What Investors Really Want: Know What Drives Investor Behavior and Make Smarter Financial Decisions* (New York: McGraw-Hill, 2010).
11. Brian Wassink, *Mindless Eating: Why We Eat More Than We Think* (New York: Bantam, 2007).
12. John Tierney, "Do You Suffer from Decision Fatigue?" *New York Times*, August 17, 2011, www.nytimes.com/2011/08/21/magazine/do-you-suffer-from-decision-fatigue.html.
13. Wei Jiang, Gur Huberman, and Sheena Sethi-Iyengar, "How Much Choice Is Too Much? Contributions to 401(k) Retirement Plans,"Columbia University, www.columbia.edu/～ss957/articles/How_Much_Choice_Is_Too_Much.pdf.
14. David Gelb, *Jiro Dreams of Sushi*, Movie, Magnolia Pictures, 2011.
15. Olivia Mitchell and Stephen Utkus, *Lessons from Behavioral Finance for Retirement Plan Design*, Wharton Financial Institutions Center, 2003, http://fic.wharton.upenn.edu/fic/papers/03/0334.pdf.
16. Anat Bracha and Elke U. Weber, "A Psychological Perspective of Financial Panic," Public Policy Discussion Papers, September 2012, www.bostonfed.org/economic/ppdp/2012/ppdp1207.pdf.
17. Rick Ferri, "Philosophy Differs from Strategy," RickFerri.com, June 16, 2014, www.rickferri.com/blog/strategy/philosophy-differs-from-strategy/.

第六章
華爾街的行為

你要征服的是自己，不是這個世界。

——勒內・笛卡兒（Rene Descartes）

走進一家餐廳後，你可能認為自己能掌控要點菜單上的什麼東西，但我不得不提醒你，情況並非如此。餐廳業者早在你踏進門以前就把你摸透了，他們知道如何引誘你點他們想要你點的菜。首先，他們會引導你看某些較昂貴或較不健康的餐點項目。採用敘述性名稱的餐點的銷售量比較好，甚至會讓人感覺那些菜吃起來比較美味，想想以下哪些文字比較能挑起你的食慾：魚蛋還是魚子醬？蝸牛或法式蝸牛？魷魚還是槍烏賊？鴨肝還是鵝肝醬？[1]將餐點的名稱設計得較有異國風味，一定能促進銷售金額，因為用餐者其實願意為了較花俏的菜名而付出較高的代價。即使是採用加粗字體、彩色字體或強調某個菜色是暢銷餐點等手法，都能吸引用餐者特別注意你想要推銷的項目。餐廳甚至會把高單價的餐點排列在菜單的右上方或左下方，讓客人比較容易看到這些項目，因為這兩個角落是人類眼睛自然會注意的位置。2

這並不是餐廳產業的大陰謀，一切只因這些消費型產業機構（一天到晚想著銷售與行銷的機構）是深諳人類心理的專家。他們比你還要了解你。遺憾的是，金融業正是充斥最多這種銷售戰術天才的環境。有天分的銷售人員遠比有天分的投資人員更有辦法吸引顧客的青睞，這是個令人遺憾但無可否認的事實。聽起來最棒的產品通常是最糟糕的投資選擇。提高交易量並不盡然會帶來較好的投資成果，不過多數企業每天忙著賣給顧客的卻是這類交易活動多但成果不怎麼樣的產品。當一個人在跟你解釋他們的投資方法時，花的時間愈長，顯示這個方法通常愈差，不過對不疑有他的投資大眾來說，那種方法聽起來卻是最聰明的。

金融產業就是銷售複雜性的行業。金融產業人士隨時都做好調整現有產品包裝的準備，甚至隨時準備在必要時索性結束績效不彰的產品。華爾街無時無刻都想拿一大堆高成本且複雜到不必要的「鵝肝醬」型產品來席捲你的視聽。只要看看表6.1，就知道每年有幾百檔基金成立與結束營運。從二〇〇三年至二〇一三年間，一共有接近七千檔基金成立，但也有幾乎六千二百檔基金合併或徹底結束營業。

表6.1 各年度加入與退出產業的基金數

年度	成立	合併	清算
2003年	499	394	286
2004年	534	248	286
2005年	708	337	251
2006年	680	230	207
2007年	726	315	221
2008年	710	257	332
2009年	501	362	508
2010年	572	258	241
2011年	654	300	213
2012年	667	196	305
2013年	660	169	255
合計	6,911	3,066	3,105

資料來源：投資公司協會

那不是什麼光彩的紀錄，這麼說還算客氣。基本上這個產業只是忙著推出一大堆基金，就算其中只有少數成氣候，他們也不在意，因為這些產業人士早就打好如意算盤，只要把表現不好的基金合併到其他基金，或直接將它關閉就好。在此同時，市面上隨時都會出現銷售新基金或產品的創意新方法，那些方法利用投資人的情緒和最近的市場行情來推銷產品。換言之，菜單上的菜色總是不斷更換。

華爾街向來以過度吹捧一時的投資風尚而惡名昭彰，每次一有績效不錯的產品，華爾街馬上就會一窩蜂推出眾多類似的產品。雖然其中某些產品可能值得一買，但很多人常在事後回顧時，搞不懂自己當初為何會投資那些產品。銳聯資產管理公司（Research Affiliates）的聯合創辦人之一許仲翔，說明了投資人和資產管理人之間的目標有多兩極：「如果你不知道，那就讓我清清楚楚告訴你：投資管理是一門營利事業。在這種情況下，資產管理人和資產所有權人之間的關係自然就充滿矛盾。」他繼續說：「資產所有權人希望手續費能低於〇．一%，而資產管理人則偏好收取『二%外加二〇%的績效費』。資產所有權人希望基金是透明的，但資產管理人則偏好黑箱作業。資產所有權人要的是單純，而資產管理人則喜歡聘請火箭科學家來創造複雜的優化解決方案，好讓產品看起來夠吸引人。資產所有權人花錢聘請管理人的目的，是希望這些資金管理人能為他們創造『未來』的超額績效，而資產管理人則習慣用過往的優異績效來吸引投資人，募集未來他們將管理的資產。資產所有權人想要較大的阿法值（alpha），而資產管理人則只出售『潛在的阿法值』，並藉由出售『希望』來收取高額的費用。」[3]

幸好雖然華爾街控制了菜單上的選項，但投資人還是漸漸察覺到這些銷售戰術的詭計。所以，低成本基金公司先鋒公司才會迅速竄升為產業領導企業，目前它管理的資產規模已近三兆美元。雖然很多人認為先鋒主要是發行指數型基金的基金公司，但該公司大約有一半的基金選項屬於積極型基金。它的股票基金當中，有四分之一以上的資產屬於積極管理型資產。過去十年間，該公司九一％的基金（包括積極型與指數型）的績效都順利打敗同類型基金的平均值。該公司的基金那麼成功的原因在於，它們將成本控制在極低水準。先鋒基金的平均費用率大約只有〇．一九％，而產業平均值是一．〇八％。[4] 誠如晨星公司（Morningstar）的路斯．金尼爾（Russ Kinnel）在一篇有關共同基金費用的研究報告中提到的：「如果說共同基金業有什麼事是千真萬確的，那就是『觀察費用率就能幫助你做出更好的決策』。」晨星公司發現，在其他所有條件都相同的情況下，在每一個測試期間，低成本基金的績效都超越高成本基金。費用率最低的前五分之一基金的總報酬率，比費用率最高的那五分之一的基金高，而且每一種資產類別與每一段期間都存在這個共同現象。」[5]

積極型共同基金的績效還有非常大的改善空間，這麼說其實已經很客氣了。在任何一年期間，只有大約六〇％的共同基金的績效領先它們各自的比較標竿。不過，就績效數字的評估來說，一年的時間實在太短，因為任何一年內可能發生任何事。任何人都不應該只根據一年期的績效來判斷基金的優劣，因為在那麼短的時間內，市場的狀況實在太過隨機。問題是，一旦延長投資時程，要創造優於標竿的績效就變得難上加難。以十年的投資時程來說，績效低於標竿的基金經理人大幅增加到七〇％。如果再把投資時程延長到二十年呢？這個數字又進一步上升到八〇％，換言之，長期來說，有近八〇％的基金績效落後其比較標竿，而最糟糕的是，落後幅度遠大於績效領先標竿的基金經理人的領先幅度。[6]

長期來說，多數積極型基金難以打敗市場是合情合理的，而且那並不是因為積極型投資組合經理人的選股能力很差（很多人可能會這麼想）。用最簡單的方法來計算，在扣除手續費前，市場上大約有一半的投資人能打敗市場，大約一半投資人的績效則會落後市場。但一旦把稅賦、費用率和交易成本等列入考慮，就可以理解為何大家的績效很難領先透過紀律化方法將上述成本最小化的比較標竿了。

不過，現在的投資人的確已經比以前更聰明、消息也較靈通。所以，為了創造領先標竿的績效，各個基金之間的競爭遂變得愈來愈激烈。這些年來，基金經理人光靠實力已愈來愈難凸顯個人特色。想想看，這個產業充斥大量的博士、企管碩士和合格財務分析師，每個人都處心積慮想瓜分你手上的大餅。這就是投資人暨作家麥可·莫伯辛所說的「實力悖論」（paradox of skill）。實力悖論告訴我們，隨著世人完成某一項工作的實力獲得提升，超額績效的變異程度就會縮小，這代表所有人的最後成果的區間會變得扁平，相形之下，運氣對輸贏的影響變得益發重要。當然，投資人並沒有變得比較愚蠢，投資人其實變得愈來愈聰明。以下是莫伯辛的說法：「問題並非出在經理人變笨，事實正好相反。目前經理人的平均實力比以前強。實力悖論告訴我們，當一項活動的結果取決於實力與運氣的組合，那麼隨著實力的普遍提升，運氣對結果的影響就會變得更加攸關重大。」他又接著說：「『投資經理人的短期成果多半取決於運氣』以及『投資經理人的短期成果全靠運氣』這兩種說法有所差異。研究顯示，以毛報酬率來說，多數積極型經理人的報酬率其實高於各自的比較標竿，但那些超額報酬最後都被手續費抵銷，結果導致投資人的淨報酬率落後比較標竿。淨報酬低並不是因為投資人缺乏實力，而是實力悖論造成：隨著投資人變得愈來愈老練，資訊的傳播變得愈來愈便宜且快速，實力的變異性遂漸漸縮小，而運氣的影響也變得更加重要。」[7]

在「運氣—實力」連續光譜（continuum）上，做好靠攏運氣那一端的方法，就是執行能驅動個人行為的流程。莫伯辛補充道：「以優質的流程來進行靠攏這個連續光譜上運氣那一端的活動，是獲得長期成就的最確定途徑。」就較短時間範圍來說，運氣對你的金融市場成果就比較重要，所以如果你總是從事短期投資，就比較容易出錯，因為不可能天天有好運。

表6.2　積極型基金績效落後的百分比（至二〇一四年六月三十日為止）

基金種類	一年	三年	五年
美國整體股市基金	60.2%	85.9%	73.6%
大型股基金	59.4%	83.4%	89.9%
小型股基金	72.1%	87.6%	90.6%
國際股票基金	70.0%	75.6%	74.2%

資料來源：標準普爾研究公司

透過負面的證據來證明什麼途徑才是正確的

現在，讓我們用一些數字和實際數據來說明為何那麼多積極型共同基金難以打敗單純的指數型基金。我們要以歷史證據來闡述，並說明這對投資人有何意義。

證據一：打敗市場真的很難

多數積極型經理人的績效落後其比較標竿，原因有很多，包括多數基金的手續費過高、交易太過頻繁、在稅賦上較沒有效率、被現金部位餘額拖累，以及未能精準掌握市場時機等。標準普爾研究公司（Standard & Poor's，標普五百指數的編製者）每半年都會針對積極型共同基金相對其指數比較標竿的績效，提出一份完整的報告。從表6.2可見到過去一年、三年和五年期間，絕大多數積極型基金的績效都未能跟上它們既定的比較標竿。[8]

若觀察更長的時間範圍，結果比表6.2上的數據更糟。一九七〇年時，投資人可投資的美國股票型共同基金超過三百五十檔，經過四十五年，也就是二〇一四年，那些基金當中只剩一百檔還「健在」，其他剩下的不是已關閉就是被清算。基金公司不會關掉成功的基金，所以你大可以假設多數被關閉的基金都是績效非常差的基金。到頭來，在這整段期間內僥倖存活且績效優於標竿的基金只有四十五檔。而在這四十五檔基金當中，只有三檔基金的績效比市場高至少二%。這代表在一九七〇年時，如果你預測那三百五十檔基金中的某一檔將創造非凡的長期績效數字，預測正確的機率還不到一%，這樣的機率絕對稱不上高。當然，這是一個明顯極端長期的時間範圍，不過這樣的狀況也不是不可能發生在一般人身上，畢竟一個剛展開職業生涯的人有可能工作四十五年以後才退休。

證據二：選股非常困難

羅素三千指數（Russell 3000 Index，譯注：包含美國三千家最大市值的公司股票，以加權平均的方法來編定的指數）涵蓋了美國最大型的三千家企業（大約佔美國可投資股票的九八%），所以如果一檔股票不屬於羅素三千指數成分股，它的變現性可能極端差。摩根大通資產管理公司（JP Morgan Asset Management）針對這項指數做過一個長期的研究，研究時間回溯到一九八〇年。以下是研究人員的某些研究結果：

一、自一九八〇年起迄今，以超額報酬率中值來說，股票投資相對羅素三千指數投資的超額報酬是負五四％。

二、從羅素三千指數的成分股被納入該指數起，三分之二個股的績效低於羅素三千指數。

三、四〇％個股的絕對報酬率為負，而這些股票相對其天價的永久性跌幅達七〇％。

四、這項指數裡的極端強勢股屈指可數，這代表極小百分比的股票的影響力遠遠超越剩餘的績效落後股票。

這些結果暗示，構成股票市場長期績效歷史的贏家型股票少之又少，而輸家型股票卻一籮筐。摩根大通也列出了每一家個別企業都會面臨的許多種非系統風險（idiosyncratic risks）：原物料商品價格、政府政策、外國競爭、匯率、智慧財產侵權、貿易政策、技術創新、產業合併等不勝枚舉。總之，選股非常難，所以實在不適合把選股當成一種興趣，因為選到贏家型股票的機率微乎其微，而挑上輸家的機率卻非常高。[9]

證據三：共同基金墓園

我們剛剛說明過，以非常長的時間範圍來說，能僥倖存活的共同基金和個別企業並不多，但即使是短期，也常有共同基金關閉。先鋒基金十五年來的一份研究發現，在他們觀察的一千五百四十檔原始基金當中，只有五五%者在十五年後倖存，剩下約莫七百檔基金都未能堅持到最後，不是關閉就是併入其他基金。一如上述研究，對基金經理人來說，讓基金長期存活並在基金存活期間創造領先標竿的績效，真的非常困難。在原來研究的一千五百四十檔基金當中，只有一八%（即二百七十五檔）的基金撐過這段期間並創造領先標竿的績效。[10]先鋒公司的創辦人伯格透過另一份研究發現，在一九九〇年代股票市場熱潮期創立的共同基金中，幾乎有一半都在科技泡沫破滅後關閉，從二〇〇〇年至二〇〇四年間，共有一千檔基金宣告破產。[11]

表6.3　一九九七至二〇一二年指數型基金績效較優異

基金種類	指數型基金勝出百分比	落後中值	勝出中值
美國股票（VTSMX）	77.10%	-2.01%	0.97%
國際股票（VGTSX）	62.50%	-1.75%	1.34%
美國債券（VBMFX）	91.50%	-0.99%	0.23%
40/20/40 投資組合	79.90%	-1.56%	0.74%
情境分析	82.90%	-1.25%	0.52%

資料來源：菲利與班奇

證據四：積極型基金真的很難選

瑞克・菲利和亞列士・班奇（Alex Benke）做過一份觀察先鋒基金的三基金投資組合（這三檔基金分別是全美股票市場指數型基金、國際整體股票市場指數型基金、全美債券市場指數型基金）的研究，這份研究涵蓋了十六年的狀況。從表6.3可見，這些廣泛分散投資的全體市場指數型基金的績效，都領先其所屬類別裡的絕大多數積極型基金。

不過，請仔細看表6.3最後一列。除了檢驗這三大類資產中每一檔個別基金的績效，他們也比較了由這三檔基金組成的投資組合的績效。這個投資組合包含四〇%的美國股票、二〇%的國際股票，以及四〇%的美國債券，換言之，這是一個由六〇%股票與四〇%債券組成的傳統投資組合。從表中可見到，這個投資組合的表現比類似的族群好很多。接著，菲利與班奇根據相同的投資組合權重（與四〇／二〇／四〇的指數型基金投資組合的權重相同），在同類的基金中隨機挑選一些基金，進行了五千次模擬測試。最後的結果令人印象深刻，連這份研究的兩位作者都對這個結果感到訝異。他們的模擬結果顯示，指數型基金投資組合的績效，有八三％的機率優於積極型基金投資組合，換言之，在五千次測試中，指數型基金投資組合的績效有四千一百四十四次超過積極型基金的投資組合。那代表積極型投資組合績效領先指數型基金投資組合的次數只有八百五十六次，也就是大約一七％。[12]

既然要選出能打敗指數型基金的單一積極型共同基金已經很難，想當然耳，要選出一個能打敗指數型基金投資組合的積極型基金投資組合，更是難上加難。

證據五：上漲潛力小於下跌風險

菲利與班奇還另外針對更廣泛分散的投資組合進行研究，這些投資組合包含更多元的資產類別，如房地產投資信託、小型股、中型股、新興市場、抗通膨債券（TIPS）、市政債券與各種存續期間的債券等。請參考表6.4的第二與第三欄，這份表格也是引自菲利與班奇的共同基金研究。這些結果透露出一種奇特的報酬不對稱（asymmetric payoff）現象。就金

表6.4　二〇〇三至二〇一二年間指數型基金績效勝出

投資組合	指數型基金勝出百分比	落後中值	勝出中值
由三檔基金組成	87.70%	-1.47%	0.54%
由五檔基金組成	87.80%	-1.10%	0.44%
由十檔基金組成	90.00%	-0.93%	0.29%

資料來源：菲利與班奇

融層面來說，報酬不對稱是指投資標的的潛在上漲空間超過潛在下跌空間；但這份研究卻顯示，這一大批積極管理型基金不僅導致投資人虧本的機率高於賺錢的機率，而且虧損的金額還遠大於獲利的金額。這對想要尋找必勝積極管理型共同基金的一般投資人來說，可說是厄運中的厄運，換言之，就算你選對了也多賺不了多少錢，但一旦你選錯了，就會虧非常多錢。

其他研究也印證了菲利與班奇的數據，這些研究的結果都顯示績效落後基金的虧損金額，比績效領先基金的獲利金額多出一五〇％。上述研究的兩位作者另外還歸納了其他幾個值得留意的結論：（一）指數型基金績效領先的機率，隨著時間從五年拉長為十五年而上升；（二）調整風險後（也就是將波動性列入考慮後），指數型基金的績效依舊領先。13

證據六：持久性是個問題

談到這裡，你應該已經很有概念了。就算你能夠選出一檔績效長期領先市場的積極型基金——這不是不可能，只是不容易——接下來才是真正困難的。即使你找到一個採用殺手級策略且績效最優異的基金，這一檔基金績效持續領先的機率也不高，因為即使是最優秀的投資人，都不可能在每一個市場循環裡創造出領先標竿的績效。

你一定會問，績效領先的持久性有多低？道瓊公司（Dow Jones & Company）有一組研究人員檢視了將近二千九百檔積極型共同基金，到二〇一〇年三月為止，這些基金至少都成立一年。首先，他們找出從二〇一〇年三月向前推算一年的期間內，績效最好的二五％基金。接著再試著釐清原本績效名列前二五％的基金中，有幾檔基金在接下來四年間的每一年裡繼續保持前二五％的績效。答案是……只有兩檔?!這真是令人遺憾的消息。在連續五年期間，只有區區兩檔基金能保住績效前二五％的成績。換算下來，那等於是只有〇．〇七％的基金能持續性地保持前二五％的績效，而其他九九．九三％的基金都失敗。[14]

讓我們綜合以上內容，看看這些證據告訴我們什麼事。打敗市場很難，因為選股真的很難，畢竟長期下來只有極少數的個股符合贏家型股票的標準。現在的投資人已經愈來愈精明，這導致市面上績效領先標竿的投資標的愈來愈少。所以，一定要了解這些基金的流程，並確定它們是否足夠遵守紀律，唯有切實遵守紀律的基金才能順利熬過績效落後的時期。共同基金結束營業的速度快得令人難以想像，但不知怎地，隨時都有新基金準備推出，取代那些結束營業的基金。任何人都很難挑到一檔贏家型的共同基金，而要挑到一個績效領先的基金投資組合，機率就更微乎其微。績效領先標竿的基金所創造的超額報酬率並不高，但績效落後標竿者的落後幅度卻很大。而且最終來說，就算你找到一檔績效領先的基金，也要習慣它有可能在某些期間出現績效落後的狀況，因為能持久創造領先績效的基金少之又少。

既然如此，我永遠都不該投資積極型基金囉？

我要強調的重點並不是要呼籲你別投資積極管理型的基金，我要強調的是，市面上很多成本高昂的祕櫃型指數基金必須永遠消失，不過並非所有積極型基金都那麼邪惡。事實上，我們將在下一章檢視在較廣泛的大盤投資以外，還是有某些有助於提升報酬率並提供分散投資利益的投資管道。上述內容的重點主是要闡述一個觀念：要在股票市場上找出能恆久創造領先績效的標的非常困難，但這並不代表市場上沒有績效領先標竿的標的，這樣的標的一定存在。領先的百分比不見得永遠都那麼重要，領先的金額也很重要。這一切的一切可歸結為一個問題：你能不能為了更長時間的領先績效而暫時忍耐長期的績效落後，即使績效領先的狀況不保證會發生？你精準預測出每年績效領先的積極型基金的機率並不高。我不是說你不能預測哪些積極型基金將年年勝出，但投資人應該要有自知之明，捫心自問：「我個人是否能夠選到最優秀的積極型經理人和基金？」你的風險承受度不僅和你處理虧損的能力有關，你因績效落後標竿而產生的心理痛苦高低，也和風險承受度有關。其一是要和自己的恐懼對抗，另一則是要和自己的貪婪對抗。這兩者都可能對投資組合或投資計畫產生致命的影響。一定要依計畫行事，並聰明選擇適當的標的。

隨著科技對成本降低的影響明顯增強，指數型基金和積極型基金之間的分野會變得愈來愈模糊。低成本、高透明度、高稅賦效率、低周轉率、嚴守紀律的流程等，比其他所有因素都重要。那代表投資人應該迴避高成本、複雜、缺乏稅賦效率、高周轉率、缺乏紀律的流程。要透過一檔傳統的指數型基金還是較積極的ＥＴＦ來落實上述觀點，取決於你願意接受多大的報酬率追蹤誤差（tracking error）——也就是你的實際報酬率和整體市場報酬率之間的差異。

指數型基金絕不完美，這種基金絕對不會成為最佳績效基金。指數型基金和積極型基金策略一樣，也可能有虧錢的時候，一旦如此，你有可能會對指數型基金產生懷疑。投資指數型基金不可能獲得類似樂透頭彩型的報酬，但因為這種基金投資的是一個市場投資組合，所以也不可能完全不產生大幅虧損。不過，你很清楚指數型基金有什麼好處，如果選擇投資積極型基金，一定要先釐清你未來可能會面臨什麼樣的狀況。總之，一定要了解這些基金的投資流程，並確認那檔基金的投資組合和經理人是否有足夠的紀律能順利熬過績效落後的時期。

除非你已做好為了取得較高的潛在報酬而接受較差成果的準備，否則不要只投資積極型策略或因子偏向型產品。另外，很多投資人判斷績效時所採用的時間範圍過短，那種短期績效數字其實沒有任何意義可言。誠如連續性的數據顯示，即使是最優秀的投資人，都不可能年年績效領先標竿。價值型基金是闡述這個現象的絕佳範例（第七章將進一步詳述）。在實際投入資金以前，每個投資人都必須事先了解每項投資標的可能會衍生的報酬與風險（風險尤其重要）。

雖然連續的數據顯示，幾乎沒有任何標的能持續創造領先市場的績效，但那也不代表沒有任何標的能長期創造超越市場的績效。但如果你醉心於尋找能在短期投資時程內打敗比較標竿的標的，那麼你就不適合投資極端積極型的標的。身為一個投資人，最困難的抉擇之一是：我要朝一項拙劣的投資標的或策略傾斜，還是要保持紀律，堅守一個優質的長期流程？

除了競爭大幅加劇所造成的影響，過去幾十年間多數基金的績效那麼難以超越大盤的最大原因，是多數投資組合經理人或他們的投資人（這有點像雞生蛋、蛋生雞那類無解的問題）缺乏為長期績效著想並根據長期思維採取行動的必要耐心。學術研究與多位最偉大投資人的實際投資成果顯示，若以較長的時間範圍來說，的確有一些策略能打敗市場，那就是超乎凡人的耐心和紀律，但問題是多數投資人並沒有這樣的耐心和紀律。

自我約束至關重要

不管投資人決定採用什麼基金或策略，如果投資人本身無法約束自己的行為，一切都是枉然。在落實投資組合策略時，你不只要管理投資標的，也要管理自己的情緒，某種程度來說，那是一種自我管理。你必須正視自己的弱點，並有條不紊地將弱點減到最少。在建立投資組合時，應該試著將自己的所有弱點列入考慮。如果你無法切實執行自己的計畫，那麼不管你選的是指數型基金或積極型基金、低成本或高成本，都不重要了。

晨星公司是一家提供非常多寶貴基金資料的研究公司，它發表一份非常實用的數據，透過這些數據便可清楚了解為何投資人最應該重視的是自己的行為。該公司根據每一檔基金的績效數據，計算過去十年間各基金的年度報酬率。如果你從第一天起就投入資金到某一檔基金，並持有該基金整整十年，你將獲得上述的報酬。不過，晨星也觀察了資產權重報酬（asset-weighted return），這是投入那些基金的投資人實際獲得的平均報酬。這兩個數字之間的差異，也就是表6.5裡的行為缺口，是來自投資人的行為。這就是投資報酬和投資人報酬的差異，而這項差異導因於投資人的紀律（或缺乏紀律）。

從表6.5可以看到，所有基金類別的平均行為缺口大約都是每年二・五％，這個缺口來自我們在第二章的負面知識中討論到的所有問題。投資人老是在追逐已經成為過往雲煙的績效，忙著高買低賣，無法放手讓複利的力量長期為他們創造財富。取而代之的，他們不斷買

表6.5 行為缺口

資產類別	十年基金報酬率	資產權重報酬率	行為缺口
美國股票基金	8.18%	6.52%	-1.66%
產業股票基金	9.46%	6.32%	-3.14%
平衡型基金	6.93%	4.81%	-2.12%
國際股票基金	8.77%	5.76%	-3.01%
應稅債券基金	5.39%	3.15%	-2.24%
市政債券基金	3.53%	1.65%	-1.88%
另類資產基金	0.96%	-1.15%	-2.11%
所有基金	7.30%	4.81%	-2.49%

資料來源：晨星公司

進又賣出各種基金，並因此自我傷害。這樣的結果不盡然導因於投資人買到拙劣的基金，而是導因於投資人老是抓錯市場的買賣時機。[15]

一九六〇年代時，美國和前蘇聯在太空競賽上並駕齊驅，當時美國太空總署（NASA）的太空人訓練特別加重一個項目：「不陷入恐慌」的技巧。[16]如果你無法在壓力下控制自己的反應，其他技巧再強也無濟於事。恐慌是投資人報酬率持續存在行為缺口的主要原因之一，因為恐慌會導致一般人發生非外力造成的失誤，並使他們放棄原先的計畫，漠視優質的建議，忘記自己的投資時程與風險概況；一旦陷入恐慌，投資人只會關注未來二十四小時的狀況，而非未來二十四年。

當丹尼爾·康納曼終於在二〇〇〇年代初期以他在行為心理方面的突破性研究獲得諾貝爾獎後，他在得獎致詞中提到一個絕佳的論點來解釋為何行為缺口會存在，以及為何非理性短期思維永遠不會消失（重點部分為本書標示）：

> 值得一提的是，長期的特有疑慮之一在時效上可能是無效的，**因為長期與日常生活沒有交集**。效用不能與情緒分離，而情緒是因變化而起。一個徹底漠視諸如虧損的痛苦與犯錯的後悔等感覺的精選理論極端不切實際。[17]

就投資報酬率來說，長期是唯一重要的事，可惜誠如康納曼的至理名言：「長期與日常生活沒有交集。」

重點摘要

- 在建構投資組合與擬訂投資計畫時，有很多重要的面向必須考慮。不過，如果你無法控制自己的行為，就算你的投資組合具備所有專業基本要素也無濟於事。

- 市場比多數人想像的更難打敗，人類不是不可能打敗市場，只是要打敗市場絕對不容易。耐心與一個可重複的流程有助於提高致勝機率。
- 華爾街經營的是收費事業。它們了解人性，也比任何人都深諳推銷之道。如果碰上任何你不了解的事，除了信任，還必須查證，同時要回頭訴諸最基本的常識。投資不是一種義務，雖然你有很多機會可投資很多標的，但那並不代表你一定要投資那些標的。

附註

1. Brian Wassink, *Mindless Eating: Why We Eat More Than We Think* (New York, Bantam, 2007).
2. Quentin Fottrell, "How Menus Trick You into Spending More," *MarketWatch.com*, August 2, 2014, www.marketwatch.com/story/how-menus-trick-you-into-spending-more-2014-07-31.
3. Jason Hsu, "The Promise of Smart Beta," Research Affiliates, December 2014, www.researchaffiliates.com/Our%20Ideas/Insights/ Fundamentals/Pages/319_The_Promise_of_Smart_Beta.aspx.
4. Vanguard, "Performance Report: Vanguard Funds Shined versus Peers," December 2014, https://advisors.vanguard.com/VGApp/iip/ site/advisor/research/article/ArticleTemplate.xhtml.

5. Russ Kinnel, "How Expense Ratios and Star Ratings Predict Success," Morningstar.com, August 9, 2010, http://news.morningstar.com/articlenet/article.aspx?id=347327.
6. Charles Ellis, "Seeing Investors' Reality as Our Profession's Reality," cfapubs.org, Second Quarter 2014, www.cfapubs.org/doi/pdf/10.2469/cp.v31.n2.7.
7. Micheal Mauboussin, *The Success Equation: Untangling Luck and Skill in Business, Sports, and Investing* (Boston: Harvard Business Review Press, 2012).
8. Aye M. Soe, "SPIVA U.S. Scorecard: Mid-Year 2014," Standard & Poor's, 2014, https://us.spindices.com/resource-center/thought-leadership/spiva.
9. Michael Cembalest, *The Agony & The Ecstasy: The Risks and Rewards of a Concentrated Portfolio*, Eye on the Market Special Edition, www.chase.com/content/dam/privatebanking/en/mobile/documents/eotm/eotm_2014_09_02_agonyescstasy.pdf.
10. Vanguard Research, "The Bumpy Road to Outperformance," July 2013, https://pressroom.vanguard.com/content/nonindexed/7.5.2013_The_bumpy_road_to_outperformance.pdf.
11. John Bogle, *Enough: True Measures of Money, Business, and Life* (Hoboken, NJ: John Wiley & Sons, 2010).
12. Richard A. Ferri and Alex C. Benke, "A Case for Index Fund Portfolios," RickFerri.com, June 2013, www.rickferri.com/WhitePaper.pdf.

13. Ibid.
14. Jeff Sommer, "Who Routinely Trounces the Stock Market? Try 2 Out of 2,862 Funds," *New York Times*, July 2014, www.nytimes.com/2014/07/20/your-money/who-routinely-trounces-the-stock-market-try-2-out-of-2862-funds.html.
15. Russ Kinnel, "Mind the Gap 2014," Morningstar.com, February 27, 2014, http://news.morningstar.com/articlenet/article.aspx?id=637022.
16. Ryan Holiday, *Obstacle Is the Way: The Timeless Art of Turning Trials Into Triumph* (New York: Portfolio, 2014).
17. Daniel Kahneman, "Maps of Bounded Rationality: A Perspective on Intuitive Judgment and Choice," Nobel Prize Speech, December 2002.

第七章
資產配置

投資人老是分心處理一些不具生產力的事務，如選股和市場時機的推測等，未能聚焦在核心議題——即建構合理的長期資產配置。

——大衛・史文森

維弗雷多・帕瑞托（Vilfredo Pareto）是一八〇〇年代末期至一九〇〇年代的義大利經濟學家。帕瑞托發現一個非常簡單但又非常有效率的法則，稱為八〇／二〇法則，這個法則有助於我們深度探討很多研究領域的奧義。帕瑞托發現，義大利有八〇%的土地屬於二〇%的人民所有，他也發現花園裡的豌豆有八〇%來自他種植的二〇%豌豆苗。換言之，八〇%的結果來自二〇%的工作。若以商業的角度來看，多數企業的八〇%營收來自二〇%的客戶。大致上來說，你可以假設八〇%的產出（outputs）來自二〇%的投入（inputs）。[1]

這個八〇／二〇法則適用於人生的很多領域，不過它對投資管理尤其至關重要。就投資組合的建立來說，資產配置（也就是投資組合中各類資產的投資比重）就是能決定八〇％成果的那份二〇％的投入。事實上，根據一份研究，可能有高達九〇％的投資成果將來自資產配置。羅傑・伊波森（Roger Ibbotson）和保羅・卡普蘭（Paul Kaplan）針對投資組合績效的驅動因素進行過一項深入的研究，為的是釐清驅動投資組合績效的因素究竟是資產配置，或是市場買賣時機的掌握與積極選股。他們發現，投資組合的長期報酬變異性中，有九〇％導因於資產配置，換言之，只有極小部分的報酬變異性可能來自投資人掌握市場買賣時機或成功選股的能力。[2]

當然，我們沒有辦法明確知道他們所謂「九〇％投資成果來自資產配置」的觀點究竟有多精確。市場實際上的狀況不見得和研究報告上提到的表現相同。不過，這對散戶投資人來說真的重要嗎？誠如我們已透過本書了解的，不管是專業或散戶投資人，都不容易經常做出正確的買進與賣出決策，其中，側重選股的積極型共同基金的過往績效也有很大的改善空間。某些投資人確實有能力制訂正確的買賣決策，但只有極少數人能長期且一貫地交出這樣的成績。所以，且讓我們假設絕大多數的投資人完全無法控制這兩項要素（譯注：時機與選股）。既然你無法控制這些要素，何必關心有多少報酬會來自這兩項要素？但另一方面來說，資產配置是你可以掌控的要素。

每天的新聞版面總是被個別股票的消息佔據，隨時隨地都有一大堆和個別企業的大幅獲利或虧損有關的報導對我們發出疲勞轟炸，不僅如此，每天還另外有很多和首次公開發行（IPO）、合併與收購、分析師調升評等與降低評等、盈餘發布、企業執行長醜聞等有關的消息。這些事件都很有意思，不過有意思不代表對投資組合很重要，資產配置遠比個別公司在某一天的情況重要得多，不過財金媒體恐怕不太可能天天報導以下新聞標題：

某些資產上漲、某些下跌

分散投資的資產組合發揮了保護效果，讓投資人免於因X公司再次破產而虧損

採用適中的資產配置模型，風險管理就能產生理想中的效果

在進一步討論資產配置與分散投資的詳細內容前，應該先討論另一個負面知識——完美的投資組合。世界上沒有完美的投資組合或資產配置，只有事後才會知道一個投資組合或資

產配置是否完美。不過，你倒是可以回顧歷史資料，歸納出一個過往成效完美且看起來有可能在未來創造相同優異成果的策略。

你的資產配置永遠也不可能完美，不過告訴你一個小祕密：大家都一樣，每個人的資產配置都永遠不可能完美。你隨時都可能進行微幅的調整與變動，因為市面上會不斷推出新的ETF，其中很多一定會讓你蠢蠢欲動，某些ETF也可能確實值得加入你的投資組合，不過在新增產品或標的到投資組合以前，應該先設定一個高門檻的評估標準。在絕大多數時間，你應該表現得像流連酒吧的美女，不斷回絕主動上前求歡的男子，並像仔細篩選那些人留下的電話號碼那樣，仔細篩選你要新增到投資組合的標的。

事實上，追求完美只會製造問題。你可以檢視所有找得到的資產配置研究、蒙地卡羅模擬〔Monte Carlo simulations，譯注：是一種數值方法，利用亂數取樣（random sampling）模擬來解決數學問題，其法則亦可以估算投資組合的各種風險因子，特別是一些難以估算的非線性投資組合〕和最佳投資組合的績效成果的回溯測試等，但這些研究、模擬或測試都只能告訴你特定投資組合過去的績效究竟如何。雖然這些工具可用來作為衡量潛在風險因子的方法之一，但計畫趕不上變化，若武斷地假設未來眾多週期的情況將和過去一模一樣，那麼一旦未來的實際發展和你的期望或計畫有所差異，你將難免會做出過度反應的行為。如果你一心一意要打造一個完美的投資組合，基本上就已經先輸了，因為這樣的你注定會失望而返。世界上沒有完美的資產配置，只有適合你的個性且能以較高成功機率來滿足你個人需求的投資風格。換言之，真正的完美投資組合方法，就是有助於你堅持自己投資計畫（即使是在最糟糕的時機也不會讓你徹底放棄原先策略）的方法。這樣的投資組合能幫助你消除所有因追逐熱門基金、高買低賣和投資自己不了解的產品或市場等問題所衍生的行為缺口。

組成個人投資組合的各個具體資產類別、基金和個股很重要，但這些項目對整體成果的重要性，都比不上你因應艱困市場環境的能力。當所有人都對市場失去理智，與其忙著規劃資產類別或股票的最佳精確組合，不如繼續堅持紀律嚴明的流程，因為後者對成果的影響絕對比較大。所以，只要堅持原本的計畫，就會愈來愈接近所謂的完美投資組合。

資產配置決策

雖然我強烈主張在制訂任何重要市場決策以前，一定要先透澈了解相關的事項並抱持正確的觀點，但你最終還是必須著手建構你的投資組合。建構投資組合時有很多重要的事得做，不見得每件事都和減少犯錯有關。從資產配置的立場來說，以下是制訂這個重大決策時必須考量的七個重要問題：

一、我應該如何分配股票、債券和其他投資標的在投資組合裡的比重？
二、我希望在投資組合裡偏重或加入其他什麼資產類別或風險因子？
三、我希望這個投資組合的結構偏離大盤結構多遠？
四、未來最不會讓我後悔的投資組合是怎樣的投資組合？
五、根據我承擔風險的意願和能力，我的風險偏好有多高？
六、我要如何落實資產配置並將它轉化為一個真實的投資組合？
七、我要如何決定一個投資組合裡的資產配置比重？

首先，每納入一項資產類別和投資標的到投資組合，都必須提出具體的理由，這一點至為重要。採行任何一個步驟都必須有理由。市場總是會不斷誘惑你採取不必要的投資組合行動——每當市場大幅波動，你就會感覺有必要採取行動來保護自己免於受創，而當市場平靜時，你又會感覺應該主動做點什麼來改善成果。你必須設定一個較高的障礙，阻止自己任意調整投資組合。諸如「因為我很緊張或興奮……」等，絕對不能當作調整投資組合的充分理由。事實上，你要執行的多數優質決策一定會讓你感覺不安（譯注：例如在市場重挫時不隨著市場起舞，選擇按兵不動的決定），而且在調整投資組合時，要留意的不僅是情緒相關決策。舉個例子，假定你不是利用免稅帳戶投資，那麼每出售一項資產，你就必須承擔相關的稅賦後果；另外，你也必須考慮交易成本，還要留意一旦你後悔採取某些行動時，心理層面必須承受的衝擊。所以，在調整資產配置或投資組合持有的資產以前，一定要先確認這些調整都符合先前明訂的投資指導原則或流程。一旦你開始亂槍打鳥，犯錯率就會開始快速上升。

資產配置能幫助投資人在「賺錢的需要」和「接受虧本的能力」之間取得平衡。表7.1是根據歷史市場報酬和由股票與債券組成的不同資產配置所歸納出來的大略損益。如果你持有一個完全由股票組成的投資組合長達幾十年，那你勢必經歷過一次導致投資組合價值腰斬的市場崩盤走勢。每個投資人都必須做好心理準備，迎接這樣的事件，因為人的一生當中一定

表7.1　具體呈現資產配置的風險與報酬

資產配置		三十年間的平均年度報酬率	三十年後一萬美元增值為	10月7日至3月9日績效	10月7日至3月9日損失
股票	債券				
100%	0%	11.1%	238,210	-56.6%	-56,600
90%	10%	10.6%	204,825	-50.2%	-50,192
80%	20%	10.0%	175,984	-43.8%	-43,784
70%	30%	9.5%	151,088	-37.4%	-37,376
60%	40%	8.9%	129,612	-31.0%	-30,968
50%	50%	8.4%	111,102	-24.6%	-24,560
40%	60%	7.8%	95,159	-18.2%	-18,152
30%	70%	7.2%	81,439	-11.7%	-11,744
20%	80%	6.7%	69,640	-5.3%	-5,336
10%	90%	6.1%	59,502	1.1%	1,072
0%	100%	5.6%	50,798	7.5%	7,480

資料來源：市場報酬率是根據一九二八年至二〇一三年標普五百指數的報酬率計算。債券部分是根據一九二八年至一九七五年的十年期國庫債券、一九七六年至二〇一三年的巴克萊總體債券指數（Barclays Aggregate Bond Index）計算。過往的績效只是用來闡述歷史風險概況，不是用來預測未來的報酬率。此外，這些報酬率數字不包含手續費、稅賦和佣金的影響。

會遇到這樣的事件。

每一個決定都有其利弊得失，所以你必須務實面對自己處理獲利與虧損的能力。不要以為填填風險承受度問卷就好，也不要以為回顧過去的市場崩盤走勢並從中吸收後見之明，你就會更有能力因應實際的市場崩盤走勢。從事後諸葛的角度來看市場，任何人都會覺得市場看起來很容易應付。財經作家弗瑞德・史威德曾說：「一如生命中的所有豐富情緒體驗，損失重要金錢的完整感受絕對無法以筆墨形容。」除非你曾在市場崩盤時握有實實在在的投資部位，否則不可能精確知道當市場遭到重創時，你會做何反應。當你試著釐清自己的股市風險承受度有多高時，應該把過去的實際經驗列入考量。

為何分散投資很重要

在《回到未來續集》（*Back to the Future Part II*）一片中，老是找馬帝．麥克弗萊（Marty McFly）麻煩的畢夫．譚能（Biff Tannen）回到過去，送給年輕的自己一份《格雷斯運動年鑑：一九五〇年至二〇〇〇年完整運動統計》（*Grays Sports Almanac: Complete Sports Statistics 1950-2000*）。就這樣，處在過去時空的畢夫利用他透過這本年鑑而得知的未來事件，投入運動賽事賭博，最後贏得了數億美元。不過，就某種程度來說，這並不是賭博，因為他精準知道這些賽事的結果。[3]如果投資人有能力準確地預測到未來的狀況，就沒必要擔心資產配置或投資組合建構的問題。每個有能力預測未來將發生什麼事的人，都能像畢夫那樣，把錢投入表現最好的股票或產業。當然，聰明的投資人知道這是不可能的，所以在建構投資組合時，一定會把風險和不確定性納入考量。

由於投資人沒有一個能從未來回到現在的自己可以告訴他們未來將發生什麼事，所以分散投資是必要的。分散投資是承認自己對未來無知的最好方法。唯有承認自己對未來無知，才會做好接受未來眾多可能性的準備，並確保自己不犯錯。某些人可能會認為分散投資代表無知，但將投資組合風險最小化的最好方法之一，就是承認「我不知道未來將發生什麼事，我不知道哪一個資產類別將年復一年創造最佳表現，所以我將會廣泛分散投資到各種不同的資產類別和風險因子」。由表7.2就可知道要選出每一特定年度表現最好的資產有多困難。透過這項數據便能了解要保有金融市場的強勢地位有多不容易。似乎沒有任何脈絡或理由能事先推斷出每一年表現最好的投資標的。

套用老溫斯頓．邱吉爾（Winston Churchill）一席有關民主的名言，建構一個分散投資的投資組合或許是最糟糕的投資方法……但其他所有方法更糟糕。當你採用分散投資的方式來建構投資組合，總有一天，你一定難免會對組合中的某項標的恨之入骨，因為不管是在任何情境下，投資組合裡的所有標的都不可能全面同步大漲，如果這樣的情況會發生，投資未免太過輕而易舉了。多數投資人會花很多時間思考如果每件事都做對，投資組合的成果將會

表7.2 資產配置表

2007年	2008年	2009年	2010年	2011年	2012年	2013年	2014年
新興市場 33.1%	債券 7.6%	新興市場 68.9%	REITs 28.3%	REITs 8.5%	新興市場 19.1%	小型股 41.0%	REITs 30.1%
國際股票 13.3%	小型股 -37.6%	小型股 41.6%	小型股 27.2%	債券 7.7%	國際股票 18.8%	中型股 33.1%	大型股 13.7%
中型股 12.5%	中型股 -36.4%	中型股 37.6%	中型股 26.3%	大型股 2.1%	中型股 17.8%	大型股 32.2%	中型股 9.4%
債券 6.7%	大型股 -36.6%	REITs 29.6%	新興市場 16.5%	小型股 1.1%	REITs 17.5%	國際股票 21.4%	債券 4.5%
大型股 5.5%	REITs -37.1%	國際股票 26.9%	大型股 14.8%	中型股 -2.1%	大型股 15.8%	REITs 2.3%	小型股 3.0%
小型股 1.8%	國際股票 -41.0%	大型股 25.9%	國際股票 8.2%	國際股票 -12.3%	小型股 15.7%	債券 -2.0%	新興市場 -3.9%
REITs -16.5%	新興市場 -48.9%	債券 3.3%	債券 6.4%	新興市場 -18.8%	債券 3.8%	新興市場 -3.7%	國際股票 -6.2%

基金：iShares MSCI新興市場ETF（EEM）、先鋒不動產投資信託指數型基金（VGSIX）、SPDR標普四百中型股ETF（MDY）、SPDR標普六百小型股ETF（SLY）、SPDR標普五百指數ETF（SPY）、iShares MSCI歐澳遠東ETF（EFA）、iShares巴克萊美國核心綜合債券ETF（AGG）。

有多好。但真正明智的投資人知道必須未雨綢繆，事先設想萬一出錯了該怎麼辦。分散投資是投資流程中因應「萬一」狀況的必要環節。

投資流程的每個環節都牽涉到一系列的利弊得失和取捨。投資本身是一種將目前消費遞延到未來消費的行為。你可以透過投資流程，試著將致富機會最大化，也能利用這個流程，嘗試將未能達到目標並因此變窮的機率最小化。你必須願意為了賺取較高長期報酬率而偶爾忍受一段時間的巨額虧損；當然，你也可以選擇存很多錢，願意為了降低短期虧損的機率而接受較低的報酬率。你一方面必須能夠在夜晚安心入睡，一方面也要能在退休後維持原來的生活水準。你必須煩惱近期內的特定支出需求，但也要考慮幾十年後的支出需求。總之，有很多決策要做。

說穿了，投資就是試著將後悔最小化。某些投資人會後悔錯失某些巨大的利潤，某些則是後悔未能避開嚴重的虧損。哪一種悔恨最可能讓你的情緒惡化？錯過未來的利潤？還是發生未來的損失？透過一個深思熟慮的資產配置架構來分散投資，是將這兩種悔恨最小化的最佳選擇。如果你切實分散投資，永遠也不會有破產的一天，不過一旦你分散投資，代表你願意接受短期的悔恨，以取代長期的悔恨。分散投資也有助於控制你的行為，而且一旦分散投資，你永遠也不可能徹底錯過最大的獲利，也不可能在每一次最大的虧損發生時都身陷其中。當然，分散投資無法徹底保護你免於發生幾天、幾個月或甚至幾年的爛績效，因為所有想賺錢的人都遲早必須忍受一段時間的虧損。不過，分散投資能保護投資人免於陷入好幾個週期或甚至幾十年的不良績效，換言之，分散投資讓投資人避開真正的風險。分散投資等於是接受一個「夠好」的結果，投資人透過這個過程，放棄非凡的成果，但也迴避可怕的結果。知名的價值型投資人霍華德・馬克斯曾說：「這就是分散投資必須面臨的取捨，你必須充分地分散投資，才能在遭遇惡劣時機或厄運時僥倖存活，接著才有機會靠著實力和優質的流程獲得長期的回報。」[4]

分散投資的另一個理由是，你的投資時程很有可能正好落在市場表現非常糟糕的時期（這段期間甚至可能很長），這種可能性絕對不能排除。財經作家暨投資人摩根・霍席爾（Morgan Housel）分析了不同起點——取決於你出生的日期——對退休儲蓄者最終的儲蓄餘額有何影響。具體來說，霍席爾觀察如果某個投資人每個月存五百美元，並將這筆儲蓄連續二十年都投資到標普五百指數後的成果。他分析了從一八七一年至二〇一三年等不同起點的數據。根據調整通貨膨脹後的數據，績效最好的二十年期間為一九八〇年至二〇〇〇年，投資人在這段期間的儲蓄與投資活動，最後累積的餘額是四十萬美元。績效最糟的二十年則是一九六二年至一九八二年，最後的餘額在調整通貨膨脹因素後，略低於六萬美元，而導致這段期間績效那麼糟糕的主要因素就是通貨膨脹（這些數據顯示，最糟糕的期間過後便是最好的期間，很有趣吧）。[5]在這兩段期間，這個投資人都維持一貫穩健的行為，但兩段期間的成果卻差異懸殊。

霍席爾舉的例子是投資人應該堅持長期分散投資原則的另一個理由。沒有人知道特定的市場將會有什麼表現。如果長期報酬率可預測，就不會有任何風險可言，在那種情況下，這項活動就會被稱為「賺錢」，而不是「投資」。你無法控制自己的出生日期，也無法控制市場在你的投資生涯期間的表現。這個過程取決於運氣的成分，遠超過很多人願意承認或相信的水準。某些人很走運，總是在最需要的時候碰上超級大多頭；某些人則老是在最不合時宜的時候碰上艱苦的空頭市場。這看起來確實不公平，但人生就是如此，也因如此，你絕對不會想長期被某個特定市場困住。如果你生不逢時，市場表現正好長期不濟，那可能是你運氣不好，而如果你只選擇投資一種標的，隨時都可能碰上一個長期表現不好的資產類別、地區、因子偏向或策略。若要避免上述任何一個投資類別嚴重傷害你的投資組合績效，最好的

表7.3 每十年的年度報酬率

	股票	債券	50/50 投資組合
1930年代	-0.9%	4.0%	2.8%
1940年代	8.5%	2.5%	5.8%
1950年代	19.5%	0.8%	10.5%
1960年代	7.7%	2.4%	5.3%
1970年代	5.9%	5.4%	6.1%
1980年代	17.3%	12.0%	14.9%
1990年代	18.1%	7.4%	12.9%
2000年代	-1.0%	6.3%	3.7%
2010年代	15.7%	4.2%	10.4%

資料來源：阿斯瓦思・達摩德仁

方法就是分散投資到所有資產類別。

讓我們透過幾個例子來觀察分散投資的實際力量。表7.3是股票與債券每十年間的年度報酬率。誠如我們先前說明的，即使是在長達十年的期間，枯燥乏味的債券都可能表現得比股票優異。股票在某些十年期間的報酬率非常強勁，如一九五〇年代、一九八〇年代和一九九〇年代，在那些期間，投資股票好像絕對穩當。然而，股票在某些十年期間的長期表現不理想，如一九三〇年代和二〇〇〇年代。請特別留意各個十年期間的年度績效數字落差有多麼大。

而如果你在那些十年期間，單純持有五〇%股票和五〇%債券，最後的成果將是如何？由最後一欄可發現，各個期間的報酬率區間明顯縮

表7.4　各十年期間的年度報酬率

	美國股票	國際股票	50/50 投資組合
1970年代	5.9%	10.1%	7.6%
1980年代	17.3%	22.8%	20.1%
1990年代	18.1%	7.3%	12.8%
2000年代	-1.0%	1.6%	0.2%
2010年代	15.7%	8.6%	12.2%

資料來源：阿斯瓦思·達摩德仁與摩根士丹利資本國際公司（MSCI）

小，不過各個十年期間也不再出現負報酬離群值。當股票市場陷入困境，債券便接棒演出，而當債券市場陷入困境，股票又成為帶動績效的力量。

這些只是美國市場的結果，不過以市值來說，美國市場只佔全球股票市場的一半。由於美國投資人的本土偏好（home bias）與較熟悉美國企業的緣故，所以很多美國投資人忽略了海外市場的投資機會。有時候不投資海外市場是對的，但有時候偏好本土的投資人看起來則像傻瓜。一如上述例子，有時候這純粹和運氣有關。不過，除非你有能力精準分辨投資美國或海外市場的有利時機，否則較穩健的作法還是應該分散投資這兩個領域。表7.4是標普五百指數和摩根士丹利資本國際公司歐澳遠東指數（MSCI EAFE，這項指數由歐洲、澳洲和遠東的已開發國家組成）在各個十年期間的績效。每個市場都輪流成為聚光燈下的焦點，不過各個十年期間的績效數字有可能落差非常大。現在，請看看最後一欄，這是單純的五〇%美國股票及五〇%國際股票投資組合，由表中的數字可見這個組合的報酬率相對較穩定。

某些投資人在觀察長期數字後，可能會假設堅定投資美國股市並迴避投資全球市場的作法是正確的。雖然這樣的立場可能獲得良好的結果，如果你正好是活在諸如一九九〇年代那樣的期間，但如果碰上一九七〇年代或二〇〇〇年代美國市場績效嚴重落後的那種狀況，你就會陷入風險過於集中的深淵。

由克里夫・阿斯尼斯領軍的量化資產管理公司——AQR資本管理公司（AQR Capital Management），在幾年前提出一份研究報告，歌頌分散投資國際股票市場的好處。以下是他們的研究結果（重點部分為本書作者標示）：

> 國際分散投資或許無法保護你徹底避開幾天、幾個月或甚至幾年的可怕時期，但以較長的投資時程（這對投資人來說比較重要）而言，國際分散投資能提供非常好的保護，因為長期來說，根本經濟成長對報酬率的影響，遠大於短期恐慌對報酬率的影響。短期而言，全球分散投資的成果或許會令人失望，因為各地的市場傾向於在同一時間崩盤，所以這時全球分

散投資的投資組合受到的負面打擊更大。有些批評者主張，國際分散投資提供的保護效果並不比純粹本土的投資組合好，所以如果投資人希望透過長期較低的波動性獲利，國際分散投資反而更危險。

但我們主張這樣的批評並沒有掌握到重點。**雖然短期的同步崩盤走勢可能令人感到痛苦萬分，但長期報酬率對財富的創造與破壞更攸關重大。**我們的報告說明，長期而言，各個市場並不具備在同一時間崩盤的一貫傾向。這個研究結果一點也不令人感到意外，因為即使市場恐慌有可能是決定短期報酬率的重要因子，但長期來說，各國個別的經濟表現才是真正支配報酬率高低的要素。**分散投資能保護投資人免於因集中持有某些長期經濟表現不佳的國家的部位而受到損失。**我們不應該貶低這種保護效果的利益。總而言之，國際分散投資能對投資組合產生有利的影響。只有輕率的人才會漠視這個重要的事實。[6]

舉個例子來說明：假定你是一九八〇年代末期的日本投資人。一九八〇年代時，世界各地幾乎所有人都預測日本將取代美國成為世界上的經濟強權，在當時很多人眼中，這個發展並非不可能。從一九六〇年代起，日本的股票投資報酬率每年都超過二〇%，換言之，本金

	美國股票	太平洋地區股票
1970年-1989年	9.5%	20.5%

	美國股票	太平洋地區股票
1990年-2014年	11.5%	1.4%

每三年半就增加一倍。在這種情況下，有什麼理由投資其他國家？看看上表一九七〇至一九八〇年代美國股票和太平洋地區國家股市（主要由日本企業組成）的報酬率比較，便一目了然。

當時日本房地產和股市泡沫膨脹到極點，到一九九〇年，日本房地產市場的總價值一度還達到美國全體房地產市場價值的四倍，問題是，日本的國土只和加州一樣大。當時日本股市的本益比達到一百倍，相較之下，多數市場的長期平均本益比只有十五倍。總之，日本的泡沫嚴重失控，當時有二十幾個高爾夫俱樂部的入會資格要價一百萬美元以上。[7]總之，用「泡沫」來形容當時的日本，都還嫌太輕描淡寫。正當眾人覺得前景一片光明之際，崩盤突然發生。由上表中，你可以想像得到這個大泡沫破滅後的一九九〇年至二〇一四年間發生了什麼事。

如果當初你偏好本土的投資組合，那麼接下來近二十年間，你就承擔了每年報酬率不到二%的風險，當然，如果你夠幸運，是在一九七〇年代和一九八〇年代投資日本，你的資金每三年半就增加了一倍。但你真的想冒險把畢生積蓄投資到類似日本那樣的境況裡嗎？全球分散投資能保護投資人免於因單一國家或單一市場經濟或股市崩潰而受到傷害。有趣的是，若觀察一九七〇年起迄今的投資時程，這兩個市場的年度報酬源流其實非常相近，美國的年度報酬率為一〇．五%，太平洋地區股票則是每年九．四%的報酬率。顯然當市場徹底偏離現實，時機的好壞還是可能決定一切。

每個人都想知道美國和海外股票之間的配置組合應該怎樣分配才算完美。多數理財顧問和投資人建議的國際股票配置比重介於一〇%至五〇%。但事實上，這個問題沒有正確答案或錯誤答案。如果這兩種資產類別未來繼續循著過去的軌跡前進，那它們的極長期報酬率將非常相近。當然長期下來，外匯波動一定會導致這些報酬率略有差異，但匯率也一樣非常難以預測。由於美國投資人動用的投資組合資金是以美元計算，所以對退休人士來說，加重美國股票投資是合理的。如果投資期限較長，就必須酌情加以調整。或許你可能因未來幾十年加重投資美國股票而幸運獲得較高報酬；或許新興市場的經濟將繼續快速成長，市場也將快速發展，並成為未來的大明星。無論如何，能讓你放心且長期堅持的配置，永遠都會是好的配置。

分散投資的投資組合不可能徹底幫助我們迴避諸如二〇〇七年至二〇〇九年那種大型金融危機可能造成的痛苦。另外，分散投資也對短期的成果沒有顯著助益，它的效用要長期以後才能顯現。它需要耐心，因為如果你要建構一個分散投資的投資組合，代表有時候投資組合裡的某些標的會表現得不如人意，甚至快把你搞瘋了。但還是請切記，真正重要的是整體投資組合的績效，個別標的的績效則是其次。

不過，另外還值得一提的是，長期的定義取決於脈絡和處境，所以「長期」對不同人和組織來說，可能代表著不同的事物。最終來說，你一定會動用到你儲蓄與投資的錢，而市場難免也會在你需要賣出資產籌措生活費用、子女大學基金或支應其他事由的情況下和你唱反調，而這是穩健投資人應該分散投資的另一個原因。分散投資不只能適當規避市場的風險，也能規避個人處境（包括個人不同的投資時程等考量）的風險。

均值回歸與再平衡作業

囚犯最愛的消遣活動就是抱怨監獄的伙食。不過，有一個中西部鄉下地方的監獄警衛發現了一個奇特的現象，當地被囚禁約莫六個月的囚犯的平均體重竟增加了約九到十一公斤。察覺到這個現象後，他們透過一個研究團隊來尋找答案。這些囚犯都獲准到運動場上做運動，所以問題不是出在缺乏運動。研究人員詢問囚犯變胖的原因，結果沒有人把問題歸咎給伙食、設施或缺乏運動。到最後，他們終於找出原因，信不信由你，原因出在監獄的囚衣。這個監獄的橘色連身囚犯制服非常寬鬆，由於囚衣過於寬大不合身，所以囚犯很難察覺到自己正日積月累地累積了體重。說穿了，監獄沒有設置一個安全網來讓囚犯了解自己的體重，等到他們出獄後要穿回原本的衣物時，才驚覺自己胖了很多。由於沒有合身的衣物讓囚犯們作為維持正常體重的衡量標準和標竿，導致囚犯在不知不覺之間增胖許多。8

我們可以用相同的方式來看待投資組合的再平衡作業。再平衡作業能讓你的投資組合免於過度偏重（看看我對投資組合做了什麼好事？）某一項投資標的或資產。再平衡作業是一個出售某些漲價資產與買進某些跌價資產，以便讓投資組合的投資比重回歸既定資產配置目標權重的流程。未分散投資的資產配置毫無用處可言，相同地，若沒有進行再平衡作業，分散投資也沒有意義。對投資組合管理流程來說，這三者是永遠密不可分的要素。

看到市場波動非常劇烈時，一般人的第一個直覺一定是盡可能遠離這個市場，但通常相反的反應會帶來遠比那個直覺更好的結果。就絕大多數的狀況來說，重新平衡波動性是正確的舉措（記住，市場上沒有「總是」或「永遠」）。實際上，波動性是再平衡作業與尋找投資機會的先決條件，對一個廣泛分散投資到各種投資類別的投資組合來說尤其如此。每當市場出現大波動走勢（不管是漲、是跌）或突然從上漲變成下跌（或相反），投資人就會急著想快速判斷出這些走勢的導因。最簡單的解釋通常是正確的解釋，而且以多數案例來說，這個解釋就是「均值回歸」（mean reversion）。很抱歉，我毀了一個優美的敘事，但事實就是如此。世界上沒有一個大盤會永遠維持直線上漲，相同地，沒有一項資產類別會永遠維持崩盤的狀態。均值回歸的意思就是績效領先的市場最終會落後，而績效落後的市場最終會領先。均值回歸的概念很容易理解，但在事情發生的當下，我們卻難以領略這個道理，因為多數市場和評價水準的平均值可能不斷變動，而回歸的時機也總是千變萬化。不過，如果你能體會「市場與經濟體系總是維持週期性波動」的事實，那麼你的成果應該會比絕大多數的投資大眾好。

關於進行系統化再平衡作業的時機，很多研究的結果各有差異，不過先鋒公司一份研究的主要結果顯示，再平衡作業本身就是決定投資人成就的關鍵，無論再平衡的時間區隔是多久（每季、每半年或每年等）。[9]當你買進相對弱勢的標的、賣出相對強勢的標的，就等於是自動採用一個逆勢的方法。每個人都知道要「低買、高賣」，但多數人並不知道要如何落實這個要求。再平衡作業是一個系統化的「低買高賣」法，因為每一次的再平衡作業就是執行低買高賣。有些投資人偏好在資產配置偏離目標權重時，馬上展開再平衡作業，有些人則選定一個具體的日期或時間範圍來進行再平衡作業。最好的再平衡方法就是能長期逼迫你「就範」的那一個。很多基金公司有自動的再平衡作業，投資人不用採取任何行動也能達到再平衡目標，因此省去不少事。諸如此類的自動化優質決策能將情緒因子從投資流程中排除。如果你無法或不願意進行再平衡作業，就算預先設定了資產配置也沒有用，因為很多人總是會找各種藉口**不**落實再平衡作業。在一生當中，多數優質投資決策將是一開始感覺起來不怎麼好的那些決策。

作家暨投資人威廉·伯恩斯坦在一份研究中說明，分散投資和再平衡作業每年創造的「紅利」接近〇·五%，[10]但一如九〇%的資產配置研究，由於市場情勢瞬息萬變，所以我們無從得知這項紅利未來會不會改變，也不知道它將如何演變。回顧過往狀況時，你可能會感覺在某些情況下進行再平衡作業是完美的，但在某些情況下，放任投資組合隨波逐流反而會

歐洲股票	10.5%
太平洋地區股票	9.5%
美國股票	10.4%

得到更好的績效數字，並因此認為再平衡作業可有可無。如果你真的這麼想就錯了。雖然再平衡作業非常有助於提升績效，但再平衡的最大利益其實在於控制風險而非提高報酬率。風險管理不是你想做就做，不想做就不要做的，若能好好管理風險，績效自然就會顯現。如果你能採納一個有紀律的再平衡系統，最終一定會因這項行為利益而獲得更高的績效。長期下來，若能利用自動再平衡來擺脫其他投資人的情緒影響，最終便能獲得可觀的回報。

讓我們看看實務上的再平衡紅利。這些數字是美國、歐洲與太平洋地區股票市場自一九七〇年至二〇一四年間的年度報酬數字（見上表）。

由這些數字便可得知，長期下來，這三者的長期報酬率很相近。但如果你將這三個市場結合在一起，成為一個等權重的投資組合配置，而且每年年底都進行一次再平衡作業（也就是在年底時，將這三個市場的權重重新調回原始的等權重狀態），整個投資組合的年度報酬率將上升到每年一〇・八％，比這三者的個別報酬率高。你可能會問，這怎麼可能？原因就在於每個市場各有表現領先的年度和表現落後的年度。若採用這個策略，你每年一定得賣掉一些強勢市場，買進一點弱勢市場。以這個案例來說，風險管理是焦點，但報酬率確實也隨著風險的管理而增加，總之好好照料風險，報酬就會自己成長茁壯。

不過關於均值回歸，有一點需要釐清。均值回歸和大盤、資產類別、風險因子或投資風格比較有關，和個股不盡然相關。舉個例子，沃爾瑪百貨（Walmart）在四十年當中的平均年度報酬率大約是二三%，這樣的報酬率足以將四十年前的一萬美元變成三千九百萬美元；另外，蘋果公司（Apple）的股票在二〇〇二年年底創下低點後，共上漲近二〇〇〇〇%。然而，誠如我們在第五章討論的，幾乎一半的個股蒙受永久性下跌的厄運，跌幅約七〇%。所以，個股沒有均值回歸這回事，畢竟企業會破產，有些則被收購，就算沒破產或被收購，它們的業務也可能一路下滑，永遠無法回復原本的水準，當然，市場上也不乏赫赫有名的樂透頭彩型股票。

預測風險遠比預測報酬簡單得多。我們知道風險永遠都在，但在任何一個十年期間，我們卻難以斷言是否能出現正面績效，此時耐心與紀律就非常重要。資產配置是一場慢速競賽，永遠急不得，它雖然不是時時刻刻都有效果，但只要給它足夠的時間，最終一定會見效。

資產配置其實就一種情緒分散與風險管理方法。將兩個期望報酬率相似的資產，如美國與國際股票結合在一起是有道理的，因為這麼做能降低投資成果的波動性，從而（希望能）促使你減少一些反復無常的回應。一個充分分散投資的投資組合究竟應該納入多少種次資產類別和風險因子，答案沒有絕對，一切取決於你每加入一檔基金或一種策略後，繼續維護與落實原有規則的難度。一個投資組合不需要同時持有三檔大型價值型基金，因為這樣反而產生過度分散投資的風險，而且要追蹤與持續掌握那麼多不同的標的，真的很讓人頭痛。切記，過度執著於追求完美的計畫，反而會破壞掉原本的好計畫；為了追求一個完美的計畫而不斷調整，還不如堅定落實一個嚴守紀律流程的穩固計畫就好。

風險因子、價值投資與耐心的力量

市場參與者一點也不理性，也因如此，總是會有一些成功投資人得以打敗市場。但一如第六章討論的，就較長的時間範圍來說，能打敗市場的投資人終究是少之又少。

雖然很多人會說投資組合經理人和基金公司的績效不彰完全是他們自己的責任，但投資人其實也難辭其咎。自古以來，無論是大型或散戶投資人，都喜歡追逐已經成為「過往雲煙」的績效。不過，市場上有很多積極型基金可讓你達到分散投資組合的目的，像是價值、規模、優質、動能、高息率股票等基金。代表上述不同風險因子的投資標的都曾是最佳績效清單上的績優生，而如果你能找到一檔採用可重複性流程的ETF或積極管理型基金〔馬上聯想到的是量化型基金、智選基金，以及基本面指數基金（fundamental indexing）〕，那你就會更了解特定風險因子績效落後的可能性，說穿了都只是均值回歸的表現罷了。而除非你極端了解某個不同種類的積極策略，否則當它的績效長期落後的跡象一浮現，就很可能出狀況，因為你將無法堅持到底，當然也就無法透過一個優質的流程，憑藉著均值回歸來獲取利益。

身為投資人，應該要達到多高程度的分散投資，取決於你偏離國內大盤與國際整體市場基金的意願有多高。以理財的語言來說，你可以採用所謂的核心衛星策略（core-satellite approach），根據自己的風險承受度以及你偏離大盤的意願來調整投資組合。這個核心將是一檔標普五百指數型基金、全體股票或債券市場基金。衛星則是以規模（小型股或中型股）、品質（高息率股或股東報酬率股）、資產類別（房地產投資信託）、地理區域（新興市場、外國已開發市場）或風險因子（價值型、動能型）為基礎的不同因子賭注為基礎。你偏離核心多遠、距離衛星多近，應該取決於你希望自己的投資組合報酬率距離市場報酬率多遠。分散投資很重要，但還是要考量你有沒有辦法堅持執行相關的投資組合策略。

任何分散投資的投資組合裡都會有一些表現領先與落後的標的，尤其是充斥積極型投資基金的投資組合，或是充斥指數型基金的組合。指數型基金和ＥＴＦ的好處是，一旦你投資這類基金，你會精確知道你持有什麼標的，即使那代表有時候得忍受長期的損失。不過我們要說句公道話，單純的投資組合的力量不容小覷。研究人員觀察一九八七年至一九九九年間美國最大型退休計畫的績效，這些計畫的資產配置大致上都相當分散，很接近股票／債券為六〇／四〇的配置。這份研究檢視的二百四十三個退休計畫中，每一個計畫的投資金額分別達到數億或甚至數十億美元，但其中九〇%的計畫都未能打敗由標普五百指數與雷曼兄弟總體債券指數（Lehman Brothers Aggregate Bond Index）（這兩項指數是當時可用的最廣泛市場指數）組成的六〇／四〇投資組合。[11]單純的投資組合是個良好的起點，而接下來的你要進而做什麼調整，應該取決於你的風險偏好和對不同資產類別與風險因子的了解。

價值溢酬

心理學家研判我們的左腦會對持續收到的反應做出回應，並試著將我們想要理解的所有現象都轉化為一個故事，這有助於將我們的信念形塑為一個敘事。心理學家稱這部分的大腦是個解譯者，因為它總是想方設法地根據因果關係來表達各項事物，即便表達出來的結論是錯誤的。[12]可是，以這種方式思考可能會導致我們誤入歧途，因為這會導致我們假設過去已發生的事很容易理解且必然發生，從而未能考慮到或許會有其他結果。

羅伯・沃克（Rob Walker）與約書亞・葛林恩（Joshua Glenn）一向致力於研究重要目標專案（Significant Objects Project），設計這個實驗的目的是要測試「敘事能將『不重要』（insignificant）轉化為『重要』（significant）」的假設。這兩位研究人員選了一百項車庫拍賣品品質的商品，再試著各用一項敘事來提高每一項不毛商品的價值。在作法上，他們找來一些自願的寫手，為每項商品編織一個捏造的背景故事，再將商品與故事張貼到eBay拍賣。他們一共只花不到一百三十美元購買所有商品，但這些和種種動人故事串連在一起的廉價商品，最後讓他們淨賺了超過三千六百美元（透過eBay拍賣）！舉個例子，一個美妙的敘事將一個單純得不得了的玻璃杯轉化為價值七十六美元的拍賣品；一個烤箱手套賣了五十二美元；一罐彈珠賣了五十美元。總之，這個例子說明，動人心弦的故事確實會對我們的價值知覺產生明顯的影響。人類總是較偏好情緒化的故事，較不青睞精準的數據。[13]

敘事的問題在於，當敘事被用來作為投資概念時，通常都會失靈。那是因為基於那些敘事而被關注的股票或市場，早已因那些投資概念而上漲，但漲價的幅度可能已脫離相關概念的實質效益。價值溢酬（value premium）是一種局部因敘事的使用而產生的異常現象。就歷史的角度來說，價值型股票的表現比市場上的其他股票高二％至五％（取決於時間範圍與涉及的市場）。以簡化的說法形容，價值型投資就是趁某些資產不受市場青睞，或趁其價格重創時逢低買進。價值型股票是指淨值比、本益比或低現金流量比等偏低的企業的股票。

目前有兩個理論試圖解釋為何價值型投資異常現象會存在：（一）投資人買股票時偏好敘事，所以誘人的成長故事和具有魅惑力的股票，傾向於獲得較多投資人與媒體的關注。舉個例子，多數人假設大企業的股票應該是很好的股票，完全沒有考慮到價值面的評比。另外，一般大眾都對推出新產品的高成長型企業的股票耳熟能詳，很多人甚至認得這些企業的執行長或創辦人的長相。投資人總是會在企業處於成長階段且股價偏高時，高估這些企業的未來展望。這種種傾向會導致較便宜（譯注：以價值面評比如本益比等而言）的股票遭到忽略。當然，股票不會沒有理由而遭到打壓，所以投資人自然很難說服自己去投資這些便宜的股票，因為通常價值型股票都充斥著壞消息；（二）很多學術文獻表示，願意接受較高水準風險的投資人應該能獲得較高的報酬。價值型股票有可能面臨營運艱困的情況，這會讓人感覺這些企業未來的營業成果比其他企業更不篤定，同時導致股價的波動性加劇，換言之，這類股票的風險較高，而願意購買這些股票的投資人應該會獲得比較高的報酬。實際上，承擔較高的風險確實能獲得較高的報酬。

上述兩個理論都對歷史上的價值溢酬貢獻了一點影響力。另一個簡單很多的解釋是，購買價值型股票的長期效果很好的原因是，這種投資標的的投資成效並非時時刻刻都比較好。舉個例子，在一九九〇年代中期至末期科技泡沫逐漸形成階段，成長型股票的績效超過價值型股票，在六年期間，前者的績效每年領先後者一〇％以上。多數投資人不可能對這麼大的差異視而不見（譯注：那段期間的價值型股票因此不受青睞，價值也遭到低估）。但風水輪流轉，接下來十四年間，價值型股票平均每年的績效超過成長型股票五％以上，換言之，先前的趨勢徹底被反轉。在研究的二十年期間（即一九九四年至二〇一三年），價值型股票的績效平均每年比成長型股票高達近一．五%。[14]只有非常有耐心的投資人能夠獲得這樣的領先績效表現，沒有耐心的其他人則被網路世代的革命性技術相關敘事迷惑，在泡沫破滅之際遭受慘痛的打擊，總之，價值型投資法確實有用……終於有用了。

「長期下來」這個用語可能非常主觀，因為每個投資人心目中的「長期」是多長，可能取決於他們個人的特殊環境。你可能要非常有耐心才能見到「長期」的巨大影響。如果你選擇投資價值型股票基金，就必須保持耐性，因為這種基金長期下來一定會有表現，但不是隨時都有好表現。

智選的興起

智選策略是一種系統化利用風險因子或風險因子組合來修改市場指數並進而建構基金的方法。這個策略的流程是：選擇一個指數，賦予其成分股不同於它們在指數的權重，或從指數成分股中篩選出一些你有意投資的特定類型企業。這是善加利用指數型基金投資方法的利益（系統化、低成本、低周轉率、低稅賦）又無須徹底複製實際指數內容的方法之一，經過這個修改過程，智選投資組合與代表整個市場的指數型基金就有所區隔。智選策略通常聚焦在某個特定的風險因子或某幾個因子的組合，像是價值型股票、小型股或中型股、動能型股票和優質股票，而且這種策略會定期利用既定的規則流程來再平衡基金的持股內容。多數指數是採市值加權（cap-weighted，譯注：也稱為發行量加權），這代表指數成分股的權重是依照市值來決定。蘋果公司是世界上最大市值的公開掛牌股票之一，所以它佔標普五百指數的權重當然就很高。小型企業的權重一定比蘋果公司小很多。

很多智選基金被稱為指數型基金，但實際上這些基金都是量化投資基金。記住，指數型基金沒什麼特別的，這種基金相對絕大多數積極型共同基金的最大優點就是前者比較有紀律，也因如此，智選基金應該會繼續保有極大的影響力。這種基金排除了行為要素對投資的影響。未來在市場上推出的智選基金——也就是基本面指數基金、要素投資基金（factor investing）、策略性beta基金（strategic beta）或其他任何以行銷為目的的名稱——還是能搶攻到市場佔有率。到時候，這類基金會變得更便宜，華爾街也勢必會想出更多包裝不同策略和風險因子的方法。我認為如果你在介入前徹底了解相關基金的內涵，將這類基金納入廣泛分散投資的投資組合是很合理的作法。至於要投資多少錢到每一種基金，則取決於以下幾個要素：

一、你希望自己的投資內容偏離市場結構多遠？要賺取比市場更高的報酬，有時候就必須願意接受不同於市場的報酬率——有時你的報酬率會比市場好，有時則會比較差。從一九八〇年代至一九九〇年代，小型價值型股票績效落後市場績效長達十八年，但最終這些股票還是讓股東值回票價，不過投資人等待了非常久的時間才終於獲得最後的「獎勵」。總之，耐心是採用這些策略與基金的先決條件。

二、為了賺取較高期望報酬，你是否能夠忍耐較高的潛在風險？對介入這類基金的投資人來說，最大的風險或許是投降式拋售。如果你計畫投資這類基金，一定要做好長期持有的打算，不要因為這些基金有時候表現不怎麼理想而退卻。也因如此，抱持務實的期望很重要，唯有抱持務實的期望，才不會因為這些基金某些期間的績效高於或低於標竿而感到意外，並進而採取不必要的動作。

三、你是否願意進行再平衡作業，繼續投入資金到正在下跌的基金？這是讓智選基金發揮長期效益的唯一方法。一旦投資這種基金，你必須願意系統化地低買高賣，否則它就無法為你創造長期的利益。

四、利用基本型的指數型基金持有整個市場的成本，基本上等於零或幾乎等於零。投資因子型基金的成本雖比祕櫃指數型基金及積極型共同基金便宜很多，但一定比最基本的大盤指數型基金高。

但未來這些策略的溢酬也可能因一個簡單的事實而降低，這個事實是：這類基金因學術研究與可投資管道（如很多採用這類策略的ETF與共同基金的推出）的增加而變得人盡皆知。在過去，基金公司很難以具有成本效益的方式，成立供一般投資人使用的這類基金，而由於目前有非常多ETF問世，所以每個人都能以遠低於過去的成本來投資這類基金。這對投資人來說是好事一樁，但也使產業競爭加劇。所以，未來這些風險溢酬很有可能會縮小。比較可能的結果是，這類基金的波動性將會上升，原因是隨著這類基金的投資管道變得容易取得，一旦其中某些基金創造亮麗的成績，將有更大量的投資人湧進這類產品，而當某些基金績效落後（這一定不可避免）時，又會有許多投資人蜂擁而出，造成基金本身的波動性加劇。到時候勢必會有更多「肉腳投資人」投資這類基金，而這種投資人絕對會在初步的警訊一出現時就急著出場。而投資人這種不斷進進出出、追逐已成「過往雲煙」的績效等行為，將嚴重抵銷這種系統化基金策略的優點。

然而，我個人並不覺得這種溢酬將永遠消失，原因很簡單，因為這種溢酬不是時時刻刻都能產生正面的結果。當我們看到一個現象連續發生兩次，我們的大腦就會不自覺地自動預期它會再發生第三次。有幾份研究調查了一些研究對象試圖對不可預測的事件進行預測後，出現了什麼反應；即使研究人員事前告知這些研究對象，他們試圖預測的是不可預測的事件，所以勢必會預測失敗，但他們依舊認定自己有能力預測出可能的結果，由這個結果可見某些投資人很沒耐心。並非每個人都有能力在較短的時間範圍內處理長期的策略，擁有必要耐心等待價值型基金度過低潮週期的堅定投資人並不多。若希望透過這類基金獲得風險溢酬，就必須「委身」給這類型的基金，不是只有在感覺它們好用的時候才投資。切記一點：特定基金長期效益優異的理由是，有時候這些基金的短期或中期效益並不好。我秉持的首要常識型規則之一是，投資標的的期望報酬與波動性愈高，投資人的行為也愈差，因為此時投資人更傾向於企圖掌握這些基金的上升與下降週期的發生時點。換言之，投資標的的風險愈高，投資人的行為也傾向於愈危險。在大型股或成長型股票績效領先的時期，持有小型股或價值型股票會顯得很愚蠢（這是分散投資的另一個理由），不過只因為一個優質策略目前暫時表現不好而放棄它，是更愚蠢的行為。

不管你購買了什麼樣的金融商品，都必須切實了解那些商品的內涵。並非所有價值型策略都相同。電腦沒有能力複製巴菲特的成就，所以你必須設定務實理性的期望。投資的最主要目的就是要購買價值低估的資產，即使某些時候這個作法不見得能立即帶來好的成果，但長期下來，它應該是成效最好的作法，也是身為一個投資人最夢寐以求的。

不過，積極型或甚至因子導向型基金的最大問題和投資策略無關，而是和投資人的行為有關。在選擇基金時，有一種情緒對投資人選擇的影響勝過其他所有要素，這種情緒是「懷疑」，而且懷疑的情緒也攸關一個投資人能否長期堅定持有他所選擇投資的基金。歷史上某些最好的風險溢酬型基金曾經落後大盤長達十年以上，唯有耐心與信任它的人才能享受到最後的利益。

表7.5是一九三〇年代以來小型股與價值型股票長期績效領先的數字。小型與價值型股票的績效一向領先市場，不過這當中暗藏一個玄機——身為投資人的你必須非常耐心等待這個

表7.5 價值與規模溢酬

	大型股	大型價值型股	小型股	小型價值型股
1930年代	-0.10%	-5.70%	2.30%	-2.60%
1940年代	9.20%	12.70%	14.90%	19.80%
1950年代	19.40%	18.40%	19.20%	19.60%
1960年代	7.80%	9.40%	13.00%	14.40%
1970年代	5.90%	12.90%	9.20%	14.40%
1980年代	17.50%	20.60%	16.80%	20.10%
1990年代	18.20%	16.80%	15.50%	16.20%
2000年代	-0.90%	4.10%	9.00%	12.80%
1930年-2013年	9.70%	11.20%	12.70%	14.40%

資料來源：德明信基金管理顧問公司（Dimensional Fund Advisors）

投資方法發揮效用。從一九八三年至二〇一〇年約莫二十七年間，大型股的績效一直都領先小型股。相同的情況也曾在一九四六年至一九六六年以及一九六九年至一九七八年間發生過。換言之，從一九二六年起，小型股績效落後的時間累計共五十六年。這代表所謂的小型股溢酬會集中在某一小段時間內發生，但維持的時間又不長久。另外，小型價值型股票在一九八〇至一九九〇年代的十八年間績效落後。而在一九五〇年代和一九六〇年代，小型價值型股票績效落後標普五百指數的時間也達十五年，另外，這個情況也曾在一九六九年至一九七六年間發生過。若回溯到一九二七年，加總上述不同的三段期間，小型價值型股票績效落後的時間共四十年。[15]

小型股票是指低市場價值的股票，通常的定義是指市值二十億美元以下的股票（中型股則是指市值介於二十億美元至一百億美元，大型股為一百億美元以上）。從很多方面來說，小型股溢酬在理論上是說得通的，畢竟較小型的企業比較有成長的空間，不像大型企業那麼成熟。研究分析師多半避小型股而遠之，因為分析師的客戶（機構法人）的規模較大，可動用資金雖多，卻不可能一次買很多家小型企業，而且持有小型企業部位對這些法人機構的整體投資成果而言，也不會有明顯的影響（這是一般投資人相對專業投資人而言的另一個優勢）。小型股的變現性比較差，所以大型資金無論要買進或賣出這些股票，都會很困難。雖然很多小型股到最後會因公司倒閉而下市，不過順利存活且持續成長的優質小型股則能衍生非常好的報酬。[16]

但要非常小心這些歷史報酬率數字。在一九八〇年代以前，幾乎沒人有可能成立一個正常的小型價值型股票的投資組合，除非付出非常巨額的佣金成本與市場衝擊成本（market impact costs，這導因於這種股票的流動性限制）。所以，千萬不要把這些數字當成未來真正會實現的數字。我們當然有合理的理論及行為根據可假設未來小型股與價值溢酬將繼續存在，但我還是要提醒投資人適度調和自己的期望，不要過於一相情願。

懷疑的情緒會導致投資人在一檔基金下跌後放棄它。了解自己投資的基金和要素的明智投資人則會反覆不斷地壓抑自己的恐懼和貪婪，有條不紊地買進績效落後的資產類別和風險因子（假定這些標的是你投資組合的固定班底）。這個作法不見得隨時都能創造完美的成效，但你要追求的並非完美成果，而是合理的財富成長結果。

每個投資人在敲定資產配置計畫以前，都必須問自己一個重要的問題：將導致我展開投降式拋售行為的失控點是什麼？那個失控點有可能是一項隱含你不喜歡或不了解的風險投資標的，可能是大幅度的跌價，也可能單純是你的成果年年都和市場不同。釐清那個會促使你展開投降式拋售的失控點後，你就會知道要怎樣才能堅持原本的策略，不管你採用的不同資產類別、基金或策略有多少。

我曾說過，納入投資組合的所有部位、基金或資產類別，都是基於某種目的才會納入，我指的不只是分散投資與降低風險等考量，我的意思還包括行為相關的考量。因為世界上沒有一個神奇的資產配置，所以你必須在「風險承擔」與「長期目標」之間取得一個平衡點。正確的資產配置可以幫助你避免在投資組合中某項標的表現落後其他標的時犯下大錯，進而對你自己造成傷害。不管在任何時刻，投資組合難免會有某項標的表現得差到令你氣憤難耐，但你一定要設法和那一股怒氣和平相處，並了解那種狀況發生的原因。希望那樣的認知能讓你養成堅忍的意志，不僅繼續持有績效落後的那一項標的，甚至還敢逐步加碼這項標的，減碼其他表現較好的標的（譯注：也就是進行再平衡作業）。低買高賣聽起來很容易，但在現實的市場狀態下，卻很難堅持到底。

未來世人將能更輕而易舉地投資到各種不同風險因子與風險因子組合的投資標的。我的建議是，投資你了解的領域就好。不管你決定投資什麼因子導向的基金或基金組合，最根本的前提是你必須能放心投入它們。

如何才能堅持到底

你的投資計畫應該具體根據你自身的狀況來設計。不要建立一個你認為「應該」建立的計畫，而是要建立一個你知道自己絕對會遵守的計畫。你必須百分之百誠實面對自己應付風險的能力。從很多方面來說，多數投資組合都會很相似，但執行層面卻將非常不同。

計畫本身不會是失敗的源頭，一個計畫的成敗主要取決於你能否落實那個計畫，某些投資人可能會覺得這樣的說法很不中聽，不過這是事實。通常在市場崩潰或大漲後的轉折點（inflection point），投資人落實計畫的能力會降低或甚至喪失，因為在這種時間點，你很容易失去理智。投資組合風險太高或太低，都可能會在這些期間引發巨大的情緒起伏。你應該永遠也不會想陷入投降式拋售的局面。

另外也請記住：沒有事是恆久不變的，除非你讓它恆久不變。在建立投資組合時，不需要做到百分之百投入或百之百退出那麼極端。在整個投資過程中，如果你經歷過一個恐懼與貪婪週期後，漸漸感覺自己的資產配置不夠理想，大可以做一些微幅調整。世事難料，所以每個人的風險承受度勢必都會改變，只不過不管是進行什麼樣的調整，都必須秉持嚴謹的原則，而且不要在自己的情緒處於極端緊繃狀態下做那些調整。雖然了解市場與經濟週期非常重要，但了解自己的個人財務生命週期更加重要。接近退休年齡的投資人和剛開始投入職場的投資人非常不同。前聯邦準備理事會主席班・伯南奇（Ben Bernanke）曾說：「生命的不可預測令人驚奇；一個二十二歲初出茅廬的年輕人總認為他知道自己十年後將會從事什麼行業，但現實的磨練卻會使他們不到三十歲就缺乏想像力。」因此，如果你想拿自己的投資狀況來和其他投資人比較，一定要先釐清你和對方有什麼不同，否則容易被比較結果誤導。

沒有人精確知道自己的人生最後將如何演變。從小投資組合到大投資組合、從儲蓄到支出、從成長到守成，以及介於這些兩極之間的所有階段，你的投資組合一定會隨著你的狀況而改變。記住，真正的目標是要讓目前的投資組合資產能夠應付你未來的需求、夢想、慾望和目標——即你的未來負債。而在這個過程中，投資組合資產價值隨時可能因日常的市場雜音而減損。

以十年的投資時程來說，你的投資績效主要將來自你如何因應市場修正、空頭市場和市場崩盤走勢。每次一碰上空頭市場，你一定都會懷疑虧損可能沒有停止的一天，一定也會納悶市場是不是會永遠下跌下去，此時所有經濟新聞聽起來一定很嚇人，周遭的投資人也一定會很沮喪，到處都瀰漫悲觀的氣氛。

技術的發展將讓人愈來愈有能力且更容易建立廣泛分散投資的投資組合。未來投資組合管理的成本將接近零，所以決定輸贏的要素將是你的執行能力與是否持續維護投資組合。所以一定要嚴守紀律，堅持使用優質的計畫，即使有時候你難免會感覺這個計畫有所不足，但還是要堅持到底。

重點不是要預測每個空頭市場或崩盤走勢將在何時發生，而是要提前做好心理準備，認知到這些狀況不可避免將會發生。知道這些事件遲早一定會發生，就等於是成功了一半，因為這麼一來，你在設定投資計畫時，就會把這個因素列入考慮。長期下來，市場虧損必然會發生，所以做好心理準備，並據以採取行動。一旦你投資風險資產，就偶爾得承擔大幅虧本的風險，雖然遺憾但卻是不可能改變的事實，而如果你要的是現金或短期債券那種安全性，那就必須做好接受較低報酬率的準備。

你應該有注意到表7.6各資產類別的績效呈現一個明顯的型態。[17]雖然不同國家的實質報酬率（扣除通貨膨脹）不盡然完全相同，但每個國家的股票長期報酬率都遠高於債券。所以，沒有理由假設未來股票不會繼續創造比債券高的風險溢酬，因為股票的風險本來就比債券高。如果股票的風險溢酬未持續高於債券，那我們的麻煩可能比你大得多。當然，短期至中期來說，股票績效落後債券的狀況在各國都難免發生，只要制訂投資決策的是人類，金融市場偶爾的狂熱和恐慌就不可能徹底消失。繁榮與衰退偶爾會改變股票與債券的這個長期關係，展現出不同的短期狀態，套句柯爾特．馮尼戈（Kurt Vonnegut）的話：「就是這麼一回事。」

表7.6　各國實質報酬率

國家	股票	債券
澳洲	7.4	1.5
加拿大	5.7	2.1
丹麥	5.2	3.1
芬蘭	5.3	0.0
法國	3.2	0.0
德國	3.2	-1.6
愛爾蘭	4.1	1.4
義大利	1.9	-1.5
日本	4.1	-1.0
荷蘭	4.9	1.5
紐西蘭	6.0	2.0
挪威	4.3	1.8
葡萄牙	3.7	0.6
南非	7.4	1.8
西班牙	3.6	1.4
瑞典	5.8	2.6
瑞士	4.4	2.2
英國	5.3	1.4
美國	6.6	1.9
世界	5.2	1.8

資料來源：瑞士信貸（Credit Suisse）

全球化讓這個世界變得更扁平化，因為科技的發展讓各行各業的人都能夠取得無數多的資訊，所有人的優勢和機會因此也漸漸趨於平等。當然，全球各地不同國家與地區一定難免會發生動盪和危機。隨全球化程度的提高，某個地方的危機有時將對世界上其他地方產生溢出效應（spill-over effects，譯注：指事物一個方面的發展帶動了該事物其他方面的發展），但有時候，危機則會被侷限在不那麼多元化的經濟體或市場的特定地區。美國明顯是過去一個世紀的贏家之一，因為它成為一個經濟強權，並為投資人提供了優渥的風險資產報酬。雖然美國具備很多先天的優勢，但千萬別忘了，美國也曾是一個新興市場。從一七〇〇年代晚期到一九〇〇年代初期，美國平均每兩年就陷入一次衰退。[18]持有諸如股票等風險資產應該是跟著社會上不斷創新的聰明人雞犬升天的方法之一，畢竟唱衰人類獨創能力的人從來都沒有贏過，而投資外國市場則是賭世界上其他國家的人也將有心改善自身生活狀態，而這個推論應該也錯不了。

很多人假設全球化應該會促使各個市場變得更加整合，各種投資報酬之間的相關性也會因此上升。所以，有時候你可能會感覺應該只要持有一個單一市場就好（事實大致證明這個想法堪稱合理），但儘管如此，對投資人來說，分散投資是一種穩健的風險控制手段。世界上沒有任何兩個市場是完全相同的，而且影響各個市場的動態太多，所以不管全球化程度有多高，這些動態都會打斷各個市場之間的連動狀態，並產生不同的結果。由於不同國家的股票期望報酬相當類似，所以妄想精準挑選出未來最有潛力的單一市場是不太有意義的。而正因為我們不知道未來的贏家型標的或市場是什麼，所以才會需要以分散投資的方式來矯正這個缺憾。全球分散投資能提供個股、經濟體、價值面評比、泡沫與崩盤等的風險分散效果。

資產配置是投資組合的神經中樞，它是決定期望風險與報酬的重要決策。儘管如此，更重要的是你必須能夠堅持自己選擇的配置，不要迷信教科書上寫的所謂最適資產配置。

重點摘要

- 資產配置永遠也不可能成為新聞頭版標題，不過它顯然是投資人最重要的一項投資組合決策。選股比較適合隨時可能被三振出局的重砲型球員。資產配置則適合想要提高安全上壘機率的人。
- 分散投資代表你願意承認自己不知道未來將發生什麼事。沒有分散投資，資產配置也沒有意義，而如果未能嚴守再平衡流程的紀律，分散投資也是枉然。

- 以全球的視角來看待你的投資組合，因為沒有人知道表現最好和最糟糕的資產類別未來會出現在哪裡。

附註

1. Tim Ferriss, *The 4-Hour Workweek: Escape 9–5, Live Anywhere, and Join the New Rich* (New York: Crown, 2009).
2. Roger G. Ibbotson and Paul D. Kaplan, "Does Asset Allocation Policy Explain 40, 90, or 100 Percent of Performance?" *Financial Analysts Journal*, 2000, https://corporate.morningstar.com/ib/documents/MethodologyDocuments/IBBAssociates/AssetAllocationExplain.pdf.
3. Robert Zemeckis, *Back to the Future II*, Movie, Amblin Entertainment, 1989.
4. Howard Marks, *The Most Important Thing Illuminated: Uncommon Sense for the Thoughtful Investor* (New York: Columbia University Press, 2013).
5. Morgan Housel, "The Hard Truth: Successful Investing Involves a Lot of Luck," *Motley Fool*, July 29, 2014, www.fool.com/investing/general/2014/07/29/investing-luck.aspx.

6. Clifford S. Asness, Roni Israelov, and John M Liew, "International Diversification Works (Eventually)," AQR Capital Management, March 3, 2010, http://papers.ssrn.com/sol3/papers.cfm?abstract_id=1564186.
7. Edward Chancellor, *Devil Take the Hindmost: A History of Financial Speculation* (New York: Plume, 2000).
8. Brian Wassink, *Mindless Eating: Why We Eat More Than We Think* (New York, Bantam, 2007).
9. Frank Kinniry, "The Rebalancing Act: Coaching Clients to Stay Focused," Vanguard Research, June 3, 2014, https://advisors.vanguard.com/VGApp/iip/site/advisor/researchcommentary/article/IWE_InvComRebalancingAct.
10. William Bernstein, "The Rebalancing Bonus: Theory and Practice," Efficient Frontier, 1996, www.efficientfrontier.com/ef/996/rebal.htm.
11. William Bernstein, *The Four Pillars of Investing: Lessons for Building a Winning Portfolio* (New York: McGraw-Hill, 2010).
12. Michael Mauboussin, *The Success Equation: Untangling Skill and Luck in Business* (Boston: Harvard Business School Publishing, 2012).
13. Dan Ariely, "The Significant Objects Project," DanAriely.com, December 2009, http://danariely.com/2009/12/25/the-significant-objects-project/.
14. Ben Carlson, "Q & A with Alpha Architect's Wes Gray: Part 1," *A Wealth of Common Sense*, http://

awealthofcommonsense.com/qa-alpha-architects-wes-gray-part/.

15. Fama French database, available at http://mba.tuck.dartmouth.edu/pages/faculty/ken.french/data_library.html.

16. Paul Merriman, "8 Lessons from 80 Years of Market History," MarketWatch, December 29, 2014, www.marketwatch.com/story/8-lessons-from-80-years-of-market-history-2014-11-19.

17. Elroy Dimson and Mike Staunton, "Credit Suisse Global Investment Returns Yearbook 2014," Credit Suisse Research Institute, February 2014, http://gallery.mailchimp.com/6750faf5c6091bc898da154ff/files/global_investment_returns_yearbook_2014.pdf.

18. The National Bureau of Economic Research. www.nber.org.

第八章

完整的綜合投資計畫

擬訂計畫並遵守計畫，總有一天你將對自己的成就感到意外。多數人不擬訂計畫，也因如此，要打敗多數一般人可說是輕而易舉。

——貝爾·布萊恩（Bear Bryant）

阿拉巴馬紅潮橄欖球隊（Alabama Crimson Tide）總教練尼克·沙班（Nick Saban）一向信守他所謂「**過程**」（process），這是他嚴格遵守的例行公事。很多人將沙班過去幾十年的大學橄欖球隊生涯成就（包括四次BCS全國冠軍（BCS National Championships），其中一次他是在路易斯安那州立大學（LSU），另外三次是在阿拉巴馬，而且未來應該還會繼續獲得這項比賽的冠軍）歸功於這個流程。沙班的「過程」只聚焦在他可控制的事務上。

這個「過程」的重要主題之一是：聚焦在會產生昂貴代價的決策，因為一旦這類決策做對了，將能產生非常不同的結果，而且當你只關注代價較大的決策，無形中就能有條不紊地將其他令人分心的事務減到最少。沙班每天中午都千篇一律地吃一樣的午餐——一種用保麗龍容器盛裝的沙拉，裡面有萵苣、小蕃茄和火雞肉片，這麼做等於是將午餐決策自動化，從而得以聚焦在他手邊更重要的工作上。總之，午餐千篇一律化讓沙班不再需要為這件不重要的事做決策。[1]沙班表示，應該「消除雜務和其他所有非核心事務，並聚焦在你有能力控制的事情上，例如要如何進行並維護你的事業等。這才是有助於達成目標的工作，而這個道理永遠也不會改變」。[2]

沙班不會浪費時間不斷鑽研如何落實最新與最棒的攻防計畫。取而代之的，他重視現有計畫的落實與執行。他要求隊員把所有精力集中在「努力練習」這件事情，不要老是惦記著上一場比賽的結果或甚至整個賽季的結果。他的思路是，如果夠努力且堅守紀律，最終一定會有好結果。事實上，他不會一再強調贏球的重要性，因為他知道只要重視過程，最終一定會獲得回報。[3]他不斷告誡球員，比賽時要放下情緒，並嚴守紀律地專注在自己的攻防上。顯然沙班的成果不言自明。他瘋狂聚焦在過程的態度，確實創造了非凡的成果，即使他並沒有一貫在他的訊息裡強調這些成果的重要性。

沙班的方法和建構投資計畫的方法非常相似。沒有人能控制市場的短期成果，所以基本上，擔心那些成果是不足取的，不過多數投資人卻永遠執著於短期的成果。將優質決策予以自動化，是獲得投資成就的必要因素。誠如我們先前討論的，意志力是有「保存期限」的，你必須像對待身體的任何一條肌肉那樣，適度讓自己的意志力休息。不能把所有時間都浪費在投資組合的枝節決策上，因為那些小細節將消耗太多精力，最後反而會導致你頻頻犯錯。套句運動領域人士喜歡說的話：雖然你無法控制自己的天賦，卻能控制你的努力。同樣地，在投資領域裡，你無法控制市場但能控制自己的情緒。沙班並不那麼在乎攻擊與防禦作戰計畫的新策略，取而代之的，他聚焦在現有策略的改良，他的模式令人耳目一新。喜歡不斷變換策略的投資人可以學習沙班的思維，因為最終來說，重要的不是策略而在於落實。

某些人可能會覺得這種聚焦在過程而非結果的作法太過瑣碎，成就不了大事，不過這卻是決定投資組合管理成敗的最重要差異化要素。如果你能研擬出適當的流程，就不盡然需要設定具體的目標，因為注重流程的你將隨時會設法改良並制訂更好的決策。而且投資組合本身就是一個過程，不是一次性的決策，它會隨著生活的變化而不斷演變，不過我倒不是說應該隨時不斷改變投資組合，我的意思是，它是一個與時俱進的過程。也因如此，投資人需要一個完整的綜合投資計畫，如果沒有一個首尾一貫的計畫，哲學、資產配置、分散投資與策略等全都不重要了。

為什麼必須擬訂投資計畫？

無論如何都應該按部就班地堅守你的計畫。很多理財顧問、投資書籍和財金媒體都建議投資人這麼做。這是一個優質的建議，但和「少吃多動」這個通過無數檢驗的減肥箴言一樣，每個人都知道**應該**做什麼，卻不知道要**怎麼**做。要如何改變你的行為？

對投資人來說，幫助自己堅守計畫的方法就是擬訂一個完整的綜合投資計畫。這份計畫應該包含我們截至目前為止討論過的所有項目：個人的投資哲學、資產配置、再平衡時間表、計畫投資或不計畫投資的投資標的種類等。投資組合和投資計畫聽起來似乎沒有很大的差異，但其實這兩者相去甚遠。投資組合只是一個由很多不同的投資標的組成的組合，但投資計畫能幫助你善加利用投資組合來控制自己的行為，進而實現你的理財目標。

投資人最容易低估的風險並非來自波動性或市場虧損，而是來自沒有事先擬訂計畫。投資人應該要避免陷入「不知自己在做什麼」的窘境。即使你有一份定義明確的投資政策聲明，都無法百分之百保證你的投資組合能像你期待的那麼成功；不過，有一個方法肯定會導致失敗，那就是從一開始就不好好落實計畫。事實上，如果你沒有事先擬訂投資計畫，代表你是在從事投機操作而非投資。

市場上幾乎沒有什麼事是確定的，但有兩件事保證會發生，其一是：遲早一定會有狀況發生，其二是：人的風險知覺隨時都會改變。風險其實比報酬更好預測。一份紮實的優質計畫肯定會在災難來襲前，事先考量到所有潛在問題，不會等到事情發生後才急著修補。投資人應該針對「或有」事件擬訂計畫，也就是說，事先針對幾個不同的情境安排「如果……就」（例如：如果發生A情境，就以B行動回應）聲明，這樣就不會在面臨壓力時不知所措，從而做出較有利的反應。投資永遠都不是一件簡單的事，但若能事先擬訂計畫，一定能減輕市場損失所造成的負擔。理由是，一旦事先擬訂計畫，你就永遠也不會被市場的表現嚇壞。而由於成功投資的關鍵主要取決於你的反應而不是你的行動，所以最好的計畫就是能幫助你準備好回應各種變局的那個計畫。

這聽起來可能有點讓人困惑。無論如何，市場不可能永遠都讓你高枕無憂，市場不是隨時都會充分與你合作。有時候市場會認同你的立場，但有時候不管你做什麼都無濟於事。所以，你應該試著把能量集中在優質決策的擬訂上，不要太汲汲營營於每一次的結果。你幾乎無法區別短期的結果是好還是壞，因為運氣對短期結果的影響非常大，遠大於多數人願意承認的程度，而最佳流程只衡量長期的結果。你不能期待自己每一次都做出完美的決策，不過設法在多數時間做出完美決策，並避免做出最糟糕的決策，應該對大局有所幫助。把這個過程想成減肥，一個星期的戶外運動和節食可能無法帶來理想的結果。不過，連續很多年從事戶外運動並維持健康飲食習慣，一定會得到好結果。如果你能連續不斷做出優質決策，長期下來就能創造有利的結果。優質的投資人非常能容忍重複性，即使那代表大部分時間什麼事也不做。

這個流程也必須是一個開放的流程。目標固然重要，你也必須保持彈性。研究顯示，當你達到計畫中的目標，基本上你的大腦活動並不會產生太大的變化。你或許以為一旦你見到自己辛苦耕耘的成果後會感到很滿足，並認為辛苦耕耘的成果應該能激勵你沿著既定的軌道繼續努力。可惜事實並非如此，如果一個發展早在我們的計畫之中，那麼當這個發展實現了，我們的感覺並不會有很大的起伏。而隨著目標一個接一個達成，如果我們想得到和上一個目標達成時的相同情緒回應，就需要更大的腎上腺素或多巴胺刺激。這樣的傾向可能會導致一般人提高自己的風險，並使用各種投機形式來獲得那個反應。[4]

我們不可能針對每個潛在的結果擬訂計畫，因為處於連續變動狀態的不只是市場，我們的生命有時候也和市場一樣千變萬化、毫無章法。剛投入職場時，你不可能知道自己能透過一生的職涯賺到多少錢，也不可能擬訂一個能長期獲得穩定報酬的計畫，因為沒有人知道下一個空頭市場或大崩盤走勢將在何時發生；有時候你因為運氣好而沒碰上那些慘況，有時候也可能因為運氣好而掌握了完美的進出場時機，但有時候市場就是不肯合作，而那通常不是你的錯。

就算你已經設定一套系統化的流程來約束自己遵守紀律，偶爾還是難免會根據自己一時的裁決來做決策，所以你必須體認到自己是多麼容易被愚弄，並根據你對自己的了解，先釐清為何你應該或不應該做某件事，同時利用事前的完整計畫來打造某種能讓你比較不會做出爛決策的屏障。

投資政策聲明

投資政策聲明（ＩＰＳ）是一份書面文件，文件上條列了你想要如何落實你的投資組合，以及想要如何長時間加以維護等說明。由於投資組合管理是一個連續進行的流程，所以ＩＰＳ就像是一個引導你從Ａ點走到Ｂ點的指引圖。你必須在ＩＰＳ裡條列所有「應該做」與「不應該做」的事、「如果……就」聲明，以及長期和短期目標，說穿了，這是一個包含所有行動指南的進攻計畫。ＩＰＳ的目標是要讓你穩當地走在正確的道路上，讓你免於犯錯。撰寫ＩＰＳ的過程非常重要，它可以簡短到只有一頁，也可能冗長到像一本活頁筆記本，一切取決於你打算對自己設下多少限制和規則，它是你自己的個人核對清單。以下是擬訂個人ＩＰＳ時應考慮的幾個問題：

- 這筆錢將用在未來的什麼負債、夢想和慾望？
- 我對這個投資組合懷抱什麼樣的風險與報酬期望？
- 我的生理和財務狀況能承受多少痛苦（即損失）？

- 我什麼時候要買進和賣出？驅使我做買／賣決策的要素是什麼？
- 我的目標資產配置是什麼？我什麼時候會進行再平衡作業？
- 投資組合裡的每項投資標的或資產類別的風險概況和投資時程為何？
- 我永遠也不想投資的產品、證券或永遠也不想採用的投資策略有哪些？
- 我希望我的投資組合多複雜？
- 我需要保留多少短期流動性來作為支應緊急狀況和日常支出的用途？
- 我何時會調整投資組合與長期計畫？
- 長期下來，我將如何維護、落實並檢討我的ＩＰＳ？
- 我要如何判斷我的ＩＰＳ是否成功？

至少每年應該檢討一次ＩＰＳ，以便針對投資計畫進行必要修正，同時維護你的投資組合。年度檢討時應注意幾個要點如下：

- 我存的錢是否足夠？我需要再存多少錢才能達到各項目標？

- 我的環境是否改變到讓我有充分理由調整原本的計畫和投資組合？
- 我承擔風險的意願、能力或需要是否改變了？
- 我的投資績效如何？
- 我去年的表現如何？
- 我最大的錯誤或遺憾是什麼？

投資的過程當中存在一種奇怪的反差：沒有人知道未來會是什麼狀況，卻還是必須為了未來擬訂計畫，而要針對不可知的未來擬訂計畫，我們常不得不根據既有的知識或經驗，去推估未來幾年與幾十年後將會是什麼狀況。在這個過程中，最重要且不能遺忘的一點是：投資流程不該隨著短期利率的可能波動程度或股票市場的可能變化幅度等預測而改變，因為那些事情都不是你能掌控的，連最有經驗的投資人在預測那些波動時，多半也只能憑空猜測。即使是巴菲特本身都認為短期的預測毫無價值。他主張「長久以來，我們認為股票預測家的唯一價值，就是讓算命師顯得有一點本事。即使到今天，查理（蒙格）和我還是認為短期的市場預測就像毒藥，應該要把它鎖在一個安全的地方，以避免讓孩童以及在市場上表現得猶如孩童的大人輕易取得這種毒藥」。

在設定報酬期望時，永遠都寧可錯在保守，而保守的心態應該能促使儲蓄率上升，而這絕對不是壞事。有儲蓄的人就擁有一種個人安全邊際，並因此不會在發生狀況時無所憑藉。期望不高自然就比較不會失望，反而常會覺得自己好像獲得意外的驚喜。在每年的年度檢討時，你可以根據自己的實際績效與儲蓄率來進行必要的調整。

IPS最重要的部分是它會敦促你聚焦在自己有能力控制以及你了解的領域。不要太執著於你無法控制的事或不熟悉的領域，以免後悔莫及，何況真的沒必要讓自己承受額外的無謂生活壓力。

生命週期投資法

在整個投資生涯，你想要先有不安全感再有安全感，還是要先有安全感再有不安全感？

——尼克・莫瑞

一九七九年《商業週刊》（*Businessweek*）刊登了一篇以「股票之死」（The Death of Equities）為題的著名封面故事，這篇報導被廣泛視為史上最準確的反向指標，因為在這篇文章刊出後的二十年間，股票進入史上最大多頭市場。這篇文章刊登時，歷經市場波動性長期維持高檔、通貨膨脹飆漲與一九六〇年代末期及一九七〇年代的拙劣報酬率等惡劣景況之後，投資人實在找不到太多繼續投資股票的理由。當時較年輕的世代尤其懷抱這樣的想法：

> 較年輕的投資人尤其迴避投資股票。在一九七〇年至一九七五年間，每個年齡層的投資者人數都降低，只有一個年齡層例外：六十五歲以上的人。雖然六十五歲以下的投資者人數減少大約二五%，六十五歲以上投資人的總人數卻大增超過三〇%。只有不清楚美國金融市場變化的老人家或沒有能力調整投資內容的人還繼續持有股票。[5]

這篇文章的作者幾乎是以嘲弄的態度來看待那些老人家繼續持有股票的行為，但到頭來大家才領悟到，原來繼續持有股票才是非常明確的舉措，看來薑還是老的辣。相同的現象也在二〇〇七年至二〇〇九年間的大衰退期後發生。年輕人對近期發生的事件總是比較印象深刻，在那段期間，年輕人目睹父母親的退休帳戶因大衰退與金融危機而遭受嚴重打擊，他們自己僅有的儲蓄帳戶也變得岌岌可危。於是，年輕一代開始假設金融市場將永遠維持極端糟糕的狀態。金融危機過後幾年，瑞士聯合銀行集團（United Bank of Switzerland，簡稱UBS）在它的「投資人觀察」（Investor Watch）報告中，針對千禧世代的理財習慣進行調查並加以評論，而這份調查報告的評論內容，竟和「股票之死」文章（和上一代的投資經歷有關）雷同得令人毛骨悚然：

下一個世代的投資人十分保守，這和在大蕭條時代成長而目前已退休的二戰世代非常相似，那個世代的遭遇讓他們產生和當今千禧年世代類似的態度，即使是比較有錢且比其他世代持有更多現金的人也不例外。雖然千禧年世代還是樂觀看待自己達成目標的能力與財務未來展望，但似乎有點懷疑長期投資並非達到那個目標的方法。[6]

朱利亞斯．凱薩（Julius Caesar）曾說：「經驗是萬事之師。」沒錯，儘管遺憾，但我們的經驗確實會形塑我們對市場的觀點。照理說年輕投資人理當承擔很高的投資風險，而如果你目前還很年輕卻無法承擔風險，那你可能應該試著適應一下高風險的資產配置。真實的世界並不完美，甚至有可能一團糟，但只要記住一個觀念，你就會比較釋懷：最大的風險可能是「不願承擔足夠風險」，因為如果你不願承擔足夠風險，就無法讓你的儲蓄透過幾十年的投資活動獲得複利效益。年輕人應該要調整心態，給未來的自己更多選擇，而不要預設立場，老想著遙不可及的三、四十年後退休時會是什麼景況。

照理說，一般人應該先觀察自己處於生命週期的什麼階段，再利用這個問題的答案，決定自己的風險概況與投資時程；但取而代之的，很多人一開始就根據自己對近期市場狀況的記憶（因為最近剛發生的會在心中留下最鮮明的印象），來決定自己的風險概況與投資時程。投資人有一個壞習慣，就是總是以近期剛發生的事來推斷未來會如何。事實上，研究顯示經濟成長甚至有可能影響到人民的幸福感，而幸福感又進一步可能影響到一般人對金融資產的風險知覺。研究人員觀察許多國家的生活滿意度數據，並拿這些國家的經濟成長率來和生活滿意度進行比對。他們發現，幸福感受經濟負成長影響的敏感度，比受GDP正成長影響的敏感度高出六倍。這是另一種虧損迴避態度——寧可死抱虧本的股票——理由是，因虧損而產生的刺痛感，比因利潤而產生的快感大得多。艱困的環境可能在心裡留下揮之不去的印象，那不僅是因為在那種環境下你的投資勢必會跌價，同時因為你的不愉快感受也會增強，而這對制訂理性理財決策來說，是一個可怕的組合。[7]

雖然基於資產配置和績效監控的目的，把整個投資組合視為一體是合理的，但你也可以從多重投資時程的角度來看待投資組合。說穿了投資組合其實只是一組能讓你應付未來各種不同負債的資產源流。就最基本的層次來說，你為何、打算如何、何時把未來的儲蓄花在什麼用途，是決定投資計畫的最重要考量因素。大學支出？住宅頭期款？退休？慈善捐款？給繼承人？若能仔細思考這些問題的答案，你就很可能選出正確的投資組合配置和資產類別。雖然這只是對長期目標的一個猜測，但從這些角度來思考，能將你的思維導往正確的方向。

不同族群的投資人繼續留在金融市場上「奮鬥」的時間長短不一，而生命週期投資法（lifecycle investing）主要就是為了因應「多數市場情境將會對不同投資人產生不同寓意」的事實。以當前市場價值相對未來儲蓄的角度來看，規劃投資計畫的方式有極高程度取決於你的投資組合有多成熟（譯注：即你多久後會不得不動支投資組合的資金）。如果你還有很多年可以儲蓄和投資，應該欣然接受市場波動性和經濟衰退；如果你即將開始動支投資組合的資金，波動性對你來說可能只會帶來痛苦和壓力。如果一個年輕的投資人在進入職涯不久後就碰上市場大崩盤，那簡直堪稱天上掉下來的禮物，因為這樣的機會將讓他得以用非常低的價格買進股票，進而透過較高的股息收益率獲得複利效益，最終使未來的報酬率更明顯增加。相對地，已退休的投資人應該祈求上天賜給他們相反的禮物，即是在退休初期來一場大多頭，因為股票市場崩盤可能會對風險資產造成嚴重損害，而已退休的你又沒有新的儲蓄可投入投資組合，或甚至會需要動用投資組合的部分資金來支應你的生活費用。也因為這個理由，退休人士不應該把所有錢都投入股票，因為股票對短期資金來說風險過高。

如果你年紀很輕又剛投入職場不久，你最大的資產不會是你的儲蓄或退休帳戶，而是你的人力資本和未來的賺錢能力，因為你未來的儲蓄將來自那些未來所得。如果你定期存錢，例如每個月將特定百分比的薪水存下來從事投資活動，你就已擁有一個自然的再平衡機制，簡單說，你將自然而然在股價下跌時買進較多股份，上漲時買進較少股份。年輕人也有更多時間可慢慢從空頭市場復原。理論上來說，這些都是事實，但在現實生活中，當你在人生第一次遭遇到的空頭市場中虧本，不管你的投資帳戶規模有多小，你都會感覺自己好像重重挨了一拳。也因如此，年輕人介入股票的速度不宜太快，一步一步慢慢加碼會比較穩健一點。雖然這麼做不盡理想，但堅持計畫比快速提高股票配置比重更加重要。多數年輕投資人應該都能夠應付市場波動性，可惜也都缺乏保持冷靜的必要經驗。話雖如此，一味著眼於下跌的風險而把錢全部投資到債券或現金，無異阻斷自己參與股票市場長期龐大上漲空間與複利效益的機會。無論如何，愈早開始儲蓄並透過複利效果來累積財富，往後就不需要被迫存更多錢（因為此時你的責任有可能變得比較重）。

已退休或即將退休的人，則必須秉持和年輕人非常不同的思考流程。你必須在資金支出需求的短期風險和長期增長財富的長期風險之間取得一個平衡點。隨著人類的平均壽命持續延長，一般人因醫療的進步而活得更久，這將是一個必須持續關注的議題。如果你接近退休但又沒有足夠的儲蓄，那你可能沒有太好的選擇，只能選擇延長工作年齡、存更多錢、降低生活水準，或以上三者的組合。即使你存了足夠的錢，你的積蓄也必須足夠維持平均額外二十至三十年的開銷，何況長期下來，通貨膨脹的侵蝕效果會對你的購買力造成很大的傷害。舉例來說，二〇一四年的一百萬美元大約只等於一九八五年的四十五萬美元，所以如果你把錢藏在床墊底下，經過三十年後，通貨膨脹將吃掉你的一半購買力。

要從財富累積的思維轉換成財富保護的思維也可能有點困難。「要如何變有錢」和「要如何維持有錢狀態」是非常不同的。較年長的投資人較沒時間透過未來的儲蓄來彌補虧損、產生複利，也比較沒有等待市場復原的能力。對已退休或臨近退休的投資人來說，理想的首要原則之一就是不要把未來四至五年內需要用在支出用途的錢綁在股票上，因為如果你持有的是全部由股票組成的投資組合，萬一在需要賣股票換現金時碰上股票大跌的行情，那可就麻煩了，那樣的風險並非你可承受。

打敗市場

隨便問一個人最近投資組合績效如何，幾乎所有人都會回答過去一個星期、一個月的績效，最了不起是回答一季的績效，而且他們通常是從市場的角度來表達自己的報酬：「我有跟上市場。」「早知道多投資一點到市場，不要分散投資就好。」「我今年被市場搞得烏煙瘴氣。」雖然諸如此類的內容是雞尾酒晚宴上的有趣話題，但身為投資人，「打敗市場」絕不可能是衡量成敗的唯一指標。的確，對這個產業的多數專業人士來說，打敗市場是他們的唯一要務，但對散戶投資人來說，唯一重要的在於你是否還按部就班地朝未來期望達成的目標前進。

把比較標竿當成你個人的期望就好，這樣才不會因為過度自信而毀掉自己未來的成果。

有能力打敗市場固然很棒、很受用，但你必須體認到，在金融市場上，那種成就是瞬間即逝的，市場上沒有常勝軍。當你放任自己變得傲慢又趾高氣昂，最終一定會付出昂貴的代價，所以那種思維很不可取。光靠「打敗市場」不可能達成你的所有目標，因為打敗市場太難，如果你一心一意只想著打敗市場，最後反而可能會落得期望失調的下場。如果你獲得與市場等量齊觀的成果，請把它當成一時的運氣。事實上，所謂得到平均報酬，真正的意思是指獲得比其他市場參與者更好的報酬。打敗同儕比打敗標普五百指數容易得多，但重點不在於打敗市場，而在於打敗自己。行為阿法值（behavioral alpha）的來源包括維持優於平均值的表現、將壓力與複雜度降到最低、有效管理投資組合，同時消除非外力造成的失誤。專業投資人總是不斷爭辯效率市場假說（Efficient Market Hypothesis）的有效性，但那對散戶投資人來說並不是那麼重要，最重要的應該是切實維持有效率的流程，而不是浪費時間去爭辯各種理論的優缺點。

真正重要的是建構一個能獲得長期成就的投資組合，所以不要把過多精力浪費在一些短期的戰術上，應該聚焦在投資組合的建構。我們可以透過套利活動來快速消除市場短期內的無效率，但迄今仍沒有人成功想出一個方法，藉由套利活動來消除長期思維的利益。所以，耐心是市場上的終極補償器，唯有耐心才能拉近專業人士和一般散戶之間的績效差異。

要了解投資流程，必須先搞懂很多重要但常被誤解的概念，「時間」是其中最常被誤解的重要概念之一。時間不能保證任何事，但如果你能以對自己有利的方式來使用時間，它就能增加你的成功機率。很多投資人妄想在較短的時間範圍內打敗市場，最後反而吃盡苦頭，惹來一身麻煩，而一心一意要達成績效領先目標，到最後通常反而會落得績效落後的下場。相同的邏輯也適用於試圖將虧損最小化的心態——一心一意只注意下跌保障措施，最後通常反而得承擔無法參與上漲利益的機會成本。

儲蓄

剛投入職場且身體健康的年輕人幾乎不可能會思考要如何提前為未來的生活狀況，如退休等擬訂計畫。通常年輕人並不認為思考長遠的未來對他們很重要。也因如此，較年輕的投資人更有必要思考未來的財富能為他們帶來什麼好處——尤其是自由和彈性。金錢能買到很多事物，其中最寶貴的就是「做所有能讓自己開心的事的時間」。沒有年輕人會希望自己到下半輩子還得為了微薄的薪水而被迫做不喜歡的事。與其把儲蓄和年老及退休聯想在一起，不如想想健全的財務狀況能讓你享受怎樣的生活水準：做任何自己想做的事？提早退休？擺脫朝九晚五的工作？不管生活中最讓你惱火的事是什麼，就把它當成儲蓄的動機吧！如果你痛恨目前的職務，那就努力存錢，存夠了就可以不需要為一個爛老闆工作；如果你想要環遊世界，存足夠的錢就能隨心所欲到任何地方。試著設身處地為未來的自己想想——你現在存的錢愈多，未來就愈不需要為了讓自己的日子更好過而苦苦追趕。

過去一個世紀以來，市場堪稱一台複利機器，如果你持之以恆地勤奮儲蓄，那麼你投資了什麼標的一點也不重要。基金選擇的差異所造成的影響，遠遠比不上複利的效果。事實上，在投資生涯頭二十年間，投資組合的成長主要一定來自你存下來的錢，假定你的投資組合年度報酬率為七%，而你每年都把一二%的所得儲蓄下來，那也得接近二十年後，你的投資利得才會開始超過你固定提撥到帳戶的錢。若再經過三十年，假定歷史報酬率不變，而你每年又多儲蓄五%，將多創造約當每年一．五%至二．〇%的年度投資利得。那是所有專業投資組合經理人都夢寐以求的績效報酬。[8]

你的環境將隨著人生的自然進展而經常改變，在這段歷程當中，你也必須為了因應新的環境而不斷更新與修正。長年下來，你的投資組合將因薪資、家庭狀況和風險概況的改變而有所不同。只要確定你是根據自己的情況來調整計畫，而不是跟著市場的波動而調整就好。

另外，一定要把存錢當成第一要務。

稅賦與資產帳戶屬性的選擇

多數人不想思考稅賦的問題，但如果要擬訂一份面面俱到的理財計畫，一定要從資產帳戶屬性的層面，考量投資組合稅賦效益的問題。任何剛開始儲蓄的人都理當盡可能將長期資金投資到免稅的帳戶。想當然耳，幾十年內不會動用的資金一定要放在免稅的帳戶，因為這種帳戶的投資利益、收益和基金配息等都是免稅的，不僅如此，你也因此完全不用煩惱稅務申報事務等問題，不用擔心在報稅時漏報任何所得而被處罰。諸如四〇一（k）等退休帳戶能享受事前的所得稅寬減，另外羅斯個人退休帳戶（Roth IRA，譯注：是美國的一個減稅加退休計畫）則有事後的所得稅寬減，也就是最終的退休金分配無須繳稅。你可以嘗試計算自己未來的稅率，以便釐清要如何找到這兩種帳戶之間的最佳組合。不過，由於沒有人知道華盛頓特區的高官們會如何調整稅賦政策，所以在選擇儲蓄工具時，最好是應稅與免稅帳戶各採用一個，才能分散稅賦相關的潛在風險。總之，有選擇的餘地總是比較好的。

值得一提的是，對同時投資免稅與應稅帳戶的人來說，各個資產類別所隱含的稅賦寓意也有所不同。債券、房地產投資信託、高息率股票以及免稅市政債券以外的固定收益型產品應該以延稅退休帳戶持有，因為這些資產的稅賦效益較差。如果你持有的是應稅帳戶，就必須針對你領取的收益繳稅，這將會導致稅後報酬率降低。股票指數型基金和ETF的稅賦效率較高，所以如果你要透過應稅帳戶投資，股票可能是比較理想的選擇。

不管你以什麼樣的原則將自己持有的不同資產分配到各種應稅或延稅帳戶，一定要記得，無論如何都必須以整體投資組合的角度來檢視你的投資狀況。要制訂明智決策，唯一的方法是將所有退休基金、大學儲蓄帳戶和儲蓄工具全部加總起來，進行整體的評估，唯有如此，才能判斷你實際的變現能力、你的淨資產價值、你的整體績效數字、投資組合的分散投資程度，以及實際的資產配置比重等。

重點摘要

- 唯一重要的比較標竿是：達成你個人的目標，不是打敗市場。
- 對很多人來說，最大的風險是花光所有錢，不是虧錢。
- 投資原則應長期維持不變，投資立場與風險控制則必須隨著個人環境的變化來進行調整。

附註

1. Lars Anderson, "Nick Saban and the Process," *Sports on Earth*, July 2014, www.sportsonearth.com/article/85531726/the-process-nick-saban-university-of-alabama-crimson-tide.
2. Greg Bishop, "Saban Is Keen to Explain Process," *New York Times*, January 5, 2013, http://thequad.blogs.nytimes.com/2013/01/05/saban-is-keen-to-explain-process/.
3. Jason Selk, "What Nick Saban Knows About Success," *Forbes*, September 12, 2012, www.forbes.com/sites/jasonselk/2012/09/12/what-nick-saban-knows-about-success/.
4. Jason Zweig, *Your Money and Your Brain: How the New Science of Neuroeconomics Can Help Make You*

Rich (New York: Simon & Schuster, 2008).

5. BusinessWeek, "The Death of Equities," *BusinessWeek*, August 13, 1979, www.businessweek.com/stories/1979-08-13/the-death-of-equities businessweek-business-news-stock-market-and-financial-advice.
6. UBS, "Think You Know the Next Gen Investor? Think Again," *UBS Investor Watch*, First Quarter 2014, www.ubs.com/content/dam/WealthManagementAmericas/documents/investor-watch-1Q2014-report.pdf.
7. Tim Harford, "Why Are Recessions So Depressing?" *The Undercover Economist*, October 28, 2014, http://timharford.com/2014/10/why-are-recessions-so-depressing/.
8. Ben Carlson, "When Saving Trumps Investing," *A Wealth of Common Sense*, http://awealthofcommonsense.com/saving-trumps-investing/.

第九章
理財專業人士

不斷改變的是市場，優質的建議則鮮少改變。幾乎所有人都抵擋不了隨著市場起舞的誘惑。每個人都需要優質的建議，但一般人喜歡聽的卻是一些舌燦蓮花的建議。

——傑森・茲維格

直到如今，我依然記得自己剛投入職場的第一個星期在某個會議室開會的情景，當時的情況和《搶錢大作戰》（*Boiler Room*）一片最令人難忘的會議室場景很類似，只不過場面稍微沒那麼浩大。在那個電影場景裡，班・艾佛列克（Ben Affleck）飾演一個藝高膽大又自命不凡的角色，他趾高氣昂地走進擠滿受訓員工的會議室，向一群新手股票營業員發表一席著名的演說：「我是個百萬富翁，這種自我介紹聽起來很怪，對吧？」當時我周遭的情境雖沒那麼戲劇化，但那個會議室裡也擠滿了一群自信心破表的投資分析師，他們正耐心等待部門長官進入會議室，發表他對這個團隊的每月評估結果。這家公司的內部競爭非常激烈，所以雖然在場的人偶有交談，還是看得出他們都謹慎地揣摩著對方的葫蘆裡賣什麼藥。當時的我還是個實習生，位階非常低，所以我很認分地待在會議桌的外圍。這是我有生以來首度見識到大型金融機構的真實面貌，對當年只有二十一歲且一心想闖出一點名堂的我來說，那其實是個令人興奮異常的時刻。

我的工作是為一群所謂賣方分析師（sell-side analysts）進行個股研究，他們被稱為賣方分析師的理由是，我任職的公司將這些研究報告賣給客戶（多半是專業投資者）。這些分析師密切追蹤某個部門或產業族群的企業，並就這些企業的狀況，提出「買進」、「賣出」或「持有」等建議。每一個投資分析師底下至少都有一至兩名更資淺的研究分析師為他們工作（要進行的分析工作非常多），每一個分析師負責研究十至十五檔分屬不同部門和產業的股票。所以，我們公司共研究了二百至二百五十檔個股。

終於，這個部門的主管姍姍來遲地走進會議室，任何人都能清楚看出他凝重的臉色。他走到會議桌前，重重地嘆了一口氣，接著唸出了各個分析師向公司提出的最新建議。他一開始先是分享所有分析師針對他們負責的股票所提出的「買進」建議總數。分析師們對自己負責股票提出非常多的「買進」建議，總「買進」建議數達所有股票的一半。接著，他繼續唸出「持有」建議，「持有」建議的數量不像「買進」建議那麼多，但也不算少。最後，眾人對自己負責研究的股票提出的「賣出」建議數即將揭曉。這個主管很不高興地大喊：「我們**總共**只提出三個『賣出』建議……**整個**公司只提出三個！三個！能不能請你們對一檔自己不喜歡的股票發出『賣出』訊號？任何股票都行！」

過了好一陣子，我才終於領悟，原來這並不是只有這家公司的特有狀況。基本上，這個產業的多數企業都大同小異。分析師在撰寫研究報告之前，必須和他們負責的企業的執行長及其他高階主管開會或進行多方電話會議，想當然耳，他們把透過這些管道取得的資訊視為瑰寶。而我任職的企業除了撰寫研究報告賣給客戶以外，公司的其他部門也分別提供不同的服務給各個分析師負責研究的企業。所以，投資分析師負責研究的很多企業，同時也是我們公司其他部門的客戶。在這種情況下，如果分析師們對這些企業的股票提出「賣出」建議，就可能會觸怒那些企業的經營階層，甚至可能危害到公司和那些企業之間的生意往來。當然，沒有人願意承認這個醜陋的事實，而且大家似乎也都懷抱一種「不無事生非」的默契。

剛加入這家公司時，我打從心裡相信這些分析師是宇宙主宰（masters of the universe），他們每個人都絕頂聰明，似乎對股票無所不知。每個人都擁有顯赫的教育背景，舉目望去盡是企業管理碩士與合格財務分析師，我因而相信他們不可能出任何錯。不過，在上述那一場會議（只有三個「賣出」評比的會議）之後，我原本的信念開始動搖。

雖然這些分析師個個絕頂聰明，很多人擁有最高商業學府的學位，使用世界上最複雜的折現現金流量模型，但不管他們承不承認，他們的行為都受一些難以控制的力量擺布。我從這個經驗領悟到非常寶貴的教誨：首先，最重要的是，誘因凌駕一切，不管是理財領域以內或以外的人都一樣。如果一個組織的文化存在某些會影響到組織人員行動的誘因或阻礙，任何人都不可能每次都根據自己的聰明才智來做決定，也不可能根據實際上的想法或感覺來做決定，因為在那樣的文化裡，常會有一些情境迫使你做出原本不想做的決定。在人生所有需要投入努力的事務上，了解其他人的動機與誘因是必要的。

第二，即使這些人全都絕頂聰明，其他成千上萬個追蹤市場狀況的市場參與者也非等閒之輩（相信我，市場上當然也有一些蠢蛋，但在多數情況下，問題並不在聰明才智，問題出在大家都太聰明但不夠有常識）。如果你在理財產業打滾的時間還不夠久或對市場不夠了解，很容易就會對你遇見的第一個聰明人留下深刻的印象，並因他們的說詞聽起來很聰明而相信他們所說的一切。切記：「人上有人，天外有天」，市場上永遠都會有人比他們聰明，而且情商遠比智商重要。

第三，如果那些意見無關痛癢，那麼那些意見對你的幫助也很有限。我發現，如果那些分析師無須從自己的口袋掏錢出來證明自己的「買進」或「賣出」建議是否有效，那麼他們就會以草率的態度提出建議。這不能怪他們，因為那是這個行業的本質。不過，一旦你將自己好不容易攢下來的積蓄投入市場，而不再是紙上談兵時，情緒的影響力就會變得顯而易見。理論上犯錯和實際上虧本的感覺是截然不同的。一旦你感受到虧損帶來的刺痛感，因此而產生的情緒將傾向於影響到未來的決策。

最後，在聽取理財建議時，最重要的一點是要保持獨立自主的想法。並非所有分析師都聲名狼籍或素行不良，很多人的建議雖然不怎麼樣，卻還是能提供有用的研究。不過，這當中的平衡點確實不容易拿捏，因為分析師們負責研究的企業和他們任職的銀行／券商之間，可能有其他財務協議或顧問諮詢關係，所以他們提出投資建議時難免要瞻前顧後一番。另外，還要留意的一點是，這些分析師的客戶（譯注：專業投資者）多半都是短期導向，通常滿腦子只想著買進、賣出或持有，不是風險、耐心或投資時程。而且，當一個人是在有酬的情況下提供理財建議（如股票分析師），他的投資建議絕對不可能完全不涉及利益衝突。不過，至少你應該選擇一開始就對你坦承述說他面臨什麼利益衝突或給薪酬方式的理財專業人士或理財顧問。誠實是建立互信的根本。

仔細審查你的理財建議來源

一般人對協助管理他人資金的理財專家的看法似乎總是很兩極。我們不是太過信任他們（甚至將他們當成我們的救世主，如馬多夫騙局被揭發前，一般人認為他不可能出錯），就是將他們視為永遠都不值得信任的惡棍與討厭鬼（如騙局被揭發後的馬多夫）。這類極端的看法永遠也不會消失，不過事實通常落在這些極端見解的折衷區位。雖然市場上很多理財專業人士一心只想利用你來大撈一票，但還是有一些願意協助他人達成目標並改善客戶財務狀況的誠實好人。俗話說「要信任也要查證」，這是一個重要的前提。不過一定要知道，在聽信這些理財專業人士的建議（包括面對面的建議或透過財經媒體取得他們的意見）時，應該特別留意什麼事。

永遠	我不會錯，千錯萬錯都是市場的錯
永遠不	你必須現在就買這項產品
我百分之百確定	只談上漲，完全不談下跌
這件事十拿九穩	信任我就對了
我們的模型是不對外透露的祕訣	我保證你一定會獲得20%的年度報酬率
我們從未虧本	我永遠都是對的

圖9.1　留意這些常出現在劣質投資建議裡的文字或言語

多數人為什麼會受專業人士的理財建議吸引？答案就在於這些人看起來似乎很有權威和自信。一個人對自己預測未來的能力愈信心滿滿，你就愈容易安心接受他的意見，因為他的權威和自信會讓你誤以為他真的有能力控制一切。由於從事後諸葛的角度來看，市場似乎非常容易掌握，所以如果有人能精準地告訴你接下來將發生什麼，你會愈感覺市場很容易掌握。問題是，沒有人知道未來將發生什麼事。任何宣稱自己精準知道未來將發生什麼事的理財顧問，不是假內行就是騙子。一個人對自己的短期預測愈有自信，你就愈不應該聽信於他。很多市場預測者只在乎自己的建議聽起來夠不夠吸引人，不關心你是否會賺錢。即使他們僥倖預測正確，也不代表他們為你提供的是優質建議，那不過是一時的運氣罷了。但你可以留意是否出現某些警訊，請見圖9.1中那類肯定會吸引你注意的文字和言語，但真正合法且有用的建議裡鮮少出現這些文字和言語。

如果有人向你推銷最近大幅上漲的投資標的，一定要小心提防他們的意圖。這些人很可能錯失了先前的整段行情，所以他們想趁著還能吸引人來抬轎，趕緊落袋為安。他們推薦的有可能是黃金、房地產、股票等當紅的投資標的。通常當一項投資標的或資產類別已大漲一段時日，會更容易吸引一般人蜂擁介入。相同地，已大幅下跌的資產類別更容易吸引蜂擁而來的賣壓。如果一項投資標的已大漲或大跌一段時間，一般人很容易誤入陷阱地推論先前的上漲或下跌走勢將永遠延續下去，不會有改變的一天。當然，沒有人有辦法肯定地知道繼續上漲或下跌的局面會不會發生，因為當極端的情況發生，市場上的多數人就會徹底受情緒擺布，而沒人有能力預測已達到極端狀態的投資人情緒將如何演變，當然也不可能預測到投資人情緒會將市場帶到什麼地方。

理財權威人士當中充斥許多「死多頭」和「死空頭」，這些人對你有害無利，因為在他們眼中，情況總是好得不得了或是可怕得不得了，沒有中間地帶可言。這些人容不下中間地帶，因為他們總是極度樂觀或極度悲觀看待這個世界的金融體系。以下是死多頭或死空頭的幾個例子，不知怎地，他們總是有辦法用他們偏執的世界觀來解讀最新的消息或資料：

新聞：油價正在上漲。
死多頭：經濟狀況正逐漸好轉。
死空頭：消費者的可支配所得將減少。
新聞：油價正在下跌。
死多頭：消費者的荷包將變得更充實。
死空頭：經濟狀況正逐漸惡化。
新聞：經濟成長率趨於停滯。
死多頭：一般人對未來的期望太過悲觀。
死空頭：華爾街和一般商業界之間存在極大的落差。
新聞：經濟成長正逐漸加溫。
死多頭：企業獲利一定會增加。
死空頭：股票市場與經濟體系不可相提並論。

市場上隨時都有某些族群會為了達到自己的目的，對各種市場相關的數據表達正面或負面的敘述，你應該拒絕接受他們的意見，另外尋找同步考量到潛在報酬與潛在風險的持平觀點。你應該思考：未來可能出現什麼狀況？我是否忽略了什麼應留意的事？為了得到這些潛在報酬，我將會承擔什麼風險？理財專業人士在提供投資建議時，常常未能同時從辯論雙方的角度來看待問題。不過，最優秀的投資人永遠都是從機率的角度來思考。即使你非常確定某個結果會發生，還是要維持逆向思考的習慣，隨時準備好一個應變計畫，以免情況突然急轉直下，措手不及。

搜尋願意承認自身錯誤的資訊與建議。顧問諮詢業最缺乏的就是自知之明和謙卑這兩項特質。如果一個顧問迴避為自己的建議負責，那你永遠也無法得知對方的建議是否合理。

把投資作業外包給理財專業人士

現在你已充分了解投資組合建構相關事項、資產配置的重要性，也擬訂了一份完整的綜合投資計畫，同時很清楚放任情緒阻礙你制訂優質決策的後果是什麼。如果你到現在還是認為自己沒有能力控制情緒、不懂得專業知識，或沒有足夠時間自行管理你的投資標的，那該怎麼做？承認這個事實一點也不丟臉。尋找有經驗的理財專業人士來協助你絕對合情合理。承認自己不是無所不知，是成為更優質投資人與決策者的第一步。只不過，在選擇理財顧問或投資經理人以前，你必須有能力判斷你想把自己的理財事務託付給具備什麼特質的人。

把自己人生重要領域的事物外包給其他人一點也不丟臉，舉例來說，你生病時會去看醫師；需要法律建議時會找一個聲望良好的律師；當你家水管破掉時，你也會請水管師傅幫忙，這些都是百分之百的合理決定，因為委託專家是正確的選擇。將投資決策外包給理財顧問，其實就是花錢向外人買時間、投資知識，以及情緒管理。遺憾的是，要取得上述提到的醫師、律師和水管師傅等領域的專家資格，需要的認證與訓練，遠比取得理財顧問資格所需的認證和訓練更多。理財規劃領域有很多合法的頭銜，包括合格財務規劃師（certified financial planner，簡稱CFP）、投資組合管理分析師和合格財務分析師（CFA）等，他們必須投入產業特定時間以上，也必須通過各種完整的檢定考試，還要持續不斷接受教育訓練。最重要的是，擁有CFP或CFA頭銜的專業人士通常會致力於永續學習他們自身的專業，而這絕對是好訊號。不過，還是有某些擁有上述頭銜的人未能為客戶提供最佳建議，當然也有某些人雖然沒有這類頭銜，卻能提供了不起的建議。所以，並不是找到一個有證照的專業人士就能解決所有問題。理財專業人士是你一生當中最重要的人之一，在聘用這類人士以前，一定要先搞清楚幾件事。

當你打算聘請一個值得信任的理財顧問時，首先必須先把一件事放在心上：你一開始勢必會受看起來感覺最自信的理財顧問吸引。根據一項實驗，投資人傾向於偏好選擇老是做出極端、過度自信預測的理財顧問，較不青睞穩健型的顧問。投資人不盡然是根據理財顧問提出的流程或投資概念來評斷各個理財顧問的優劣，而是根據他們有多麼自信來評斷。一般人傾向於假設「信心」代表「正確」，但事實正好相反。太有自信的人會因為過度自信而被蒙蔽，自以為有能力完成不可能的任務，但其實不然。[1] 對自己的流程有信心並沒有什麼不對，但當那個流程變得完全以未來預測為基礎，而不是以合理的長期建議為基礎，問題就來了——沒有人每次都能百分之百判斷正確，而即使是絕頂聰明的投資人，一旦缺乏謙卑之心，遲早會在市場的教訓下變得謙卑。

投資人容易受確定性吸引，而「沿街叫賣的小販」則受金錢吸引。擁有一個大型投資組合是一種幸福的負擔，但也容易招來騙子的覬覦。錢愈多的人愈容易成為騙子眼中的肥羊，容易變成被佔便宜的目標。克里斯．法利（Chris Farley）的經典電影《老闆有麻煩》（*Tommy Boy*）中，法利飾演的角色湯米．卡拉漢（Tommy Callahan）試圖向一個潛在客戶解釋某一優質汽車零件和他自家出售的零件品質有何差異，他說，雖然競爭者的零件盒上印有保固字眼，而卡拉漢家的沒有，但其實競爭者的產品品質不如他們家的零件。

湯米：泰德，請你想想，在盒子上印保固字眼的目的是什麼？嗯……很有意思。

泰德．尼爾森（顧客）：繼續說，我在聽著呢。

湯米：我是這麼想的，泰德，這個人在盒子上印了花俏的保固條件，目的是要讓你感覺心裡暖得要融化。

泰德．尼爾森：是啊，這的確讓人感覺很受用。

湯米：當然了，怎麼可能會不覺得受用？看到這些保固條件，你應該會想，如果你晚上把那個小盒子放在枕頭下，保固仙子可能會來到你的床邊留下一個二十五美分硬幣，我沒說錯吧，泰德？

泰德．尼爾森：你究竟想說什麼？

湯米：我的意思是，你怎麼知道那個仙子不是一個瘋狂的強力膠吸食者？就算這個小仙子有能力打造一台模型飛機，那又如何？但你並不打算買那台模型吧？但他就這麼潛進你家，接下來你會猛然發現梳妝台上的錢不翼而飛，你女兒的肚子還被搞大。這種事我見多了。

泰德・尼爾森：但到底他們為什麼在盒子上印保固字眼？

湯米：因為他們知道自己賣給你的是一堆保固的屎，事實的確如此，不是嗎？嘿，在一個盒子裡裝滿垃圾，再在盒子上印保固字眼，這種事我也會做，橫豎我有的是時間。不過，為了你的顧客著想，為了你女兒著想，你可能應該考慮跟我買真正優質的產品。

如果有任何理財專業人士向你提供利潤保證，記得想想《老闆有麻煩》裡的那個比喻。任何人都能對未來提出百分之百的保證，因為那些保證會讓你打從心裡感到暖烘烘的。當你聽到「只要把你所有辛苦攢下來的積蓄交給我，肯定一年能賺二〇%，而且沒有虧本的風險」之類的話，你一定會感到飄飄然，但那種保證毫無價值可言。理財專業人員最多只能幫助你提高成功實現目標的或然率。

表9.1 理財顧問能創造的潛在附加價值

先鋒公司的投資顧問阿法策略模組（Advisor's Alpha Strategy Modules）	對一般客戶的經驗產生多少附加價值
利用廣泛分散投資的基金的合適資產配置／ETF建構	＞0%
採用具成本效益的落實方法（費用比率）	0.45%
再平衡	0.35%
行為教練	1.50%
資產配置	0%至0.75%
支出策略（提領順序）	0%至0.70%
總報酬相對收益投資	＞0%
潛在的附加價值	大約3%

資料來源：先鋒公司

理財顧問的首要工作是要設定合理的期望，但身為客戶的你也必須「禮尚往來」，對理財顧問懷抱合理的期望，你不能期望他們為你創造奇蹟。一個優質的顧問應該有能力為你做很多事，但不包括保證市場績效。

理財顧問能為你做些什麼

先鋒公司為了量化成功的理財顧問為客戶的績效增加多少價值，進行了一份完整的研究。他們觀察許多投資組合管理議題，並判斷每一個議題能讓客戶的最終成果相對比一般客戶的經驗高出多少。結論是，若能改善其中每一個領域，客戶的報酬率最終將增加大約三%，如表9.1所示，這是非常可觀的績效數字。你應該有注意到，在增加的三%績效中，有一半（也就是一・五%）來自行為教練。表上所列的其他所有領域都很重要，但如果一個理財顧問無法縮小你的行為落差，其他項目的幫助將猶如杯水車薪。客戶教育、忠告和設定合理期望是解決這個難題的三大支柱。[2]

我們不該將這個三%附加價值視為每年的市場績效報酬數字的額外加項，事情沒那麼簡單。這些附加價值只會零零星星發生，而且其中多數將在市場壓力期或陶醉期發生，因為在壓力期或陶醉期，投資人容易忘卻自己的長期計畫。如果你的理財顧問有能力在你即將鑄下大錯之際說服你遠離危險作法，那他們就能為你創造附加價值。

如果你認為理財顧問能幫助你改善成果並減輕你的壓力，並因此想找一個顧問來幫你，那麼你可以考慮檢視上述先鋒公司的最佳加值作業清單，這是良好的起步之一。不過，你必須確定自己選擇的顧問真的能聚焦在這些領域，從而幫助你達成目標。如果有人宣稱自己能透過其他領域為你創造附加價值，我會抱持非常懷疑的態度來看待他的說法。

根據凡事單純化的精神，理財顧問兼作家卡爾・理查斯（Carl Richards）列出了三個向理財顧問尋求協助的基本理由：

一、幫忙釐清我的目標。

二、提醒我記住自己的目標。

三、阻止我做蠢事。[3]

「阻止你做蠢事」有助於縮小行為落差（事實上，「行為落差」一詞就是理查斯創造的）。一個優質的理財顧問應該要很善於預測你的情緒與潛在的反應，至於他有沒有能力釐清市場將朝什麼方向演變，則是次要考量。如果理財顧問在與你合作期間，能夠說服你別做亂七八糟的決策，那他們就算盡職了。

當然，理財顧問不僅要能為你做這些事，他們還必須有能力充分向你說明他們將如何代你實現一個綜合理財計畫；他們必須有能力提供客觀的建議；他們必須提出適合你個人特殊處境的合適投資標的。另外也請切記，理財顧問提供的服務是有收費的，換言之，他們為你工作，而不是你為他們效勞。雖然你不能提出傷風敗俗的要求，但絕對可以在你感到困惑或需要更多幫助時向他們提出你的疑問。

行為經濟學家馬利・史戴特曼（Meri Statman）表示：「理財顧問將自己形塑為擁有『打

敗市場』祕方的**投資**經理人，但實際上他們多半只是投資人的經理人。」如果你已經讀到本書的這個段落，你應該已經了解這當中的差別。理財顧問不僅要承擔起教育客戶的責任，也扮演類似心理學家和情緒教練的角色。他們存在的目的是要管理你的情緒，這是有點怪異的關係，不過那是事實。這不是件輕鬆的工作，因為人類實在是一種難以理解的動物。理財顧問的工作不單是為你挑選投資產品，因為這件工作誰都能做。就非科學的角度來說，優質理財顧問最重要的工作之一就是代替客戶克服雜音，他們必須有能力告訴你兩件事：

一、你必須專注與留意的事項。

二、你必須漠視且不要理會的事項。

由於理財顧問必須持續不斷地教育客戶，那代表顧問本身也必須持續不斷地吸收新知。說穿了，多數投資流程就是思考各種想法。如果理財顧問不願意投入時間改善自己的能力，你又怎能期望他們幫助你改善投資成果？他們賣給你的必須是一個流程，而不是一大堆產品。投資產品本身先天上並沒有任何問題，投資人本來就需要各種產品來建構投資組合，問題在於理財顧問不能只是當個光鮮亮麗的產品推銷員。

理財顧問在制訂投資決策與提供建議時，應該將你的利益擺在第一位。以理財用語來說，他們應該以受託人（fiduciary）的身分代表你採取行動。這代表每次向你提出建議以前，他們應該先問問自己：「我的行動是否確實考量到客戶的最大利益？」理財建議必須以事實為基礎，不該是理財顧問本身一時興起的直覺。理財顧問必須先充分了解你的整體財務狀況（不僅是你的投資組合）後再提供建議。除非能明確掌握客戶的整體財務狀況，包括負債、支出習慣和未來需求等，否則理財顧問不可能做出明智的建議。

你必須先搞懂你的顧問如何收費、費用大約多少，這包括費用約當資產的百分比以及根據投資組合規模粗略計算的費用金額。如果你發現某個顧問的酬勞是來自佣金，那就不是一個好兆頭。誘因非常重要，所以你必須釐清對方只是想向你推銷產品，或者真的願意提供穩健的建議，同時真心和你休戚與共。如果一個理財專業人士是透過佣金賺取酬勞，那他們就有非常大的誘因不斷調整你的投資組合，並向你推銷愈來愈多的產品。這類投資建議無助於提升顧客的利益。

最好能找到多聆聽、少高談闊論的理財顧問。他們應該問你非常多問題，接著花時間向你解釋各項議題。他們必須使用某種經過深思熟慮的流程來管理你的投資組合，包括適合你個人景況的正確資產配置。最後，他們必須詳細說明他們的未來行動方針，這些方針就像是指南針，指引他們依照事先規劃好的方式來落實投資流程與持續維護投資組合。

理財計畫的設定理當不是太困難，不過到了落實與持續維護理財計畫的階段，問題就來了，因為此時是由某人（譯注：即理財顧問）代你制訂決策。有一項實驗的結果顯示，每當營業員提供了精確的建議，客戶卻回報如果那些建議是他們自己獨立做的決策，他們會更加滿意。換言之，如果那些判斷正確的建議是客戶自己提出的，客戶在情緒上會更加滿足，總之，這變得有點意氣之爭。然而，如果營業員的建議導致客戶虧本，客戶的遺憾感受反而不像自己犯錯時那麼強烈。所以，依循別人的建議會降低虧損對情緒的影響，理財專業人士可以充當類似虧損厭惡心理的吸震器。也因如此，世人才會願意付錢買投資建議，這不僅是一種把自身決策委託給他人的方法之一，也是在虧損的情況下將情緒狀態委託給別人的方法。[4]

在理財顧問與客戶之間的關係裡，「教育」應該佔有重要的一席之地。教育的重要性高到無法形容。如果一個顧問希望擁有拯救你免於自我傷害的能力，首先他必須教育你，他們不僅需要告訴你要留意什麼或避開什麼問題，也必須有能力釐清你所處的狀況，因為你雖然知道自己的狀況，卻不見得了解那些事對你有多重要。成功的理財顧問必須具備分析能力與優質的溝通技巧。你必須能在沒有旁人協助解釋的情況下輕鬆理解他們在說些什麼。他們應該永遠也不會說：「相信我，我是專家」之類的話，而應該說：「我將為你做這些事，而我做這些事的理由是……。」

要怎麼當一個好客戶

在大跌階段，投資人總是想要不虧本，想要安全性，但到了市場上漲階段，又想要得到所有上漲的利益；當市場波動性上升，投資人想要採用戰術性的手段，而在多頭市場階段，他們又想嚴格落實買進且持有策略。在股票多頭市場階段，債券是非常糟糕的投資標的，但到股市大跌或經濟衰退階段，每個人又搶著買進債券。投資人想要確定性和預測未來的能力，總希望在最佳投資標的和資產類別起漲前先進場卡位，還希望在表現不理想的標的開始大跌以前先行避開。每個人都希望自己每一段期間（包括長期與短期）的績效能領先市場。這種策略有一個名稱：它叫做「不可能」。

雖然理財顧問必須承擔起教育客戶的責任，但身為客戶的你一樣得承擔起某些重要的責任。聘請理財顧問並不代表你從此可以完全不再思考你的財務狀況，只是代表你應該努力思考的領域稍微改變罷了。你不能將了解與留意自身投資狀況的工作徹底外包給其他人幫你做。客戶還是必須知道自身投資組合與市場的狀況。沒有人會比你自己更關心你的錢，以及那些錢所代表的意義，而且世界上不會有人比你更了解你的處境和需要。那代表當你不了解某些事或有疑慮時，就應該大聲說出來，並提出你的問題。總之，你還是必須全程參與投資流程，或許聘請理財顧問就像把車子設定為自動駕駛，但你還是必須負起把車子引導到正確方向的責任。

你不會想為了一些瑣碎的細節和理財顧問爭吵不休。他決定把你的投資組合的一二%或是一五%投入小型股之類的問題並不重要，不過在做這個決定時，他應該要提出合理的解釋，說明他會如何建立你的投資組合。他必須針對打算納入你投資組合的每一項資產類別、基金或證券提出一個思慮周詳的解釋。總之，他必須提出充分的理由說明為何要把某些標的納入投資組合裡。

理財顧問必須幫助釐清狀況並讓你得以正確掌握大局，基於這項功能，你必須先精準地知道對方會提供哪些類型的服務給你，包括像是投資管理、稅務規劃、遺產管理等。你必須事前設定對理財顧問的期望，例如你期望從這個合作關係中獲得什麼？而這個顧問又希望從中獲得什麼？你最大的疑慮是什麼？這個顧問將會如何因應你的疑慮？他們要如何將既定的流程轉化並融入你個人的處境？一個投資組合從建立到實際運作，要花多久的時間？這些顧問和哪個第三方服務提供者（如提供績效報告、保管銀行、報稅代理人、律師等服務的第三方）合作？他是根據哪些要素來制訂買進與賣出決策？基本上你一定要知道他們的投資指導原則有哪些，也必須了解他們將如何把這些指導原則應用到你的投資組合上。若能事前先蒐集以上所有資訊，你就能成為一個明智的理財客戶，而且這些準備工作還有助於你判斷一個投資顧問未來是否會善盡職責地為你效勞。

在向潛在理財顧問提問時，還應該向對方提出其他幾類問題：你最大的疑慮有哪些？你的大致市場經驗或理財建議是什麼？你要如何將我的處境融入一個能讓我堅持原有軌道的投資組合？一般投資組合的總費用（全包型服務）是多少（包括基金費用率與資產的管理費）？在建立投資組合時，你會採用哪些類型的證券或基金？你的投資方法是以什麼基本原理為基礎？你投入這個產業多久了？你的教育背景為何？你通過哪些檢定？你能否提供你目前的一個現有客戶的名稱供我照會？

另外，你也應該問問他們如何投資自己的錢。他們不可能會以相同的方法來管理自身的資金和客戶的資金，畢竟每個人的環境並不相同，不過其中應該還是有一些通用的訊息與方法。任何一個理財顧問應該都對自己的投資哲學有足夠的信心，會將這些哲學應用到自己的投資活動。

你個人的投資政策聲明（IPS）應該是一份書面的聲明，且當中須清楚條列以上所有議題。有了書面的IPS，未來你和理財顧問開會時，才能有一個商談的依據，它能約束你們雙方對自己的行為負責。當你無法抵擋短期的誘惑，理財顧問將利用這份IPS提醒你注意自己的進攻計畫，而你則應該利用它來約束理財顧問為自己的言論與計畫採取的行動負責。

淺談標竿化分析與持續不間斷的維護作業

多數投資人都假設標竿分析主要是為了評估投資組合相對指數的績效，以了解自己的績效是領先或落後市場。不過，在理財顧問與客戶的關係當中，衡量績效與進行標竿分析的主要理由，是要改善雙方之間的溝通。績效衡量的目的並不是要找出什麼答案，而是要幫忙找出投資人和顧問之間應該共同解決的問題。績效衡量有可能是教育的起點，因為它讓客戶知道是什麼因素導致投資組合績效增加或減少。績效讓客戶與理財顧問之間有了可針對顧問持續進行中的服務流程進行溝通的敘事。客戶也必須考量以下問題，以落實與理財顧問之間的關係：

- 一旦投資組合開始運作，你們雙方之間的關係將會如何發展？
- 你們需要多大程度的溝通？月報？每季拜訪？面對面會議？多半透過線上溝通？
- 你的學習風格是什麼？什麼教育方式對你最有效？
- 他們要如何為你的投資組合設定比較標竿？未來將列出哪些風險指標？
- 你們多久見面一次檢討你的投資組合？定期報表的內容和詳細資料有哪些？
- 資訊是以什麼方式交流？

經過一段時間後。你也應該評估理財顧問的成績。在評估理財顧問的成績時，最好的衡量標竿就是：他們是否言而有信，做到當初承諾將為你做到的事？優質的理財顧問絕對必須有能力解釋他們正在為你做些什麼事，但你則必須確認他們是否真的履行當初的承諾。他們是否言出必行？他們是否按部就班地依循先前詳列的流程？或者說他們總是滿嘴空話，還犯下本書提到的所有錯誤？如果他們無法履行自己先前對你的承諾，那你可能就該考慮換理財顧問了。你或許不見得認同理財顧問為你採行的所有步驟，但至少他們的流程必須合情合理。這麼一來，就算你對他們的行動不怎麼認同，至少不會感覺他們做了出乎你意料以外的事。

替代方案

如果你想找理財顧問共同處理理財事務，你的投資組合規模至少要達到六位數美元。目前有一些顧問的服務門檻較低，專門鎖定較小型的客戶，換言之，某些顧問願意為投資組合金額較少的客戶提供服務，不過那種顧問並不多。對於真心想將投資計畫的執行予以自動化並因此省去一些工作的人，機器人理財顧問是個不錯的選擇。諸如財富陣線（Wealthfront）、貝特曼（Betterment）、利夫托夫（Liftoff）和嘉信理財（Charles Schwab）等，以全部作業自動化的方式幫客戶管理廣泛分散投資的ＥＴＦ投資組合，而且只收取非常低的手續費。只要填寫風險承受度問卷，他們就會提供諸如投資虧損抵稅作業、投資組合再平衡與自動扣款和股利再投資等代理服務。雖然採用理財機器人就無法獲得傳統理財顧問所提供的情緒教練服務，不過這不失為一個優良的起點，尤其是投資組合規模較小的年輕投資人。未來隨著時間的發展，這類機器人理財顧問提供的技術與服務將會變得更加完善，雖然目前它還是一個不成熟的產業，未來卻有非常大的成長空間，當然產業競爭勢必也會非常激烈。對於無法達到傳統理財顧問的最低服務金額要求的投資人，或是只想採用自動化投資管理流程的人來說，這種自動化服務非常實用。

重點摘要

- 在檢視各種理財服務的來源時，一定要尋找有自知之明與謙卑的顧問，不要找對未來信誓旦旦還向你提出保證的顧問。

- 如果你沒有持續落實理財計畫的時間、專業知識或缺乏情緒控制能力，把理財作業外包給理財顧問是非常聰明的行為。
- 理財顧問提供的教育和情緒教練服務比他們提供的投資組合管理服務更加重要。
- 要創造良好的客戶—理財顧問關係，雙方都必須設定合理的期望。

附註

1. Paul Price and Eric Stone, "Intuitive Evaluation of Likelihood Judgment Producers: Evidence for a Confidence Heuristic," *Journal of Behavioral Decision Making*, December 2003.
2. Francis M. Kinniry Jr., Colleen M. Jaconetti, Michael A. DiJoseph, and Yan Zilbering, "Putting a Value on Your Value: Quantifying Vanguard Advisor's Alpha," Vanguard, March 2014, https://advisors.vanguard.com/iwe/pdf/ISGQVAA.pdf.
3. Carl Richards (@behaviorgap), tweet, May 24, 2013.
4. Richard Peterson, *Inside the Investor's Brain: The Power of Mind Over Money* (Hoboken, NJ: John Wiley & Sons, 2007).

結語

十個投資概念

為了寫這本書，我曾向幾個財經作家和思想家徵詢意見，我詢問他們要如何規劃這本書的撰寫流程，以及應該納入什麼內容。其中最棒的建議之一是個非常簡單的常識，那個人建議我在著手寫本書以前先問自己以下問題：

想像一下你的祖母來找你，要你告訴她十件她能夠理解的投資概念，你會告訴她哪些事？

這個建議真的太棒了，因為它和巴菲特在著名的年度致股東信件（多年來我透過那些信件而受益良多）中所傳達的概念不謀而合。有一次，一群企業管理碩士生請巴菲特形容他的寫作風格，巴菲特回答：「我的第一份草稿會先寄給我姊姊們看，她們不怎麼懂理財。我會向我『親愛的姊姊們』說明一些以她們的處境而言會想要知道的事。我也喜歡寫一段和波克夏海瑟威公司不直接相關的概要教學內容。」[1]巴菲特因其投資本領而獲得無與倫比的讚譽，不過我認為他實在太低估自己解釋複雜市場與投資概念的能力了，他總是能用廣大聽眾都能理解的語言來傳達那些複雜的概念，而這正是我想要達成的目標。

根據「單純與可理解」的精神，以下是我認為我祖母一定要了解而且我會告訴她的十個投資概念，這十個概念彙整了本書所要傳達的所有訊息。

一、少即是多。若投入額外的時間與精力，長期下來有可能一貫地透過較複雜且更積極的投資策略獲得打敗市場的報酬率嗎？當然能。任何事都有可能發生。不過，單純投資計畫的好處是，你不僅能利用它達成目標，還**同時**能好好過你的日子。如果賺錢不是為了達到特定目的，財富對你來說就是沒有意義的。時間通常是最寶貴的商品，如果能善加利用單純的投資方法，你就會有更多時間陪你所愛的人、做你喜歡做的事，而那是任何比較標竿都無法量化的巨大利益。何況投資流程中制訂的決策愈少，就愈能降低決策疲勞的機率，決策疲勞導因於缺乏意志力，它會促使你犯下非外力造成的失誤，最終甚至毀掉你的投資計畫。

行動步驟：幫你的投資組合與投資流程減肥。首先，將組成投資組合的基金或投資標的數減到最少，去除所有你不了解或沒有充分持有理由的標的。

二、聚焦在你能掌控的事。影響金融市場與個人投資標的的因素非常多，所以幾乎不可能把所有因素條列出來，只要記住一件事就好：絕大多數的因素都不是你能掌控。你有多麼擔心這些因素並不重要，因為再怎麼擔心也無濟於事。很多投資人會在市場或特定投資標的的表現不如人意時，認為那些狀況都是衝著自己而來，但市場絕對不可能和你有仇。所以，把精力集中在你能掌控的領域就好，包括擬訂一個綜合投資計畫、設定合理的資產配置、了解你的風險概況與投資時程，以及降低嚴重失誤的發生率等，這是減輕或消除各種情緒拖累的最好方法之一，因為很多投資人會在情緒的影響下，在錯誤時機犯下嚴重的錯誤。

行動步驟：詳細檢視你的投資組合和投資流程。寫下流程的每個步驟，同時只聚焦在你能控制的領域。你還是可以對清單以外的任何事感興趣，但別讓那些事影響到你的投資組合決策。

三、最好的投資方式是不論市場週期狀況都會堅持的投資方式。如果你能在不同市場與經濟環境下堅持到底，那麼不管你採用什麼種類的策略，對結果的影響都不是那麼顯著。每個人遲早都必須經歷這些考驗。在建立投資組合流程時，必須將這個事實以及你自己的個性與情緒列入考慮。一個根據規則行事的投資計畫，一定能幫助投資人堅守紀律，但光靠計畫是不夠的，還必須努力設法避免成為自己的絆腳石。所以，應該盡可能事先將最多的優質決策自動化，才能避免在市場壓力與情緒受到影響時，不由自主地進行大幅度的調整。

行動步驟：對自己徹底誠實。回顧你過去做過的最糟投資決策，接著思考要如何架構你的投資流程，才能永遠避免在未來犯下那些相同的錯誤。犯錯並不丟臉，任何人都會犯錯。最糟糕的結果是不斷犯相同的錯誤，完全沒有從那些錯誤中吸收到教誨。

四、EQ比IQ重要。成功的投資人知道如何掌握風險與報酬的正確平衡點，並深入了解金融市場歷史，同時建構經過深思熟慮且完全以事實為基礎的金融資產組合，最重要的是，他們知道如何將這些要素結合在一起。不過，如果缺乏了解自己和看清人性的正確性情和常識，以上所有要素都毫無價值可言。華爾街某些最聰明的人因為不夠有自知之明、不夠謙卑且未能壓抑自我意識和過度自信的心態而破產。的確，智力很重要，但它只在某種程度上重要。金融產業裡有非常多聰明人，但鮮少人有能力控制自己的情緒。你不僅必須了解自己的弱點，也要了解群眾會在什麼狀況下集體喪失心智，一如歷史上常見的狀況。

行動步驟：透過上述錯誤清單來釐清哪些行為偏差會互相影響。接著，透過一個優質且系統化的投資流程，事前研擬一套優質決策自動化系統，這樣就不需要擔心那些行為偏差會對未來的決策造成干擾。

五、你不是投資大師，但那又怎樣？在這個世界上，非凡的市場報酬率專屬於極低百分比的偉大投資人，其中很多人擁有你永遠都無法複製的優勢。所以，放棄成為偉大投資人的白日夢，是成為更好投資人的第一步。你不需要努力追求非凡，因為誠如我們透過本書反覆提出的，只要你的績效能超過一般人，你就已遠遠領先同儕和某些最大型的專業投資基金。

被動、系統化且具可重複性的投資策略是絕大多數投資人最好的選擇。只有極少數積極型經理人的績效能超過市場。與其精選少數績效長期領先的積極型基金，不如投資指數型基金與ＥＴＦ，反而能獲得較高的成功機率。

行動步驟：照照鏡子，你不是巴菲特，所以不要妄想得到巴菲特多年來所創造的那種績效。取而代之的，你應該真心接納他的長期看法，專心致志於改善自己的情緒智商。

六、「選股」聽起來比較吸引人，但資產配置更重要。資產配置——股票、債券、現金與投資組合內部其他投資標的所構成的組合，是投資流程中經常被忽略的層面，但這個環節絕對不容忽視。一個分散投資的資產配置方法雖然不夠完美，但經過較長的投資時程後，它將使投資人的成功機率上升，當然，前提是投資人必須願意長期堅持那個資產配置。

採用分散投資的投資組合，目的不盡然是要管理波動性，不過那通常是分散投資的副產品之一。分散投資的投資組合的真正目的是要管理你的情緒，這並不代表你的投資組合絕對不會下跌，不會受市場崩盤影響（如果你有投資這些市場）。分散投資的目的是放棄全壘打，但也避免被三振，而且增加保送與一壘打的機率。

在多頭市場通常時期，風險管理會被當成耳邊風，所以在多頭市場上，沒有人願意分散投資，每個人都只想持有表現超前的市場、產業或股票。你或許感覺某些市場、產業或股票的績效領先，但這些感覺應該都很短暫，因為市場任何領域表現超前的時間都很短暫。資產配置、分散投資、定期再平衡以及堅持計畫的紀律等，聽起來雖不刺激，卻是投資人最好的風險控制手段。

行動步驟：檢視你目前的股票、債券、現金與其他資產的配置。這個配置與你的風險概況及投資時程相符嗎？如果不相符，就趕快進行修正，一刻都不能等。

七、不要想快速致富，要耐心致富。儲蓄永遠是最棒的投資策略。即使你有能力創造和有史以來最偉大投資人相提並論的非凡投資績效，若你無法勤奮儲蓄，再高超的績效表現也無濟於事，因為你不可能藉由顯著擴大的資金基礎來獲取大額的利潤。這代表你應該將儲蓄納為投資計畫中優先於其他所有事務的第一要務。雖然定時定額法是個單純且好壞參半的策略，但它不僅能為你做到風險與情緒管理，更是非常方便可行的策略，因為只要透過定時定額法，你就能直接從定期收到的薪水裡儲蓄。將儲蓄流程自動化是長期累積老本的最好方法之一，因為這個自動化流程排除你無法自己做決策的可能性。

最讓人感到放心的理財建議永遠是短期導向的建議，而讓人坐立不安的建議通常本質上屬於長期建議。你偶爾必須制訂一些讓你坐立不安的決策，以避免犯下可能會造成不可逆風險的那種嚴重錯誤。高頻交易員（high-frequency traders，簡稱HFT）努力想要藉由套利來獲取極端短期的股票波動利益，這裡所謂的極端短期是指幾分之一秒。你不會想要捲入那種遊戲，因為你根本無法和那些人競爭。不過，華爾街人士永遠也無法利用套利行為來讓長期投資機會消失。因此，時間套利是身為投資人的你的最大優勢之一。不要漠視這種優勢，因為長期報酬率才是唯一重要的。

行動步驟：釐清「長期」對你以及你的具體目標而言的意義是什麼。你的儲蓄可能有很多不同的用途，所以你必須決定每一種用途的投資時程，並在制訂投資決策時將這一點納入考量。

如果你還沒能達成儲蓄目標，那麼就利用每個月自動轉帳的方式，從薪水裡存一些錢。而且未來每一次加薪，就要增加自動轉帳的金額。那麼一來，你永遠也不會注意到錢不見了，也能減輕虧損迴避心理的影響。

八、不偶爾虧本，就不要期待能在股市賺錢。從一九二八年起，股票每年至少會出現三次下跌五％以上的走勢，每年至少出現一次下跌一〇％以上的走勢，每四年出現一次至少下跌二〇％的走勢，每十年出現一次至少下跌三〇％的走勢。另外，在這段期間的四個不同情境下，股票曾下跌超過一半。但在這段期間，你的資金每七年半就會增加一倍，就算調整通貨膨脹的影響，你的資金還是每十年就會增加一倍。這是投資人不得不面對的難題。股票長期能賺錢的理由，就在於股票會在短期內下跌。誠如凱因斯曾說的：「我應該說，一個嚴肅的投資人有時必須鎮定且釋懷地接受他持有標的貶值的事實，而且不因此自責。一個投資人應該把主要目標放在長期結果，而且唯有長期結果才可作為評斷投資人的標準。」

也因如此，了解你承擔風險的能力和意願才會那麼重要。如果你沒有能力應付風險，就分配更多資金到波動性較低的投資標的，但這麼做之前一定要了解到，如果你選擇持有一個風險迴避型的投資組合，就必須存更多錢才能達到你的財務目標。如果想要長期打敗通貨膨脹並獲得可觀的投資組合報酬，就不可能規避得了金融市場的風險。就較長的週期來說，股票的績效領先債券，但債券卻能在你最需要的時候提供穩定性。市場崩盤後，投資人會感覺債券比較安全，股票的風險比較高。以一般的商品來說，當其他所有人都急著搶購我們製作與拍賣的產品，我們一定都會感到極端興奮，但投資商品就不同了，當其他所有人以拍賣價來購買我們的投資標的，那種異常興奮的感受並不會浮現。就較短的投資時程來說，市場的表現有可能一團糟，你應該根據這個事實來建構你的投資組合與心態，你必須能體會以下這個道理：要獲得投資成就，可能難免要承受短期的痛苦，但忍耐過短期的痛苦後，長期的成效將非常亮麗。

行動步驟：在下一個市場崩盤走勢來臨前（而非來臨後），判斷你在財務上與心理上能忍受多大的虧損。投入股票的資金千萬不要超過你的虧損忍受極限，因為這麼做只會導致你在錯誤時機做出拙劣的決策。

九、單純、有紀律、有耐心，而且專注在長期投資。這些特質是你的優勢。當周遭世界的腳步變得愈來愈快、愈來愈即時，任何人都會忍不住做出一些未經深思熟慮的衝動決策。如今，「先做再想」的思維變得愈來愈普遍，金融市場尤其如此，投資人變得愈來愈短視，我們應該不計代價地避免這樣的思維。如今專業投資人漸漸發現，由於客戶以愈來愈短的時間範圍來評斷他們的成果，所以就算他們想堅持長期思維，也常難以如願。不過，身為散戶投資人的你只需要對自己負責，無須對他人負責。所以，我們應該善加利用這個優勢，建構一個紀律嚴謹且將個人所有具體投資期限列入考量的投資計畫。另外，以長期流程來取代只重視短期成果的思維，將能提高長期的成功機率。

風險管理的重要性絕對高於追逐短期績效。控制投資組合風險的最佳管道是精準了解你持有什麼投資標的，以及為何你持有它；你必須知道自己持有的資產類別通常會有何表現，也必須清楚自己的投資組合裡有哪些類型的證券。由於你必須了解這些細節，所以「單純」是非常有效的風險控制形式。如果投資內容能單純化，那麼不管在任何時刻，你就比較不會因為投資組合持有標的內容的變化而被嚇壞。

行動步驟：你是否擬訂投資計畫？是書面的計畫嗎？這份計畫是否涵蓋了你所有目標和慾望？如果沒有，應該優先將你的目標和慾望納入考量，同時維持計畫的單純性，並釐清要如何強迫自己避免做出一些短期的行為，以便從長期的角度來思考與行動。

十、當財富能帶給你快樂，你才擁有財富。尼克．莫瑞曾說：「不管你有多少錢，如果你還是無法停止操煩，那你就不是一個有錢人。」[2]最終來說，唯有能利用財富來讓自己變得更快樂，並讓生命變得更充實，否則財富一點意義也沒有。作家伊莉莎白．唐恩（Elizabeth Dunn）與麥可．諾頓（Michael Norton）在《快樂錢：買家和賣家必讀的金錢心理學》（*Happy Money: The Science of Smarter Spending*）一書中進行一系列的試驗，希望判斷要如何讓一個人因花錢而變得更快樂。他們發現能帶來快樂的消費方式有五種：

一、買經驗。
二、當作治療。
三、買時間。
四、先付款後消費。
五、投資別人。

非常有趣的是，對個人快樂度產生最大影響的消費選擇是：「花錢在別人身上。」前前後後很多研究顯示，投資別人愈多的人就愈快樂。這種投資不盡然是指非常巨額的現金投資，即使是小額捐獻都能讓人心情變好。唐恩與諾頓發現，捐錢給慈善機構對快樂水準的影響，不亞於家庭所得增加一倍的影響。[3]透過投資組合來累積財富的目的並不是要囤積很多錢，而是為了替這些錢尋找更有意義的花用方式。

就最基本的形式來說，投資的目的是要將今天的滿足感延後到未來再體驗。所以，在展開財富累積流程以前，必須謹慎深思資金的用途。

行動步驟：不要老是想著錢，想想投資組合有什麼意義，這樣你才能聚焦在你的真正收穫上。一定要弄清楚要怎麼用自己的錢讓自己變得更快樂，並找一些方法好好享受這些錢。

建議書單

雖然市場上的實務經驗無可取代，但我對投資和金融市場歷史的知識多半來自閱讀。以下就是我最鍾愛的幾本書，多年來，這些書讓我受益良多。

- 《單純的財富，必然入袋的財富》（*Simple Wealth, Inevitable Wealth*），尼克．莫瑞著
- 《投資進化論：揭開「投腦」不理性的真相》（*Your Money and Your Brain*），傑森．茲維格著
- 《快思慢想》，丹尼爾．康納曼著
- 《投資金律：建立獲利投資組合的四大關鍵和十四個關卡》（*The Four Pillars of Investing*），威廉．伯恩斯坦著
- 《買對基金賺大錢：人人都能成為投資贏家》（*The Little Book of Common Sense Investing*），

約翰・伯格著

- 《為什麼會賠錢?弄懂投資最常見的16種心理陷阱》(*The Little Book of Behavioral Investing*),詹姆斯・蒙帝爾(James Montier)著
- 《長線獲利之道:散戶投資正典》,傑瑞米・席爾格著
- 《巴菲特核心投資法》(*The Warren Buffett Portfolio*),羅伯特・海格斯壯(Robert Hagstrom)著
- 《投資奇才曼格:巴菲特首席智囊》(*Damn Right: Behind the Scenes with Berkshire Hathaway Billionaire Charlie Munger*),珍納・羅威(Janet Lowe)著
- 《操盤快思×投資慢想:當查理・蒙格遇見達爾文》(*Investing: The Last Liberal Art*),羅伯特・海格斯壯著
- 《成功與運氣:解構商業、運動與投資,預測成功的決策智慧》(*Success Equation: Untangling Skill and Luck in Business, Sports, and Investing*),麥可・莫伯辛著
- 《貪婪時代》(*Devil Take the Hindmost*),艾德華・錢思樂(Edward Chancellor)著
- 《投資最重要的事:一本股神巴菲特讀了兩遍的書》(*The Most Important Thing*),霍華德・馬克斯著

- 《資產配置投資策略》（*All About Asset Allocation*），瑞克・菲利著
- 《擺脫永遠的輸家：投資散戶的終極戰略》，查爾斯・艾利斯著

附註

1. David Kass, "Warren Buffett's Meeting with University of Maryland MBA Students," *University of Maryland*, November 15, 2013, http://blogs .rhsmith.umd.edu/davidkass/uncategorized/warren-buffetts-meeting-with-university-of-maryland-mbams-students-november-15-2013/.
2. Nick Murray, *Simple Wealth, Inevitable Wealth* (New York: Nick Murray Company, 2004).
3. Elizabeth Dunn and Michael Norton, *Happy Money: The Science of Smarter Spending* (New York: Simon & Schuster, 2014).

國家圖書館出版品預行編目資料

投資前最重要的事 / 班.卡爾森（Ben Carlson）著；陳儀譯. -- 初版. --
臺北市 : 商周出版 : 家庭傳媒城邦分公司發行, 2018.04
面； 公分
譯自：A wealth of common sense : why simplicity trumps complexity in any investment plan

ISBN 978-986-477-426-5（平裝）

1. 個人理財 2. 投資

563 107002966

新商業周刊叢書 BW0663

投資前最重要的事

原文書名／A Wealth of Common Sense: Why Simplicity Trumps Complexity in Any Investment Plan
作　　者／班・卡爾森（Ben Carlson）
譯　　者／陳　儀
編輯協力／李　晶
責任編輯／鄭凱達
企畫選書／黃鈺雯
版　　權／黃淑敏
行銷業務／莊英傑、周佑潔

總 編 輯／陳美靜
總 經 理／彭之琬
事業群總經理／黃淑貞
發 行 人／何飛鵬
法律顧問／元禾法律事務所　王子文律師
出　　版／商周出版
台北市中山區民生東路二段141號9樓
電話：(02) 2500-7008 傳真：(02) 2500-7759
E-mail：bwp.service@cite.com.tw
Blog：http://bwp25007008.pixnet.net/blog
發　　行／英屬蓋曼群島商家庭傳媒股份有限公司城邦分公司
台北市中山區民生東路二段141號2樓
書虫客服服務專線：(02)2500-7718・(02)2500-7719
24小時傳真服務：(02)2500-1990・(02)2500-1991
服務時間：週一至週五09:30-12:00・13:30-17:00
郵撥帳號：19863813　戶名：書虫股份有限公司
讀者服務信箱E-mail：service@readingclub.com.tw
歡迎光臨城邦讀書花園　網址：www.cite.com.tw
香港發行所／城邦（香港）出版集團有限公司
香港灣仔駱克道193號東超商業中心1樓
Email：hkcite@biznetvigator.com
電話：(852)2508-6231　傳真：(852)2578-9337
馬新發行所／城邦(馬新)出版集團【Cite (M) Sdn. Bhd.】
41, Jalan Radin Anum, Bandar Baru Sri Petaling,
57000 Kuala Lumpur, Malaysia
電話：(603)90578822　傳真：(603)90576622
Email：cite@cite.com.my

封面設計／萬勝安　內文設計排版／唯翔工作室　印　刷／韋懋實業有限公司
總 經 銷／聯合發行股份有限公司　電話：(02)2917-8022　傳真：(02)2911-0053
地址：新北市231新店區寶橋路235巷6弄6號2樓

■ 2018 年 4 月 3 日初版 1 刷　Printed in Taiwan
■ 2023 年 9 月26日初版 13 刷

ISBN 978-986-477-426-5

城邦讀書花園
www.cite.com.tw

定價／430元